Organize sua
DESORDEM MENTAL

DRA. CAROLINE LEAF

Organize sua DESORDEM MENTAL

5 passos simples e cientificamente comprovados para reduzir a ansiedade, o estresse e o pensamento tóxico

EDITORA HÁBITO
Avenida Recife, 841 — Jardim Santo Afonso — Guarulhos, SP
CEP 07215-030 — Tel.: 0 xx 11 2618 7000
atendimento@editorahabito.com.br — www.editorahabito.com.br

■ **ORGANIZE SUA DESORDEM MENTAL**
©2021, Caroline Leaf
Título do original: *Cleaning Up Your Mental Mess*
Copyright da edição brasileira ©2021, Editora Hábito
Edição publicada com permissão contratual com Baker Books, uma divisão de Baker Publishing Group (Grand Rapids, Michigan, 49516, EUA)

Todos os direitos em língua portuguesa reservados por Editora Hábito.

PROIBIDA A REPRODUÇÃO POR QUAISQUER MEIOS, SALVO EM BREVES CITAÇÕES, COM INDICAÇÃO DA FONTE.

■ Todas as citações foram adaptadas segundo o Acordo Ortográfico da Língua Portuguesa, assinado em 1990, em vigor desde janeiro de 2009.

■ *Editor responsável:* Gisele Romão da Cruz
Editor-assistente: Amanda Santos
Tradução: Maria Emília de Oliveira
Revisão de tradução: Andrea Filatro
Revisão de provas: Josemar de Souza Pinto
Projeto gráfico e diagramação: Claudia Fatel Lino
Capa: Arte Hábito

■ **1. edição:** ago. 2021
1ª reimp.: mar. 2022
2ª reimp.: set. 2022

> **Dados Internacionais de Catalogação na Publicação (CIP)**
> **(Câmara Brasileira do Livro, SP, Brasil)**
>
> Leaf, Caroline
>   Organize sua desordem mental : 5 passos simples e cientificamente comprovados para reduzir a ansiedade, o estresse e o pensamento tóxico / Caroline Leaf ; tradução Maria Emília de Oliveira. -- 1. ed. -- São Paulo : Editora Hábito, 2021.
>
>   Título original: *Cleaning Up Your Mental Mess*
>   ISBN: 978-65-994789-5-6
>   e-ISBN: 978-65-994789-4-9
>
>   1. Autoajuda 2. Neurociência 3. Psicologia comportamental 4. Saúde mental I. Oliveira, Maria Emília de. II. Título.
>
> 21-70385   CDD-616.89
>   NLM-WM-100
>
> **Índices para catálogo sistemático:**
>   1. Saúde mental : Estudos   616.89
>   Aline Graziele Benitez - Bibliotecária - CRB-1/3129

Esta obra foi composta em *Adobe Garamond Pro* e impressa por Grafica Corprint sobre papel *Pollen Natural* 70 g/m² para Editora Hábito.

DEDICATÓRIA

Este livro é dedicado a *você*. A finalidade é ajudá-lo a beneficiar-se da pesquisa que desenvolvi no decorrer dos últimos trinta e oito anos; dos recentes ensaios clínicos feitos com minha extraordinária equipe de neurocientistas, neurocirurgiões e neurologistas; e do que tenho observado na vida prática e ao redor do mundo.

Quero ajudar você a aprender a aproveitar o máximo de sua mente e cérebro, levar seu pensamento a novos patamares e transformar sua paisagem mental por meio do gerenciamento mental. Além de ensiná-lo a lidar com a ansiedade, a depressão, o estresse e os medos, este livro o ensinará a lidar com sua vida — desde momentos tristes, momentos felizes, momentos traumáticos até ocasiões em que você não sabe nem sequer quem você é.

Ao longo de três décadas, meu objetivo tem sido o de ensinar a pessoas, empresas e instituições o significado de gerenciar a mente e criar ferramentas acessíveis e de fácil uso que as ajudarão a controlar seus pensamentos e seu modo de vida de maneiras mais eficazes e que trazem paz e a capacidade de viver de modo pleno. Espero que essas ferramentas sejam úteis para sua vida e que você perceba que tem o poder de retomar o controle de sua saúde mental e de sua vida!

SUMÁRIO

Agradecimentos...11

Prefácio 13

PARTE 1
O PORQUÊ E O COMO

Capítulo 1

O que acontece quando não usamos a mente de modo correto...19

Capítulo 2

O que é gerenciamento mental e por que necessitamos dele?..41

Capítulo 3

Por que o Neurociclo é a solução para organizar nossa desordem mental 63

Capítulo 4

A pesquisa 85

Capítulo 5

Como toda esta ciência pode ajudar você?................. 115

Capítulo 6

O que é a mente?...147

Capítulo 7

A mente interconectada 162

ORGANIZE SUA DESORDEM MENTAL

PARTE 2
A APLICAÇÃO PRÁTICA DO NEUROCICLO

Capítulo 8
Os 5 Passos do Neurociclo...183

Capítulo 9
Orientando seu cérebro para a mudança........................207

Capítulo 10
Por que são necessários 63 dias de neurociclagem
para formar um hábito?...230

Capítulo 11
Neurociclagem para fortalecer o cérebro e
desenvolver a resistência mental.......................................252

Capítulo 12
Neurociclagem para desintoxicar traumas....................262

Capítulo 13
Neurociclagem para eliminar maus hábitos e criar bons
hábitos de vida...284

Capítulo 14
Neurociclagem como rotina diária do gerenciamento
mental para organizar a desordem mental.....................319

Apêndice A
A Teoria do Processamento Geodésico da
Informação...331

Apêndice B
O Metacog..333

Sobre a autora...336

*Podemos passar três semanas sem comida,
três dias sem água, três minutos sem oxigênio —
mas não podemos passar nem mesmo
três segundos sem pensar.*

AGRADECIMENTOS

gradeço a duas pessoas muito especiais que foram extremamente úteis em cada fase da escrita deste livro: minhas filhas Jessica e Dominique. Dominique é minha produtora e administra minhas redes sociais e meu *marketing*; Jessica é minha assistente de pesquisas e editora interna e administra a área de atendimento ao consumidor. Elas mergulharam neste projeto desde a fase de criação e acompanharam todo o trabalho até as fases finais — foram brilhantes, apoiadoras e sinceras, e eu não teria conseguido nada sem elas.

Grande parte de meu entusiasmo, motivação e inspiração para trabalhar e pesquisar procede também de meus dois outros filhos, Jeffrey e Alexandria, que têm enfrentado muitos desafios com resiliência.

Quero também agradecer a meu marido, Mac, cujo amor sem medida é minha âncora.

Minha equipe de pesquisa foi incrível, e sem eles este trabalho não teria transcorrido como transcorreu nem teria tido o sucesso que teve. O dr. Robert Turner, neurologista e neurocientista, comentou comigo, alguns anos atrás, sobre o impacto de meu trabalho em seus pacientes. Realizamos a pesquisa em sua clínica neurológica, e ele supervisionou os detalhes técnicos e práticos em conjunto com Charlie Wasserman, seu especialista em eletroencefalograma (EEGq). Charlie cuidou de forma extraordinária dos numerosos detalhes que surgem em um estudo dessa natureza. O dr. Jason Littleton, clínico geral, realizou um excelente trabalho, aconselhando-nos sobre as medidas fisiológicas e de natureza prática. Nick, flebotomista, foi incansável em suas várias viagens de carro entre a Flórida e a Carolina do Norte, em cada ponto de validação do estudo, para ter certeza de que a flebotomia[1] havia sido feita corretamente. A dra. Darlene Mayo, neurocirurgiã, colaborou na análise dos resultados, especificamente nas análises do EEGq e apresentações gráficas, e sua ajuda foi importantíssima nesse processo complicado. A Elite Research cuidou do lado técnico da proposta e do estudo, fornecendo análises estatísticas e colaborando com o preparo para a publicação. O dr. Rene Paulson, proprietário da Elite, acompanhou-me durante horas, com grande discernimento e sabedoria, nos detalhes mais sutis das complexas análises estatísticas e suas aplicações neste estudo.

Finalmente, agradeço à maravilhosa equipe da Baker Books, com quem trabalho há oito anos! Desde meu admirável editor, Brian Vos, até as equipes lideradas por Mark Rice e Lindsey Spoolstra que fizeram tudo acontecer — muito obrigada!

---

[1] Colocação de um cateter venoso para coleta de sangue em exames laboratoriais ou doação. [N. do R.]

PREFÁCIO

Você já teve a sensação de que seu cérebro estava "desativado"?

Já se sentiu desencorajado, sem foco ou sobrecarregado?

Existem tendências nocivas em sua vida ou em sua família que aparentemente você não consegue interromper?

Você começa o dia exausto e deprimido?

Está ansioso quanto ao futuro?

É perseguido pelo passado?

Sente-se perdido e em dúvida?

Se você respondeu "sim" a uma dessas perguntas, não está sozinho. Mais e mais pessoas como nós estão sofrendo de ansiedade, depressão e esgotamento mental.

Isso, porém, não significa que exista algo errado com você ou que você sofra de alguma doença mental. A ansiedade, a depressão e o estresse pós-traumático são todos meios para descrever as reações humanas naturais à adversidade e às experiências de vida. E todos nós enfrentamos adversidade de formas diferentes: eventos e circunstâncias difíceis fazem parte da existência moderna tanto quanto da história humana.

Chamar essas reações mentais e emocionais de *doenças* não abrange todo o seu significado. Ansiedade, depressão, esgotamento

ORGANIZE SUA DESORDEM MENTAL

mental, frustração, angústia, raiva, desgosto e assim por diante são sinais físicos de alerta que nos dizem que precisamos enfrentar algo que aconteceu ou está acontecendo em nossa vida e lidar com o problema. Esse sofrimento, que é muito *real*, sinaliza que algo está errado: você se encontra em estado de desequilíbrio. Não é um sinal de deficiência cerebral. Sua experiência não precisa ser comprovada por meio de um diagnóstico médico. As lutas das doenças mentais não fazem parte de sua identidade. São normais e precisam ser tratadas, não reprimidas, ou a situação piorará.

No entanto, é isso o que acontece normalmente. O modo como a psicologia e a psiquiatria modernas lidam com a saúde mental, particularmente com o uso de drogas como antidepressivos e antipsicóticos, não considera a complexidade da mente humana. Na verdade, nem mesmo conseguiu reduzir o predomínio dos problemas de saúde mental — o transtorno depressivo maior, por exemplo, permaneceu em torno de 4% entre 1990 e 2010.

Estudos relativos à população indicam que alguma coisa está acontecendo de forma terrivelmente errada: pessoas de idades entre 24 e 65 anos estão morrendo de oito a dez anos mais jovens do que as gerações anteriores devido a doenças causadas por estilo de vida que poderiam ser evitadas. Há uma necessidade premente de mudar o modo como consideramos o cuidado com a saúde, inclusive a saúde mental.

Precisamos mudar o foco: em vez de nos concentrar nos sintomas, devemos nos concentrar em torno da história complexa e das experiências únicas de cada pessoa. Esse é o método que usei neste livro.

Você é uma pessoa única e maravilhosa — sua busca por ter ótima saúde e bem-estar deveria ser tão singular quanto você.

○ ○ ○ ○ ○

Prefácio

Se existe algo que aprendi com meu trabalho nesta área foi que todos nós precisamos aprender a detectar e alterar nossos pensamentos e reações antes que eles se tornem redes neurais e hábitos tóxicos. Como? É o que este livro ensinará você a fazer. Mostrarei aqui *como* você pode se tornar o *design* de interior de sua mente e cérebro em cinco passos simples, usando os princípios da neuroplasticidade. Em minha pesquisa e prática clínica, desenvolvi o que chamo de "Processo de cinco passos para aprender a ativar seu cérebro" e, desde então, faz anos que continuo a pesquisar e a refinar esses poderosos passos rumo ao gerenciamento saudável da mente, algo que agora chamo de Neurociclo.

Neste livro, vamos aplicar o método simples, prático, cientificamente pesquisado e clinicamente aplicado dos 5 Passos do Neurociclo às questões da ansiedade, do estresse e do pensamento tóxico. Também vamos aprender a fortalecer a saúde do cérebro e da mente e a resiliência. Você descobrirá que os 5 Passos são sustentáveis porque o ajudarão a usar sua mente e seu cérebro de forma que dirija a neuroplasticidade do cérebro em seu próprio benefício e, nesse processo de aprendizagem, você melhorará sua saúde física e mental.

Desordem mental é algo que sentimos com frequência, não algo de que devemos nos envergonhar. Esta é a minha profissão, e ainda tenho de organizar a minha mente todos os dias. Ou seja, a neurociclagem é um estilo de vida! Os eventos e circunstâncias da vida não vão a lugar algum; todos os dias as pessoas tomam muitas decisões que afetam todos nós, e é inevitável que você e as pessoas que ama sofram de alguma forma. Dito isso, acredito sinceramente que, embora os eventos e as circunstâncias não possam ser controlados, podemos controlar nossas *reações* a esses eventos e circunstâncias. É o gerenciamento mental em ação.

De fato, gerenciar a mente é mais que um estilo de vida — é uma necessidade, porque você não consegue passar três segundos

ORGANIZE SUA DESORDEM MENTAL

sem pensar. Se não controlarmos nossa desordem mental, a vida parecerá um caos. Podemos gastar rios de dinheiro e energia com livros e seminários de autoajuda, modismos de bem-estar, ótimos ensinamentos e *podcasts*. Mas tudo isso simplesmente se tornará uma pilha de ótimas informações armazenadas se não pudermos aplicá-las — mais uma "conquista" para comemorarmos, mais conhecimento acumulando pó.

O gerenciamento mental por meio do uso dos 5 Passos do Neurociclo, por outro lado, pode transformar todas essas ótimas informações em informações *aplicadas*. Quando aplicamos o gerenciamento mental, aprendemos de fato a usar os conselhos e as informações que recebemos no decorrer da vida. Quando aprendemos a gerenciar a mente, podemos ir além de postar citações inspiradoras nas redes sociais e inspirar os outros a agir de acordo com o modo como nós *vivemos realmente*.

○ ○ ○ ○ ○

A parte 1 deste livro analisa o que a mente é, o que acontece quando não a usamos corretamente e por que a utilização dos 5 Passos para gerenciar a mente é a solução para *organizar nossa desordem mental*, incluindo os resultados de minha pesquisa recente. A parte 2 apresenta meu plano clinicamente aplicado e cientificamente pesquisado do gerenciamento mental — o Neurociclo.

Se nossa mente está desordenada, nossa vida também fica desordenada; e, quando nossa vida está desordenada, nossa saúde mental e física sofrem. Os 5 Passos são uma forma de dominar o poder do pensamento — qualquer tarefa que exija pensar pode usar um neurociclo, o que significa que tudo pode usar um neurociclo porque estamos constantemente pensando! E então, você está pronto para começar a organizar sua desordem mental?

PARTE 1

O PORQUÊ
E O COMO

CAPÍTULO 1

O que acontece quando não usamos a mente de modo correto

*Tudo aquilo que plantamos em nossa mente
e alimentamos com repetição e emoção se
transformará um dia em realidade.*
EARL NIGHTINGALE

Quadro geral

- Se a mente estiver desordenada, a vida está desordenada; e, quando a vida está desordenada, nossa saúde mental e física sofrem.

- O gerenciamento mental é uma técnica que precisa ser *aprendida e constantemente aperfeiçoada* desde a infância até a fase adulta. Para cada nova experiência, precisamos de um novo conjunto de ferramentas de gerenciamento mental.

- Não há nenhuma solução mágica ou fórmula única para a cura e a felicidade.

- Sentir culpa porque você "não pensou positivamente como deveria", "não teve fé suficiente" ou não alcançou um "ideal" é prejudicial à sua psique e ao seu físico.

- Pela primeira vez em décadas, a tendência de longevidade foi *revertida* em razão de doenças relacionadas ao modo de vida. Sim, estamos no controle das escolhas que

ORGANIZE SUA DESORDEM MENTAL

fazemos na vida, mas parece que não estamos trabalhando bem nessa área!

- Tudo em nossa sociedade parece transmitir a mensagem "agora!". É quase como se tivéssemos entrado em uma era na qual sacrificamos o processo do conhecimento para reunir informações.

- O distresse[1] mental e os problemas de saúde não são novidade. Os seres humanos sempre lutaram contra questões de saúde mental.

- A saúde mental foi incluída no modelo biomédico. Passou a ser algo que tememos e estigmatizamos, e o medo em si é prejudicial ao cérebro e ao corpo. Nossa história não é uma "coisa" a ser diagnosticada e rotulada. Depressão e ansiedade não são rótulos, mas sinais de alerta.

- Não podemos controlar os eventos e as circunstâncias da vida, mas podemos aprender a controlar nossas reações, o que nos ajuda a lidar com os muitos desafios que enfrentamos.

Às vezes, parece que vivemos em um mundo caracterizado pelo medo. As pessoas sentem medo em relação a saúde, economia, emprego, futuro, corrupção, crime e sensação de impotência. Esse medo resulta em pensamentos tóxicos, estresse tóxico, ansiedade e depressão, o que, por sua vez, aumenta a vulnerabilidade a doenças. Se nossa mente não for gerenciada, o resultado final desse medo, ansiedade e ciclo de doenças será uma sociedade dependente de fatores externos como analgésicos, medicamentos, modismos de bem-estar e custos de saúde exorbitantes para resolver seus problemas.

---

[1] Termo usado em psicologia e psiquiatria para indicar o estresse excessivo, isto é, prejudicial a ponto de causar sofrimento. [N. do R.]

O que acontece quando não usamos a mente de modo correto

E se houvesse outro caminho? E se a resposta estivesse dentro de você? E se você tivesse a chave para resolver a questão?

A maioria das pessoas entende a necessidade de ter uma vida saudável, mesmo quando não compreende totalmente o impacto que seu modo de vida exerce nos processos que levam a doenças. O que muitas pessoas não reconhecem é a necessidade de gerenciar de modo correto a mente e como esse gerenciamento mantém e sustenta um estilo de vida saudável.

Quando nosso pensamento é tóxico, pode comprometer a reação ao estresse, que então passa a trabalhar contra nós, não a nosso favor. Isso, por sua vez, pode nos deixar vulneráveis a doenças, e é por esse motivo que muitos pesquisadores acreditam que o estresse tóxico é responsável por aproximadamente 90% das doenças, inclusive problemas cardíacos, câncer e diabetes. Afirma-se que somente 5 a 10% das doenças se originam exclusivamente de fatores genéticos.[2]

> O que muitas pessoas não reconhecem é a necessidade de gerenciar de modo correto a mente e como esse gerenciamento mantém e sustenta um estilo de vida saudável.

Qual a explicação para isso? Quando a pessoa se encontra em um estado de pensamento tóxico, a liberação dos hormônios do estresse como o cortisol e a homocisteína podem afetar

---

[2] RAPPAPORT, Stephen M. Genetic Factors Are Not the Major Causes of Chronic Diseases. **PLoS ONE** 11, n. 4, abr. 2016: e0154387. Disponível em: <https://doi.org /10.1371/ journal.pone.0154387>. WORLD HEALTH ORGANIZATION. Genes and Human Diseases. Disponível em: <https://www.who.int/genomics/public/geneticdiseases/en/index2.html>; LIPTON, Bruce H. **The Biology of Belief:** Unleashing the Power of Consciousness, Matter & Miracles. Carlsbad, CA: Hay House, 2010; CHOPRA, Deepak; TANZI, Rudolph E. **The Healing Self:** A Revolutionary New Plan to Supercharge Your Immunity and Stay Well for Life. New York: Harmony, 2020.

ORGANIZE SUA DESORDEM MENTAL

significativamente o sistema imunológico, o sistema cardio-vascular e o sistema neurológico. Na verdade, os hormônios do estresse excessivo são tão eficazes em influenciar o sistema imunológico que os médicos administram terapeuticamente hormônios do estresse aos receptores de órgãos transplantados para evitar que o sistema imunológico de seus pacientes rejeite o órgão desconhecido.

Embora haja uma compreensão mais ampla a respeito da importância do estilo de vida adequado e dos incríveis e numerosos recursos disponíveis para fazer boas escolhas nessa direção, muitas pessoas não possuem as habilidades de gerenciamento mental necessárias para aplicar esse conhecimento no dia a dia. E há várias etapas nesse processo. O gerenciamento mental é uma habilidade que precisa ser aprendida, utilizada o dia inteiro, todos os dias, e constantemente aperfeiçoada à medida que passamos da infância para a fase adulta. Para cada nova experiência, necessitamos de um novo conjunto de ferramentas para gerenciar a mente.

No entanto, antes de você entrar em pânico achando que isso é impossível, pare, respire fundo e prossiga na leitura. Não quero que você fique pensando que a situação não tem saída, que você causou todos os seus problemas e que você não consegue mudar. Esse pensamento só servirá para você se sentir pior a respeito de si mesmo, e esse não é realmente o objetivo aqui. Você não pode culpar-se por algo que desconhecia, mas pode buscar forças para mudar quando aprender a controlar seu pensamento. Trata-se de uma habilidade que precisa ser aprendida e constantemente aperfeiçoada. Faço isso todos os dias e continuarei a fazer até partir deste mundo.

Grande parte do que compartilho neste livro não foi ensinado a você porque esta área ainda não é bem compreendida. Estamos apenas começando a entender a mente e a consciência,

O que acontece quando não usamos a mente de modo correto

o que é fascinante. Se chegamos até aqui sem habilidades para gerenciar a mente, imagine aonde poderemos chegar quando aprendermos a controlar o pensamento.

O gerenciamento mental deve ser prioritário

Você é sua mente, você está sempre usando sua mente, e sua mente está sempre com você. Você pode passar três semanas sem comida, três dias sem água e três minutos sem ar, mas não pode passar três segundos sem pensar. Portanto, sua prioridade máxima deve ser a de entender como a mente funciona e o que significa o gerenciamento mental. Gerenciar a mente para controlar os pensamentos é uma habilidade que precisa ser aprendida e transformada em hábito ou, para ser mais cientificamente específica, *automatizada*, de modo muito semelhante a aprender a nadar ou a andar de bicicleta.

É o que você vai aprender neste livro. O gerenciamento mental é o segredo para a paz mental que nos sustenta em tempos de adversidade e em tempos felizes. É o lugar onde você encontra sua *própria* medida de sucesso em vez de se comparar aos "padrões tradicionais" geralmente apresentados por movimentos de bem-estar e de fé.

A que e a quem você se compara? Quem define o sucesso e diz o que ele deve representar para você? *Você*, é claro. Ninguém tem o direito de definir seu propósito. Muitas vezes, seguimos em direção ao fracasso quando tentamos copiar a caminhada de alguém que foi curado, ou quando nos dizem que o processo de cura é linear e padronizado. Essa é uma das razões por que a busca pelo bem-estar é tão perigosa: ela afirma que a cura e a saúde só chegam quando determinadas regras (criadas por alguém) são seguidas.

O apego a uma mentalidade competitiva alimentada por influenciadores digitais ou por alguém que nos oferece o elixir da

ORGANIZE SUA DESORDEM MENTAL

felicidade impõe exigências à nossa psique e pode ser altamente destrutivo, pois prejudica não apenas o modo como vemos nossa imagem corporal, mas também o modo como julgamos nosso próprio valor. Se não definirmos nosso bem-estar pela aceitação de que a vida sempre terá algum mistério, seremos levados à loucura, sentindo culpa e vergonha todas as vezes que nosso corpo ficar prostrado ou nossa mente entrar em parafuso. Sentiremos constantemente a necessidade de estar à altura de algo ou de alguém. Ao contrário, precisamos legitimar nosso sentimento de autocompaixão, por meio do gerenciamento mental *através* do processo de culpa, vergonha e doença, permitindo que estes se tornem trampolins, não pesos mortos.

Evidentemente, há ótimas informações baseadas em evidências nas áreas da psicologia positiva, do movimento do bem-estar e da medicina integrada, a respeito da conexão mente e cérebro, e fico entusiasmada porque o assunto está sendo comentado mais que nunca ao longo de meus anos de experiência. Sabemos agora mais que nunca como aquilo que pensamos, sentimos e escolhemos afeta direta e indiretamente nosso cérebro e corpo.

Tenho, no entanto, preocupações a respeito do modo como algumas pesquisas são interpretadas e de como elas podem fazer algumas pessoas se sentirem. Por exemplo, argumenta-se que "quem é bom não adoece" ou "se eu tiver bons pensamentos, disser palavras positivas ou mudar de atitude, tudo o que é prejudicial irá embora". Isso é inevitavelmente seguido por uma série de pensamentos tóxicos de culpa ou de vergonha que nos fazem sentir piores quando os problemas não desaparecem. *Esta técnica deveria funcionar! Por que não está funcionando? O que há de errado comigo? Por que os outros ficam bem e eu não?*

Sentir culpa ou vergonha por não ter sido curado instantaneamente ou sentir-se mal porque você não melhorou ou está

O que acontece quando não usamos a mente de modo correto

deprimido não é saudável e pode realmente piorar a situação. Não existe uma solução mágica nem uma fórmula única para a cura e a felicidade. Vamos encarar os fatos: a vida é um caos.

Para ter uma mentalidade melhor e mais positiva quando você lê sobre saúde e bem-estar, é aconselhável perguntar a si mesmo: *Por que esta ideia não me sai da cabeça?* ou *Por que estou lendo sobre este assunto e por que quero saber mais? Qual é a questão subjacente com a qual estou tentando lidar?* e então usar as respostas para reunir dados e informações.

Não estou dizendo que fazer uma ou duas coisas conhecidas como "saudáveis" não seja bom para você. Gosto muito de ioga e de alimentos orgânicos, por exemplo. No entanto, usá-los como uma fórmula mágica é certeza de decepção. Sentir culpa porque você deixou de pensar de modo positivo, porque não tem fé "suficiente" ou porque não alcançou um "ideal" é prejudicial à sua psique mental e ao seu físico, e a vergonha e a culpa que resultam desse modo de pensar produzem um resultado péssimo, a menos que sejam gerenciadas pela mente.

A ideia tóxica de "se eu fizer x, vai acontecer y" nasceu de uma visão distorcida da meritocracia e da neurocentralidade, pela qual acreditamos que y acontecerá naturalmente se x for feito, e x é o padrão para todos. Essa ideia não leva em conta o impacto das circunstâncias individuais externas (meio ambiente, cultura, família) e internas (personalidade, identidade), determinando o fracasso de uma pessoa desde o começo.

Esse tipo de pensamento também pode fazê-lo internalizar o fracasso, como se houvesse algo inerentemente errado com você. Você pode ser levado a pensar algo como: *Se eu tivesse seguido o conselho ou a diretriz ou o caminho...; por que não sou "corrigido"?* Mas o que significa ser "corrigido"? Seria uma percepção errada do imediato, da cura 100%? Seria ter determinada aparência?

> **Se você não moldar sua vida, ela será moldada para você.**

Ou possuir determinada soma de dinheiro? Ou talvez sentir-se feliz o tempo todo? Que padrão você está usando para medir a si mesmo?

Uma coisa é certa: se você não moldar sua vida, ela será moldada para você. E, para moldar sua vida, você precisa saber como moldar sua mente — você precisa gerenciá-la.

Temos um problema

Não podemos continuar a tomar decisões erradas sobre o gerenciamento mental e pensar que não acontecerá nada. Se fizermos isso, seremos exatamente como a mariposa que fica rodeando a chama e acaba morrendo queimada. Às vezes, não temos sequer consciência de que estamos tomando decisões erradas sobre o gerenciamento mental porque tudo parece tão natural ou esse é apenas "o modo como os outros estão fazendo".

Creio que vivemos em uma época na qual o gerenciamento *errado* da mente chegou ao ponto máximo. Pela primeira vez em décadas, a tendência de longevidade foi *revertida*. As pessoas estão mais doentes e morrem mais cedo, apesar de todos os avanços da medicina e da tecnologia. Pela primeira vez na história humana moderna, as pessoas estão morrendo mais cedo que seus antepassados — e esta é a parte maluca — devido a doenças *evitáveis* causadas por seu estilo de vida.[3] Além de estarmos vivendo em meio a pandemias, mudança climática e exposição à poluição, há mais e mais gente morrendo de desespero.[4]

---

[3] MATHERS, Colin D.; LONCAR, Dejan. Projections of Global Mortality and Burden of Disease from 2002 to 2030. **PloS Med** 3, n. 11, nov. 2006: e442. Disponível em: <https://doi.org/10.1371/journal.pmed.0030442>.

[4] GUWANDE, Atul. Why Americans Are Dying from Despair. **New Yorker**, 23 mar. 2020. Disponível em: <https://www.newyorker.com/magazine/2020/03/23/why-americans-are

O que acontece quando não usamos a mente de modo correto

Sim, podemos controlar nossas escolhas em relação ao estilo de vida, mas não parece que estamos fazendo um trabalho muito bom. Por quê? Novamente, por que, mesmo com tantas boas informações e tanta tecnologia à disposição, estamos ficando tão para trás?

Nos últimos sessenta anos ou mais, gastamos tanto dinheiro e tempo no componente físico de "corrigir" o cérebro e o corpo, que a mente foi totalmente deixada de lado. Considerando o relacionamento complexo e inseparável entre a mente e o corpo, a negligência de uma faceta tão importante de nossa humanidade certamente terá um preço.

Começamos a perceber esse preço na década de 1980, porém ele se tornou claro e evidente em 2014, quando os dados do governo federal norte-americano mostraram que, pela primeira vez em décadas, a tendência de longevidade foi revertida, e as pessoas entre 25 e 64 anos de idade foram as mais afetadas.[5] Sim, os Estados Unidos são um país muito próspero em várias esferas. No entanto, a taxa de mortalidade do país está *aumentando*, não abaixando, o que parece não fazer sentido se considerarmos os numerosos avanços que temos feito e a quantidade sem precedentes de conhecimento a que temos acesso. Algo sério está acontecendo.

Há muitas pessoas desalentadas e sem esperança. Não é surpresa saber que um relatório do Instituto Brooking, de outubro

---

-dying-from-despair>. KHAZAN, Olga. Middle-Aged White Americans Are Dying of Despair. **Atlantic**, 4 nov. 2015. Disponível em: <https://www.theatlantic.com/health/archive/2015/11/boomers-deaths-pnas/413971/?gclid=Cj0KCQjw6PD3BR DPARIsAN8pHuFA_qzt_odTW66Bat6l3cCLEX6w2v6j3TOnHS8–J7TsejFfRzxZR S4aAm5cEALw_wcB>.

5   MATHERS, COLIN D.; LONCAR, Dejan. Updated Projections of Global Mortality and Burden of Disease, 2002–2030: **Data Sources, Methods and Results**. Genebra: World Health Organization, 2005. WOOLF, Steven H.; ARON, Laudan Y. The US Health Disadvantage Relative to Other High-Income Countries: Findings from a National Research Council/Institute of Medicine Report. **JAMA** 309, n. 8, fev. 2013: 771–72, doi:10.1001/jama.2013.91.

> **Pela primeira vez em décadas, a tendência de longevidade foi *revertida*.**

de 2019, observou que "mortes por desespero" estavam afetando vários setores da sociedade, particularmente no coração dos Estados Unidos.[6] Carol Graham, membro sênior do instituto, fez a seguinte observação reveladora: "A métrica que realmente se destaca não é a questão de ser feliz ou infeliz. Hoje, ser feliz não significa muito. É a *esperança* ou a falta de esperança em relação ao futuro que está realmente ligada à mortalidade prematura".[7]

Mais e mais pesquisas estão mostrando como a ausência de esperança e a falta de recursos para lidar com nossas necessidades emocionais e físicas mais básicas estão cobrando um preço muito alto. Medo, isolamento, dor, falta de propósito, desespero... esses são os sintomas de uma sociedade devastada e ferida que podem ser responsáveis por mortes prematuras, não apenas por suicídio, mas também em razão de malefícios reais ao coração, ao sistema imunológico, ao sistema gastrointestinal e ao cérebro — o organismo inteiro entra em um estado de baixo grau de inflamação que pode aumentar nossa vulnerabilidade a doenças de 75 a 95% quando estamos em turbulência constante.[8]

Dê uma olhada nesta declaração de um estudo de pesquisas de 2019:

[6] MARCELLUS, Sibile. Certain American Men Are Dying "Deaths of Despair". **Yahoo Finance**, 22 out. 2019. Disponível em: <https://finance.yahoo.com/news/deaths-of-despair-why-this-group-of-americans-has-higher-mortality-rates-130633528.html>. GRAHAM, Carol; PINTO, Sergio. The Geography of Desperation in America: Labor Force Participation, Mobility Trends, Place, and Well-Being. **Brookings**, 15 out. 2019. Disponível em: <https://www.brookings.edu/research/the-geography-of-desperation-in-america-labor-force-participation-mobility-trends-place-and-well-being/?utm_campaign=Brookings%20Brief&utm_source=hs_email&utm_medium=email&utm_content=78166038>.

[7] GRAHAM; PINTO. Geography of Desperation in America.

[8] WOOLF; ARON. US Health Disadvantage.

O que acontece quando não usamos a mente de modo correto

> Uma nova análise de mais de meio século de dados federais de mortalidade [...] revelou que o aumento nos índices de mortalidade entre pessoas de 25 a 64 anos de idade atingiu todos os grupos raciais e étnicos e também bairros e cidades — por suicídio, bebidas alcoólicas, *overdoses* de drogas e doenças causadas por estilo de vida. As crianças estão perdendo os pais, e a força de trabalho está mais enferma.[9]

Isso é inaceitável.

O índice de mortalidade por condições crônicas debilitantes aumentou 20,7% entre 2011 e 2017, e é provável que continuará a aumentar drasticamente.[10] A tendência é especialmente ruim para os americanos de meia-idade, que são mais propensos a morrer de doenças cardiovasculares hoje do que em 2011, revertendo décadas de progresso.[11]

Como sociedade, não podemos mais descansar após uma vitória e dizer a nós mesmos que a situação está melhorando ou que somos excelentes. Isso simplesmente não é verdade, nem para os Estados Unidos nem para o mundo. A expectativa de vida também caiu no Reino Unido, por exemplo, onde as principais causas de mortalidade também parecem estar relacionadas ao estilo de vida, inclusive a uso de drogas, pressão financeira, depressão e isolamento.[12]

---

[9] CHEN, Quishi et al. Prevention of Prescription Opioid Misuse and Projected Overdose Deaths in the United States. **JAMA Network Open** 2, n. 2, 2019: e187621–e187621.

[10] CHEN. Prevention of Prescription Opioid Misuse.

[11] CASE, Anne; DEATON, Angus. The Epidemic of Despair: Will America's Mortality Crisis Spread to the Rest of the World? **Foreign Affairs** 99, 2020: 92. CASE, Anne; DEATON, Angus. Deaths of Despair Redux: a Response to Christopher Ruhm. **Princeton**, 8 jan. 2018. Disponível em: <http://www.princeton.edu/~deaton/downloads/Case_and_Deaton_Comment_on_CJRuhm_Jan_2018.pdf>.

[12] CASTLE, Stephen. Shortchanged: Why British Life Expectancy Has Stalled. **New York Times**, 30 ago. 2019. Disponível em: <https://www.nytimes.com/2019/08/30/world/europe/uk-life-expectancy.html>.

Não podemos mais evitar que a ironia nos confronte diretamente. Nossas redes sociais estão repletas de conselhos sobre como alimentar-nos bem, de ótimas citações e sugestões para gerenciar o estresse, de histórias inspiradoras, tendências de bem-estar para longevidade e melhor qualidade de vida — e continuamos adoecendo e morrendo. As taxas de suicídio estão crescendo, as dependências químicas estão aumentando, as pessoas estão mais deprimidas e ansiosas que antes, e nossos filhos são mais medicados que os de qualquer outra geração anterior.

O que está acontecendo?

Grande parte do problema é que perdemos muito da capacidade de pensar profundamente. Esquecemos a arte do gerenciamento mental profundo e focado. Queremos que tudo seja rápido, apressado, *agora*. Em geral, não queremos realizar o trabalho árduo que produz mudança verdadeira ou nunca fomos ensinados sobre o que significa esse tipo de trabalho.

O avanço para uma era de informações com fácil acesso a infinitas transmissões de conhecimento mudou o modo como pensamos, sentimos e fazemos escolhas. Parece que entramos em uma era na qual sacrificamos o processamento do conhecimento em troca da busca de informações. Sem perceber, estamos sendo treinados não para processar, mas para chegar imediatamente a uma solução rápida e uma opinião reativa. Quando não há uma solução rápida, como no caso de problemas de saúde mental, sentimos impotência e culpa e quase sempre desistimos, causando mais danos à nossa saúde mental e física.

Nós, seres humanos, evoluímos para *pensar de modo profundo, diferente e coletivo.* Quando nosso conhecimento não é aplicado com eficácia, mas apenas consumido, nossa mente se torna totalmente desnutrida e não consegue ir do ponto

O que acontece quando não usamos a mente de modo correto

A ao ponto B. Paramos de dar o salto de acumular o conhecimento para aplicar o conhecimento. Acumular informações sem processá-las e aplicá-las vai contra o modo como a mente funciona e como o cérebro é estruturado, produzindo um efeito pernicioso em nosso bem-estar físico e mental e criando uma desordem mental e física. Por mais maravilhosa e necessária que seja a tecnologia moderna e todos os avanços que a acompanham, precisamos aprender técnicas de gerenciamento mental para usá-las corretamente ou, então, acabaremos provocando mais desordem mental, o que continuará a reduzir nossa qualidade de vida e a encurtar nossos dias na terra.

O desordenado sistema da saúde mental

Podemos ver essa desordem interferir no modo como compreendemos a saúde mental. O gerenciamento da saúde mental tornou-se mais biomédico e neurorreducionista nos últimos cinquenta anos. *Neurorreducionista* significa que colocamos todo o foco no cérebro físico. Sua história, inclusive suas experiências e o ambiente político e socioeconômico em que você vive, foi totalmente desprezada e incluída na filosofia do "meu cérebro me fez fazer isto". Os sintomas de depressão surgem porque você tem um "desequilíbrio de serotonina" e uma "doença cerebral neuropsiquiátrica". Esse modelo neurorreducionista não leva em conta uma situação, por exemplo, na qual você sente algo nocivo como o racismo e vive com medo e ansiedade durante grande parte da vida por causa da cor de sua pele. Ou, em outro exemplo, você foi estuprado na infância por uma pessoa da família e sente que a culpa foi sua. Tal neurorreducionismo desconsidera o significado das experiências de vida e tem dominado o mundo do gerenciamento da saúde mental há muito tempo.

ORGANIZE SUA DESORDEM MENTAL

De acordo com um estudo recente publicado por antropologistas biólogos da Universidade Estadual de Washington, a pesquisa de saúde mental continua estagnada na teoria do século XIX, que infelizmente foi ressuscitada em 1980 em razão do aparecimento do modelo biomédico de classificar tudo com base nos sintomas.[13] Isso foi feito com a finalidade de revelar padrões neurobiológicos subjacentes que levariam a soluções específicas, mas no final das contas não tem funcionado para a humanidade. As taxas mundiais de depressão encontram-se em torno de 4% desde 1990, ao passo que uma grande meta-análise de experiências antidepressivas em 2018 mostrou que o significativo aumento no uso de antidepressivos não apresentou resultados verificáveis.[14] Por exemplo, na Austrália, o uso desses medicamentos aumentou 352% entre 1990 e 2002; no entanto, não se observou nenhuma redução nas taxas de ansiedade, depressão ou dependência química.

Em países afetados por conflitos, 1 em 5 pessoas sofre de depressão *versus* 1 em 14 no mundo inteiro, indicando que as questões socioeconômicas e políticas são fatores importantes na saúde mental e necessitam de mais atenção do que recebem atualmente.

O distresse mental e os problemas de saúde não são novidade, é claro. Os seres humanos sempre lutaram contra eles. A vida sempre foi difícil, e as pessoas sempre passaram por períodos difíceis. Não creio que os problemas de saúde mental estejam em ascensão. Eles apenas parecem diferentes no século XXI, e nós conhecemos muito mais os efeitos generalizados do distresse mental.

---

[13] SYME, Kristen L.; HAGEN, Edward H. Mental Health Is Biological Health: Why Tackling "Diseases of the Mind" Is an Imperative for Biological Anthropology in the 21st Century. **Yearbook of Physical Anthropology** 171, n. S70, abr. 2020: 87–117, <https://doi.org/10.1002/ajpa.23965>.

[14] Ibid.

O que acontece quando não usamos a mente de modo correto

Creio, contudo, que o gerenciamento *errado* dos problemas de saúde mental está em ascensão. Trata-se de um estranho paradoxo; embora nosso conhecimento do cérebro tenha progredido, nosso conhecimento da mente parece ter retrocedido, produzindo uma visão muito estreita e reducionista da história humana. Houve uma mudança no modo de encarar a mente. Em vez de considerá-la como prioridade máxima para viver neste mundo complexo, passamos a enxergá-la como produto de nossas redes neurais — e a interpretar os sofrimentos da vida como patologias, o que é um clássico neurorreducionismo. Isso só pode redundar em problemas. Enquanto os filósofos continuam a investigar a expansão da mente, os biólogos e neurocientistas estão tentando mapear a imensidão da história humana em correlatos neurais. Muitas vezes, parece que avançamos dois passos e retrocedemos dez, colocando uma camisa de força em nossa vida mental e na complexidade da experiência humana, ao focar apenas nossa biologia, não nossa história.

Não estou dizendo que existe somente desgraça e tristeza desde o século XIX, nem estou enxergando o passado com lentes cor-de-rosa. De fato, os avanços modernos em tecnologia do cérebro têm feito maravilhas no campo da neurociência, ajudando-nos a entender melhor o cérebro. No entanto, quando esses dados são usados exclusivamente para buscar os correlatos neurobiológicos da experiência humana, com o objetivo de mapear um "cérebro normal", e considerando tudo o que está fora disso como anormal e em necessidade de tratamento, creio que estamos fazendo as perguntas erradas e procurando respostas nos lugares errados.

Pesando o custo

O atual sistema de saúde mental reduziu em grande parte a origem da dor e do sofrimento humano a doenças cerebrais neuropsiquiátricas, com sintomas que precisam ser refreados com medicamentos ou com o condicionamento de nossos pensamentos e de nosso comportamento. A saúde mental foi incluída no modelo biomédico. Passou a ser algo que tememos e estigmatizamos, e o medo é em si mesmo prejudicial à mente, ao cérebro e ao corpo.

Essa percepção da saúde mental veio acompanhada de um alto preço. Quando apenas suprimimos, diagnosticamos e medicamos nosso distresse mental em vez de aceitar, processar e reconceituar os sofrimentos da vida, a dor pode transformar-se em energia tóxica embutida no cérebro e nas células do corpo. Isso pode, por sua vez, afetar a cognição, prejudicar o cérebro e aumentar nossa vulne-rabilidade. Cada sistema do corpo passa a ser um risco. Com o tempo, essa energia tóxica embutida pode afetar o modo como pensamos, sentimos e tomamos decisões, o que, por sua vez, pode encurtar a duração dos nossos dias.

O neurorreducionismo retira a pessoa de suas experiências de vida, tornando-a uma "coisa" que precisa ser diagnosticada, rotulada e, muito provavelmente, tratada com drogas psicotrópicas, as quais refreiam, mas não curam, os sintomas do distresse mental. Os problemas mentais estão sendo tratados como se fossem uma doença como câncer ou diabetes, mas são muito diferentes. O modelo biomédico funciona maravilhosamente para essas doenças, mas não é o tratamento correto para problemas mentais como ansie-dade e depressão. Estes estão intrinsecamente ligados à história de cada um de nós — nosso lugar no mundo e como compreen-demos a nós mesmos e a nossa vida. Nossa história não é uma "coisa" a ser diagnosticada e rotulada. E a depressão e a ansiedade

> Essa percepção da saúde mental veio acompanhada de um alto preço.

não são rótulos, mas sinais de alerta, para nos avisar que algo está acontecendo. Quando damos atenção a esses sinais de alerta, encontramos a verdadeira mensagem por trás do mensageiro.

Isso não significa que a doença mental não tenha efeitos físicos e reais sobre o cérebro e o corpo. É claro que o cérebro e o corpo sofrem o impacto, porque a mente se move por meio deles e causa impacto na fisiologia e na neurofisiologia até chegar ao DNA humano. A mente e o cérebro são separados e, ao mesmo tempo, inseparáveis. A depressão e a ansiedade são graves e podem debilitar a pessoa, exigindo atenção na forma de apoio, compreensão e gerenciamento mental correto. Esses sinais de alerta afetam 99% da mente — nossa psique — *e* 1% do físico — nosso cérebro e corpo —, portanto têm 100% de impacto e, assim, não necessitam ser comprovados com um rótulo de doença. São válidos o suficiente por si próprios.

Existe uma associação significativa e bem estabelecida entre o alto distresse psicológico e a morte precoce por câncer e doenças cardiovasculares, por exemplo. A conexão entre a mente e o corpo é muito real, o que observamos em nossa experiência clínica mais recente. Até a depressão e a ansiedade moderadas, se não forem tratadas, podem levar a um aumento estimado de 20% no risco de morte por todas as outras causas, exceto o câncer (que geralmente é associado a altos níveis de distresse psicológico).[15]

Uma pessoa que apresenta os sinais de alerta físicos e emocionais de depressão e ansiedade precisa ser notada e ouvida. Seu sofrimento, que é muito real, precisa ser reconhecido, e ela

---

[15] Russ, Tom C. et al. Association between Psychological Distress and Mortality: Individual Participant Pooled Analysis of 10 Prospective Cohort Studies. **BMJ** 345, 2012: e4933. Ponizovsky, Alexander Michael; Haklai, Ziona; Goldberger, Nehama. Association between Psychological Distress and Mortality: The Case of Israel. **J Epidemiol Community Health** 72, n. 8, 2018: 726–32.

ORGANIZE SUA DESORDEM MENTAL

necessita de ajuda para aprender a resolver problemas e gerenciar a mente. Ela precisa contar sua história, e precisamos ouvi-la.

Nosso modo neurorreducionista atual de lidar com a saúde mental *não tem funcionado*.[16] Precisamos de uma revolução no tratamento da saúde mental.

De fato, o modo moderno de lidar com a saúde mental é mais que confuso; pode ser assustador. É embaraçoso saber que a psiquiatria é o único ramo da medicina capaz de remover à força o elemento de escolha de um paciente. Se você sofre de câncer, diabetes ou de outra doença diagnosticada, pode recusar o tratamento — a prerrogativa é sua. Mas, se tiver sido rotulado com uma doença mental e recusar a medicação, alguém lhe dirá que sua escolha é manifestação de sua doença. Você pode perder rapidamente a capacidade de agir e gerenciar sua vida. Além de ser antiético, isso é desumano, pois restringe nosso direito fundamental, como seres humanos, de expressar nosso sofrimento e ter nossa história contada e respeitada. É por esse motivo que até a OMS (Organização Mundial da Saúde) é contrária a esse método, dizendo que se trata de um ataque aos direitos fundamentais de uma pessoa.[17]

Os limites dos medicamentos

Evidentemente, muitas coisas podem dar errado quando vivemos em comunidades humanas, vibrantes e dinâmicas. As pessoas fazem escolhas, e essas escolhas de terceiros nos afetam tanto quanto nossas escolhas afetam os outros. Não devemos, e na verdade não podemos, tratar a complexidade da experiência

[16] SYME; HAGEN. Mental Health Is Biological Health.

[17] ORGANIZAÇÃO DAS NAÇÕES UNIDAS. Statement by Dainius Puras, Special Rapporteur on the Right of Everyone to the Enjoyment of the Highest Attainable Standard of Physical and Mental Health. **United Nations Office of the High Commissioner**, 29 out. 2019. Disponível em: <https://www.ohchr.org/EN/NewsEvents/Pages/DisplayNews.aspx?NewsID=25203&LangID=E>.

humana como se fosse um problema médico. Por mais que apreciemos classificações, rótulos e sistemas, é preciso reconhecer que eles têm limites — e têm seu próprio veneno, principalmente quando acompanham você em pedidos de emprego ou credenciais para seguro ou o fazem ficar com muito medo de falar sobre como se sente, porque você será visto como "louco".

Os medicamentos podem dar um pouco de conforto, mas precisamos ser cuidadosos para não ficar confortáveis demais, porque podemos acabar evitando o trabalho difícil e necessário de tratar da raiz do problema e criar uma mudança positiva e sustentável. Não use medicamentos como um mecanismo de enfrentamento. Ao contrário, use-os para entender melhor onde você está e para desafiar você a superar o problema com o qual está lidando.

Sim, nossa biologia pode afetar nosso estado mental. Por exemplo, a deficiência do hormônio da tireoide pode contribuir com o início da depressão, e o uso excessivo de anfetamina pode levar à psicopatia. No entanto, as experiências multifacetadas dos seres humanos não podem ser entendidas como eventos isolados. Elas estão intrinsecamente ligadas à história e experiência de vida da pessoa e à sociedade na qual ela foi criada.[18] A psiquiatra Joanna Moncrieff explica:

> Considerando que a deficiência da tireoide pode apresentar uma explicação adequada a respeito de um episódio de depressão causado por hipotireoidismo, e que o hormônio da tireoide normalmente proporcionará um tratamento adequado, um episódio "normal" de depressão deve ser entendido e "tratado" de forma bem diferente, como uma reação humana.[19]

[18] AFTAB, Awais. Psychiatry and the Human Condition: Joanna Moncrieff. **Psychiatric Times**, 10 abr. 2020. Disponível em: <https://www.psychiatrictimes.com/qas/psychiatry-and-human-condition-joanna-moncrieff-md>.

[19] Ibid.

É hora de a sociedade começar a respeitar as histórias das pessoas e o que estamos atravessando, sem nos fazer sentir como se houvesse algo errado conosco quando estamos tristes, deprimidos ou ansiosos, ou como se existisse alguma anormalidade em nós quando falhamos de alguma forma em não nos sentirmos felizes o tempo todo.

Sim, vejo a atração que um medicamento possui. É compreensível se a pessoa precisa de ajuda ou orientação para chegar a um ponto no qual será capaz de lidar com a causa da ansiedade ou depressão. Talvez ela tenha a sensação de estar paralisada em razão do sofrimento para até mesmo começar a organizar sua desordem mental. Mas essas soluções são apenas temporárias e geralmente apresentam efeitos colaterais e riscos.

O trabalho exaustivo e o sofrimento nos moldam; a adversidade produz força. A repressão torna a situação pior e vai mostrar sua carranca em algum ponto de nossa vida — na mente, no físico ou em ambos — e, se tentarmos apressar o processo, vamos impedir nosso crescimento e desenvolvimento como seres humanos. Quando aceitamos essa verdade, podemos começar a focar em como fazer o trabalho exaustivo da melhor maneira possível. Gastaremos menos energia se tentarmos não forçar constantemente para que as soluções rápidas funcionem — um esforço exaustivo e desanimador — e se gastarmos mais energia para tratar da raiz do problema tóxico.

É perfeitamente normal dizer: "Isto é terrível. Não quero mais passar por esta situação" quando estamos no meio de um sofrimento emocional e/ou físico insuportável. Na verdade, encorajo você a fazer isso. É perfeitamente normal pedir e receber ajuda. Repito, é normal, e o encorajo a fazer isso. No entanto, apenas por meio do processo de aceitar o sofrimento e interagir com ele é que aprendemos a *gerenciá-lo* e *chegar ao*

O que acontece quando não usamos a mente de modo correto

outro lado. Tal processo pode demorar muito tempo ou pode ocorrer em questão de horas ou dias, mas, quando você aceita e reconceitua seu distresse mental, aprende a gerenciar a mente durante tempos difíceis. Essa é uma técnica que todos nós precisamos aprender e desenvolver o tempo todo.

Seguindo em frente, juntos

Aprender a gerenciar a mente não significa seguir em frente sozinho. Todos nós necessitamos de toda ajuda que pudermos receber como seres humanos neste mundo em constante evolução e imensa complexidade, inclusive grandes doses de gentileza, bondade e compaixão uns pelos outros e por nós mesmos. Necessitamos de uma nova narrativa, na qual possamos ouvir as narrativas uns dos outros e, juntos, procurarmos resolver os problemas por meio delas.

De fato, encorajo você fortemente a buscar um sistema de apoio para sua jornada de cura. Os 5 Passos do Neurociclo que vamos aprender aqui explicam como você atravessará o dia, a semana e o resto de sua vida. Será útil se, em sua jornada, você conversar com alguém sobre esses passos, o que lhe dará uma perspectiva diferente e funcionará como uma caixa de ressonância. Os seres humanos necessitam disso, porque, conforme analisaremos, a questão não é você, mas você no mundo. Ao longo dos anos como terapeuta, pesquisadora e mãe de quatro filhos, entendi que aqueles que buscaram ou criaram um sistema de apoio foram os únicos que obtiveram sucesso sustentável. Não acredite na mentira de que pedir ajuda é sinal de fraqueza. Pedir ajuda exige muita coragem e é uma atitude necessária.

No fim do dia, seu foco principal deve ser a cura, não um ego inflado tentando provar que você pode fazer tudo sozinho.

ORGANIZE SUA DESORDEM MENTAL

O sistema de apoio pode incluir um familiar, um sócio, um grupo de apoio, um terapeuta ou uma comunidade eclesiástica. E, como prêmio por ter sido sincero e ter buscado apoio, você poderá encorajar outras pessoas a serem tão abertas e sinceras também, dando início a um ciclo positivo que dominará o ciclo tóxico de vergonha, culpa e estigma geralmente associado a lutas por saúde mental.

Esse é o tema do trabalho que faz parte de minha vida há três décadas, inclusive em meu ensaio clínico mais recente, que analisaremos com mais profundidade nos capítulos a seguir. Na verdade, muitos estudos médicos e integrativos recentes revelam que as pessoas que participam de programas de gerenciamento mental dentro de ambientes comunitários aprendem a gerenciar a mente e experimentam mudanças físicas e comportamentais significativas em uma série de resultados neurofisiológicos, fisiológicos e psicossociais.

O que isso significa essencialmente é que, embora não possamos controlar os eventos e as circunstâncias da vida, *podemos aprender* a controlar nossas reações, o que nos ajuda a lidar com os muitos problemas que enfrentamos. Isso vai além da atenção plena, da psicologia positiva e da indústria de autoajuda para chegar ao gerenciamento sustentável da vida. E necessitamos uns dos outros para que isso aconteça efetivamente.

> *No momento, estou no quinto dia de seu aplicativo*
> *e achei que foi muito útil para minhas emoções que estão*
> *totalmente desordenadas. Fico feliz por saber e perceber que*
> *pela primeira vez na vida estou aprendendo a lidar com*
> *situações em vez de cobri-las com esparadrapo!*
> *O programa de 5 Passos me deu esperança novamente*
> *(pela primeira vez em anos)!*
> MARTIE

CAPÍTULO 2

O que é gerenciamento mental e por que necessitamos dele?

*Qualquer homem poderia, se quisesse,
ser o escultor do próprio cérebro.*
SANTIAGO RAMÓN Y CAJAL

Quadro geral

- O modo como usamos a mente nos ajuda a sair da fase de ouvir bons conselhos e passar para a fase de ter uma vida boa.

- *Todos* nós precisamos aprender a compreender e a editar nossos pensamentos e reações antes que eles provoquem reações tóxicas em cadeia e se tornem redes neurais arraigadas, também conhecidas como maus hábitos.

- Quando pensamos, o cérebro muda literalmente centenas de milhares de vezes nos níveis celular, molecular, químico, genético e estrutural. O mais importante é que você pode direcionar esse processo!

- Qualquer cérebro, de qualquer idade, seja o que for que tenha acontecido com ele, pode funcionar em um nível superior por causa da natureza da neuroplasticidade.

Mais e mais pessoas como nós estão lutando contra ansiedade, pensamentos intrusivos, depressão, medo e ruminações mentais tóxicas que causam todos os tipos de problemas de saúde mental. Em meu trabalho, conheço várias pessoas que não conseguem se concentrar, não conseguem se lembrar, estão esgotadas, têm relacionamentos estressantes e estão lidando com muitos tipos de problemas físicos. A lista vai longe.

Então, qual é a solução? Devemos mudar nosso estilo de vida? Sim, claro — é importante ter uma vida saudável; todos nós devemos comer alimentos integrais, fazer exercícios regularmente, dormir bem e o suficiente, gerenciar o estresse, limitar o tempo que passamos diante de aparelhos eletrônicos e passear mais, na medida do possível com base nas circunstâncias únicas de nossa vida. Mais e mais pesquisas estão revelando como muitas doenças se relacionam ao estilo de vida (que inclui nossos pensamentos), portanto o que decidimos fazer e não fazer tem consequências importantes para nosso bem-estar físico e mental.

Hoje, a pressão é ainda maior, porque a tendência de várias décadas de vida mais longa foi revertida, apesar dos avanços na medicina e tecnologia. *Precisamos realmente* mudar nosso estilo de vida, e, felizmente, não faltam conselhos fantásticos sobre como fazer isso, tanto na internet quanto nos livros, e ainda com a ajuda de *coaches* e cursos.

Como, porém, ir além de receber bons conselhos e passar a ter uma vida boa? Como ir além da leitura de livros, *blogs* e redes sociais para aplicar o que aprendemos e transformar isso em hábitos de vida sustentáveis e impactantes? Que peça está faltando? Por que tantas pessoas toleram coisas desnecessárias, mesmo com todos os ótimos recursos disponíveis?

As mudanças exigem ação e aplicação, e tanto a ação quanto a aplicação são movidas pela mente. O estado em que nossa mente se encontra afeta o modo como ela funciona, e isso determina o que e como absorvemos, o que aplicamos e como colocamos nosso pensamento em ação.

O que é gerenciamento mental e por que necessitamos dele?

Tudo o que fazemos começa com um pensamento. Se queremos mudar qualquer coisa em nossa vida, temos primeiro de mudar nosso pensamento, nossa *mente*. Quando aprendemos a mudar a mente, religamos as redes neurais no cérebro que criam ações e atitudes úteis, sustentáveis e automatizadas — bons hábitos que nos tornam mais felizes e mais saudáveis. Saímos da fase de ouvir bons conselhos e passamos para a fase de ter uma vida boa com nossa mente — daí a expressão *gerenciamento mental*.

> O modo como usamos nossa mente nos ajuda a sair da fase de ouvir bons conselhos e passar para a fase de ter uma vida boa.

Do neurorreducionismo à neuroplasticidade

Sou cientista e terapeuta clinicamente treinada, e meus trinta e oito anos de trabalho clínico e pesquisas têm me mostrado constantemente que conhecer o gerenciamento mental correto, simples e prático é o primeiro passo para realizarmos qualquer coisa. Pensar, sentir e escolher (também conhecidos como *mente em ação*) são os precursores de toda a comunicação; tudo o que dizemos ou fazemos é sempre precedido de um pensamento.

O processo é tão lógico que dificilmente "pensamos" nele, mas vale a pena gastar um pouco de tempo para fazer isso. É algo tão óbvio que não o percebemos porque estamos à procura de uma solução enigmática e complexa. Nossa mente está nos desafiando, e o gerenciamento mental é, portanto, uma habilidade prática que precisamos aprender. Conforme vou lhe mostrar neste livro, se nossa mente não for gerenciada, todo o resto se desencadeará para o caos — ou seja, a desordem mental produz vida desordenada.

ORGANIZE SUA DESORDEM MENTAL

Infelizmente, em nossa era temos focado tanto a biologia do cérebro que nos esquecemos da mente. Talvez você nem mesmo saiba que se trata de duas coisas diferentes. De fato, se você acaba de ler um punhado de artigos neurocientíficos aleatoriamente, pensará que somos cérebros mecânicos e pré-programados andando por aí e que, de vez em quando, apresentamos problemas de funcionamento.

Sim, essa é uma caricatura, mas não está muito longe da verdade. Muitos profissionais e pesquisadores prestam atenção apenas nos sintomas que a pessoa apresenta, não no *motivo* por que eles correm, porque é muito mais fácil lidar com sintomas unidimensionais do que com causas multidimensionais, principalmente quando as consultas médicas se tornam mais curtas e é mais fácil prescrever comprimidos. Até os médicos reclamam disso. Apesar de seu vasto conhecimento na área, eles próprios apresentam altas taxas de problemas com saúde mental porque não entendem a mente e não sabem como curá-la. Calcula-se que todos os dias um médico nos Estados Unidos comete suicídio.[1] Esse é um dos motivos pelos quais oriento os médicos sobre a importância da mente, o gerenciamento mental correto, como gerenciar a saúde mental e como ajudar seus pacientes com problemas de saúde mental.

Felizmente, há sinais de que a situação está mudando. Mais e mais pessoas estão começando a reconhecer que há algo mais na autotransformação que um comprimido ou um programa. Mudança sustentável atingível significa pôr sua mente em ordem *em primeiro lugar*, sem esperar aquela promoção no emprego, aquela perda de peso ou fazer exercícios físicos na academia quatro vezes por semana. Tudo começa na mente.

---

[1] KALMOE, Molly C. et al. Physician Suicide: A Call to Action. **Mo Med** 116, n. 3, 2019: 211–16. Disponível em: <https://www.ncbi.nlm.nih.gov/pmc/articles/PMC6690303/>.

O que é gerenciamento mental e por que necessitamos dele?

Cada momento do gerenciamento mental é seletivo. É tão fácil produzir mudanças negativas quanto produzir mudanças positivas no cérebro — isso se chama *paradoxo plástico*. A capacidade do cérebro de mudar, ou a *neuroplasticidade*, pode ocorrer em uma boa ou má direção — a questão é que nosso cérebro está sempre mudando. A mente é a força que aciona a *neuroplasticidade*; é por isso que digo que a mente muda o cérebro e também a razão pela qual precisamos assumir o controle do processo como um marinheiro dominando o vento — ou ele nos varrerá num sopro.

Este livro ensinará você a ser um neurocirurgião plástico — ou, em outras palavras, a ser o cirurgião de sua mente (mas sem todo aquele sangue!). Vou explicar a diferença entre a mente e o cérebro, o que é o pensamento e como construímos pensamentos com a nossa mente, como controlamos os pensamentos com a nossa mente e como desintoxicamos a mente e o cérebro usando *nossa mente*.

Você pode aprender um plano de gerenciamento mental simples, mas altamente eficiente — o Neurociclo — para gerenciar a "loucura do dia a dia" em sua vida, porque, vamos encarar os fatos, a vida é bem maluca em algumas ocasiões. Aprender a habilidade de gerenciar a mente ajudará você a mudar de verdade seu estilo de vida, a definir sua história, a superar quaisquer obstáculos mentais ou físicos que enfrentar e a ajudar aqueles que o rodeiam e que podem também estar enfrentando essas questões.

Mente em ação

O modo como reagimos ou respondemos a várias situações da vida e do mundo ao nosso redor é chamado de *mente em ação*. A mente em ação é seu modo único de pensar, sentir e escolher. Ele muda a maneira como o cérebro funciona, nossa bioquímica e os genes associados à saúde mental e física, e é por isso que o

ORGANIZE SUA DESORDEM MENTAL

gerenciamento mental é essencial — e uma habilidade a ser aprendida. Você, com sua mente sempre em ação, é o agente da mudança. O gerenciamento mental correto significa reagir de uma forma que desenvolva as redes neurais saudáveis em vez de simplesmente reagir e desenvolver redes neurais tóxicas. Você pode ser o "primeiro a responder" em cada situação e em todas as situações.

Todos nós precisamos aprender a compreender e a editar nossos pensamentos e reações antes que eles provoquem reações tóxicas em cadeia e se tornem redes neurais arraigadas, também conhecidas como maus hábitos. Precisamos também aprender a aceitar, processar e reconceituar pensamentos que já ficaram presos nas redes de nossa mente como traumas e padrões de pensamentos negativos. É uma jornada que dura a vida inteira, um estilo de vida cujo esforço vale a pena. Da mesma forma que limpar a casa, lavar o carro, dar banho no cachorro ou escovar os dentes, um pouco de esforço diário será útil por muito tempo para ajudá-lo a sentir-se limpo, revigorado e saudável.

E o tempo de fazer isso é *agora*. Quando comecei minhas pesquisas na década de 1980, muitas pessoas achavam que o cérebro não podia mudar — se algo estivesse errado, você precisava aprender a compensar. Quando comecei a investigar como o pensamento deliberado e intencional direcionado pela mente podia mudar comportamentos, muitos de meus colegas chamaram minhas ideias de ridículas até eu começar a publicar os resultados obtidos. Em uma das minhas áreas de pesquisa, descobri que, se alguém sofria de uma deficiência intelectual ou social de linguagem em razão de um trauma ou lesão cerebral traumática (LCT), essa pessoa

> *Todos* nós precisamos aprender a compreender e a editar nossos pensamentos e reações.

O que é gerenciamento mental e por que necessitamos dele?

podia melhorar seu funcionamento cognitivo, intelectual e social de 35 a 75% por meio de técnicas diretas e deliberadas de pensamento profundo.

É por isso que passei minha carreira tentando entender a mente e desenvolvendo formas diferentes de usá-la para aprender outras informações, fortalecer a memória e gerenciar as emoções e a saúde mental.

Resiliência

A resiliência da mente humana tem me surpreendido continuamente ao longo dos anos. Depois de viajar a vários países, trabalhar e fazer pesquisas em diferentes comunidades, aprendi muito — coisas que nunca teria aprendido em um laboratório de pesquisas. Cada momento, cada história, cada pessoa tem sido mais uma epifania.

Já vi ex-dependentes químicos se transformarem em líderes de comunidade e promoverem mudanças quando souberam o que podiam fazer com a mente. Já vi professores com um único livro didático ensinando centenas de crianças, transformando as paredes de suas classes em um verdadeiro currículo e usando o processo de aprendizado de 5 Passos e o sistema de escrita Metacog que desenvolvemos (veja o Apêndice B). Tenho visto pacientes LCT[2] com capacidade intelectual reduzida chegarem ao ensino médio, terminarem o curso e se diplomarem na faculdade. Já vi pessoas que lutam contra o autismo aprendendo a controlar suas emoções. Já vi o declínio cognitivo ser reduzido em pacientes com mal de Alzheimer. Já vi inúmeras crianças e adultos com dificuldades de aprendizado aprendendo a aprender. E já vi pais, alunos e avós sentados debaixo de árvores ajudando uns aos outros a administrar traumas e ansiedades.

---

[2] Sigla para Lesão Cerebral Traumática. [N. do R.]

ORGANIZE SUA DESORDEM MENTAL

Todas essas experiências têm sido extremamente inspiradoras e me deram uma lição de humildade. Elas me motivaram, despertando meu desejo de aprender mais e mais sobre a mente e sobre como posso ajudar as pessoas a reconhecerem seu potencial intrínseco e magnífico.

> **Você não é um cérebro fraturado ou defeituoso.**

Minha missão na vida, e por que faço o que faço, é ajudar as pessoas a entenderem quanto poder elas possuem para curar sua mente, seu cérebro e seu corpo. Dediquei a vida a descobrir como fazer que o cuidado com a saúde mental e o conhecimento sejam facilmente aplicáveis, acessíveis e disponíveis a todos. Talvez você não tenha acesso a um terapeuta, mas possui algo mais poderoso: sua mente.

Você não é um cérebro fraturado ou defeituoso. Nunca terá de se conformar ou apenas aprender a compensar. Há muitas coisas que você pode e deve fazer e que são capazes de alterar, mudar, reduzir o ritmo e até reverter o estado atual de seu cérebro e de seu corpo. Essas coisas são impulsionadas pela mente: resultam de suas escolhas, que resultam de seus sentimentos, que resultam de seus pensamentos. É a mente em ação.

Teoria quântica

A teoria quântica demonstra a importância da mente em ação. *Quantum* significa "energia", e é uma forma muito poderosa de explicar a energia associada com a mente, o aprendizado e a memória, junto à neurociência e à neuropsicologia. Por esse motivo, incorporei-a no desenvolvimento de minha teoria intitulada "A Teoria do Processamento das Informações Geodésicas" (veja o Apêndice A), para explicar como a conexão entre a mente e o cérebro funciona e para destacar a necessidade de gerenciamento mental.

Keith Ward, teólogo e filósofo de Oxford, chama a física quântica de "o modelo mais preciso desenvolvido até hoje para entender as coisas mais profundas".[3] Duas dessas "coisas mais profundas" são o modo único como pensamos como seres humanos e qual é nosso propósito no mundo.

O que é consciência humana — ou mente — e por que a possuímos? Por que e como pensamos? A física quântica nos oferece uma forma de descrever a poderosa energia da consciência humana ao mostrar como nossa mente é incrível. Ela fornece uma teoria científica que descreve nossa capacidade de escolher e, por conseguinte, nossa capacidade de transformar o cérebro, o corpo e o mundo que nos rodeia. A física quântica destaca a importância do pensamento e de como somos únicos de maneira brilhante e maravilhosa. Ela aponta para algo que todos nós sentimos intuitivamente: que nossos pensamentos conscientes têm o poder de afetar nossas ações. Este livro ensinará a você qual é a precisão mental necessária para tirar proveito desse poder.

Tudo isso parece ótimo, mas o que a física quântica e toda essa conversa sobre a mente têm que ver com sua vida no dia a dia? Bem, você já se perguntou: *Quem é esta pessoa em quem me transformei?* ou *O que posso fazer para mudar ou controlar meus problemas? Sou realmente feliz e estou em paz? Como meus pensamentos, sentimentos e escolhas impactam o mundo ao meu redor?*

A busca por essas respostas costuma ocorrer de duas maneiras. Talvez você acredite que é um avatar genético pré-embalado e pré-programado. O destino decidiu o que vai acontecer

---

[3] Keith Ward — The New Atheists (Part 1). Vídeo do YouTube, 37:32, postado por ObjectiveBob, 29 ago. 2012. Disponível em: <https://www.youtube.com/watch?v=fkJshx-7l5w&t=3s>.

ORGANIZE SUA DESORDEM MENTAL

com você — não há como lutar contra isso. Ou talvez acredite que tem certa dose de influência na qualidade de sua vida, quem sabe por meio daquele elixir mágico e misterioso, daquela série de exercícios físicos, daquela nova dieta ou daquela meditação ou técnica de respiração que acabou de praticar. Ou talvez você tenha feito tudo isso e aguarda o melhor — porque são coisas boas e saudáveis para você e devem surtir algum efeito, certo?

Talvez você se sinta bem por algumas horas, mas o que acontece quando as coisas não saem tão bem? O que você faz quando seu cônjuge pisa no carpete com o sapato enlameado, quando aquele colega de trabalho que você não suporta lhe envia um *e-mail* grosseiro ou quando seu melhor amigo tem um esgotamento mental?

O Neurociclo de 5 Passos

As habilidades para o bom gerenciamento mental podem levá-lo um pouco além das práticas de atenção plena, como a meditação, as quais são saudáveis, porém de curta duração, e ajudam momentaneamente a acalmar e preparar o cérebro, mas em geral não tratam dos problemas principais por trás de seu pensamento. A meditação pode gerar conscientização, mas o que você faz com a conscientização? A conscientização, se não gerenciada corretamente, pode ser mais prejudicial que benéfica. De fato, a pesquisa que descreverei nos capítulos a seguir mostra que a conscientização sem as habilidades ou técnicas de gerenciamento afeta adversamente nossa saúde mental e física. Quando começa a entender como sua mente funciona e como pode usar o Neurociclo de gerenciamento mental para lidar com essa conscientização e mudar seu cérebro, você cria mudanças sustentáveis que afetam a raiz de seus problemas, não apenas seus sintomas. Você sai do "destino *versus* eu" e passa para o senso de realidade. Reconhece que a vida é difícil e que dissabores podem acontecer, mas constrói o andaime necessário para manter os pés no chão em meio à tempestade.

Isso não significa que deixamos de ficar aborrecidos, zangados, infelizes ou irritados. Todos nós sofremos frustrações, mas podemos aprender a lidar com essas emoções e sentimentos quando os experimentamos *de uma forma científica que, de fato, mudará o cérebro e aumentará nossa resiliência*. É assim que essas coisas não nos desequilibram durante dias ou até semanas. É assim que elas não tomam conta de nossa vida.

Permita-me dar a você um exemplo. (Este é um exemplo de relacionamentos, mas os mesmos 5 Passos podem ser usados em qualquer circunstância ou situação.) Digamos que você tenha sido realmente maltratado por alguém em quem confiava. O seu antigo "você" teria imediatamente enviado algumas mensagens de texto grosseiras, talvez com frases como "nunca mais fale comigo" e depois gritado e amaldiçoado qualquer coisa viva que porventura atravessasse seu caminho. Mas, ao contrário, o novo "você", o super-herói quântico de mente controlada, examina cuidadosamente as diferentes fases do gerenciamento mental, os 5 Passos do Neurociclo que analisaremos com mais profundidade na Parte 2 deste livro.

Primeiro, você prepara aquele seu cérebro espetacular, e é nesse ponto que a atenção plena, a meditação, as técnicas de respiração, a tapotagem[4] e outras tantas são essenciais. Você pode fazer alguns exercícios respiratórios (meu favorito, em razão de sua eficácia e base científica, é o método Wim Hof)[5]

---

[4] Método de fisioterapia respiratória que consiste na aplicação rítmica das duas mãos em forma de concha no tórax. [N. do R.]

[5] Para mais informações sobre o método Wim Hof, acesse: <https://www.wimhofmethod.com>.

ORGANIZE SUA DESORDEM MENTAL

ou outro semelhante. Trata-se de uma ação simples, estimulada pela mente, que prepara a mente e otimiza o cérebro e o corpo, permitindo que você se acalme o suficiente para reagir da maneira mais favorável possível. Em seguida, você vai *além* da atenção plena que sua preparação criou e passa *para a neuroplasticidade direcionada* por meio dos 5 Passos:

1. **Reunir.** *Leia, ouça e observe o que você está pensando e como está se sentindo.* Lembre a si mesmo que aquelas pessoas costumam usar ações e palavras como um grito de ajuda, e esse é um sinal de que elas estão tentando encontrar sentido no que está acontecendo, mas elas não sabem verbalizar corretamente suas necessidades ou sofrimento. É útil lembrar que, em geral, o modo como as pessoas tratam você é uma projeção da turbulência e do estado de espírito delas. Assuma e aceite o fato de que você se sente magoado ou frustrado; não reprima suas emoções nem se sinta culpado por causa delas. Reconheça que essas emoções vão passar. Elas não precisam definir suas próximas ações ou pensamentos.

2. **Refletir.** *Pergunte, responda, discuta com você mesmo.* Tente encontrar o significado mais profundo por trás das palavras e das ações das pessoas. O que elas estão atravessando? Por que estão magoadas? O que as faz reagir dessa maneira? Não absorva a energia negativa dos outros nem permita que isso faça parte de você ou de seu cérebro. Pare, dê um passo atrás e escolha tornar objetiva a situação.

3. **Escrever.** *Registre e organize seus pensamentos.* Escreva o que você está passando em um diário ou na pasta de

anotações de seu *notebook* ou *smartphone*, o que lhe for mais conveniente. Isso ajudará você a organizar seus pensamentos, o que liberará o ferrão emocional de seu sofrimento — tire-o do seu corpo em vez de o manter ali. Escreva o que a pessoa disse e qual foi sua reação, ou como você gostaria de reagir.

4. **Verificar.** *Analise e examine de novo o que você anotou.* Converse com outra pessoa para ter um entendimento mais amplo sobre a situação e a reação que você planejou.

5. **Tomar uma atitude.** *Aplique de alguma forma tangível o que você aprendeu.* Assim que você se acalmar, entre em contato com as pessoas, com amor, e pergunte a elas o que você pode fazer. Mesmo que isso sirva apenas para ouvi-las expressar suas emoções.

A mente

A definição mais fundamental da mente é o modo como você *pensa, sente e escolhe*, e é o que você fez no exemplo dos 5 Passos do processo do Neurociclo que acabo de descrever. A mente trabalha por meio do cérebro: o cérebro é o órgão físico que filtra e reage à mente.

Com base em minha pesquisa e experiência clínica, creio que a mente é a maior parte de nós, ou seja, abrange de 90 a 99% de quem somos. Há forte evidência de que a mente em ação — ou seja, nosso pensamento, sentimento e escolha, incluindo os atos de prestar atenção em alguma coisa, fortalecer a memória de modo deliberado, prever algo e aguardar um evento — afeta nossa plasticidade cortical (nossa neuroplasticidade). Isso significa que, quando você pensa, sente e escolhe, está aguardando

ORGANIZE SUA DESORDEM MENTAL

e acreditando, e, ao fazer isso, está reformulando sua paisagem mental — ou seja, seu cérebro está reagindo à sua mente.

Essas mudanças ocorrem no cérebro inteiro. A neuroplasticidade do cérebro não está isolada em um único sistema; o gerenciamento direcionado da mente no Neurociclo reformula todos os sistemas e redes no cérebro. Chega até a capacitar cérebros com mau funcionamento, estimula cérebros com deficiência neurológica e pode ter um notável efeito corretivo em cérebros traumatizados. O cérebro não é pré-programado nem permanece imóvel, mas maleável, o que significa essencialmente que ele reage ao que pensamos, sentimos e escolhemos — e ao que comemos, ao que colocamos dentro e fora do nosso corpo e à maneira como nos movemos. A mente não é apenas um subproduto de nosso cérebro.

Agora, imagine usar sua mente e tirar proveito dessa neuroplasticidade de tal forma que melhore o funcionamento de seu cérebro a ponto de você ter um plano estabelecido para lidar com os problemas da vida; assim, você poderia evitar que eles coloquem em risco sua felicidade e, por conseguinte, reduzir sua vulnerabilidade a doenças. Bom, ao entender como sua mente funciona e como usar os 5 Passos, você está usando essencialmente o poder pleno da neuroplasticidade a seu favor para organizar sua desordem mental!

> A mente não é apenas um subproduto de nosso cérebro.

O gerenciamento mental não muda apenas o estado de seu cérebro ou a maneira como você se sente no momento. Ele também impulsiona sua resiliência cognitiva ao longo do tempo porque você propicia um ambiente saudável para seu cérebro. Mente forte significa cérebro forte e, vice-versa, em um ciclo de *feedback*, o que lhe dá força mental para enfrentar adversidades e o ajuda a lidar com o dia a dia. Isso guia você no meio das crises e lhe dá a determinação de avançar em tempos difíceis de incerteza e sofrimento. Faz você olhar para o seu interior, estimula-o a examinar, perguntar, querer saber o que o impede de avançar e também saber lidar com a situação.

Neuroplasticidade direcionada

Os 5 Passos apresentam um processo de gerenciamento mental que faz você sair da condição de espectador involuntário de um acidente de carro para a condição de socorrista e, posteriormente, de evitar o acidente em primeiro lugar. Da mesma forma que a náusea, o suor e as idas ao banheiro livram o corpo da matéria tóxica, o fato de assumirmos o sofrimento mental por meio do gerenciamento mental e de aceitarmos a incerteza que o acompanha, ajuda-nos a ficar livres de nossas experiências tóxicas, sejam os maus hábitos adquiridos com o passar do tempo ou traumas do passado. Isso pode ser um pouco desconfortável no começo a ponto de nos fazer sentir um pouco de pressão e dor, mas, depois, a sensação será 1 milhão de vezes melhor. Com o gerenciamento mental, até os problemas mais fundamentais podem ser tratados, conforme veremos na Parte 2 deste livro.

Quando pensamos, o cérebro muda literalmente centenas de milhares de vezes nos níveis celular, molecular, químico, genético e estrutural. Mais e mais pesquisas são publicadas diariamente mostrando como cada aspecto funcional, químico e físico do cérebro pode ser e é transformado à medida que usamos a mente. *O segredo é que você pode direcionar esse processo.* Você não precisa apenas deixar a vida seguir e moldar o que está entre suas orelhas. Não precisa apenas absorver tudo o que vê e ouve.

ORGANIZE SUA DESORDEM MENTAL

Quando fazemos um treinamento deliberado para gerenciar a mente, acionamos grande parte dos milhares de processos básicos que definem o estado da função de nosso cérebro. Na verdade, as mudanças no cérebro, mesmo quando aprendemos uma única habilidade, são imensas; o cérebro, sob a direção da mente, remodela literalmente seu código neurológico nos dendritos, que são prolongamentos dos neurônios que formam nossos pensamentos e lembranças.

Uma das primeiras atitudes que você deve tomar para começar a gerenciar a mente é treinar o cérebro a *aprender a aprender* de forma organizada e significativa. Essa é a ciência do fortalecimento do cérebro, que começa quando somos bebês e continua ao longo de toda a vida. No entanto, para aproveitar totalmente esse processo, a habilidade do gerenciamento mental precisa ser desenvolvida e aprimorada. O fortalecimento do cérebro, da mesma forma que o exercício físico, é um aspecto fundamental do desenvolvimento e da manutenção da saúde mental e cerebral. Cada um de nós tem enorme gama de potencialidades: aptidões, habilidades, informações e ideias esperando ser imaginadas e concretizadas. Os 5 Passos do Neurociclo vão ajudá-lo a determinar o que você precisa fazer para liberar esse potencial, para manter e desenvolver sua plasticidade cerebral *e* para dominar todo o seu potencial não alcançado a fim de fazer as mudanças necessárias no estilo de vida e tornar seu mundo melhor. E ele não se destina a apenas algumas pessoas — o gerenciamento mental é para todos. Todos podem aprender a desenvolver o cérebro. O fortalecimento do cérebro é tão essencial à saúde física e mental quanto comer e respirar, e é por esse motivo que tratamos desse assunto em primeiro lugar na Parte 2. Livrar-se de traumas e hábitos será muito mais fácil se o fortalecimento do cérebro for incorporado ao seu estilo de vida!

O que é gerenciamento mental e por que necessitamos dele?

Ensaio clínico

Tenho visto isso em toda a literatura científica e também em meus mais recentes ensaios clínicos. De janeiro a dezembro de 2019, dirigi dois estudos de pesquisa: um estudo de validação (que mede a precisão de uma escala no Leaf Mind-Management Scale (Escala de Gerenciamento Mental Leaf [LMM]), o qual desenvolvi e usei ao longo de muitos anos em minha prática clínica, e um estudo clínico de duplo cego randomizado para avaliar a importância do gerenciamento mental usando o processo de 5 Passos atualizado, pesquisado e clinicamente aplicado.

Dirigi essa pesquisa em uma clínica neurológica dos Estados Unidos com uma equipe mundialmente famosa de médicos e pesquisadores. Na verdade, a ideia da pesquisa começou quando um neurologista e amigo me abordou com um problema: seus pacientes estavam reagindo positivamente ao tratamento com *neurofeedback*, mas nem sempre transportavam esse efeito para a vida cotidiana. A terapia de *neurofeedback* é "também conhecida como *biofeedback* por EEG (eletroencefalograma) [...] uma intervenção terapêutica que proporciona *feedback* imediato por meio de um programa de computador que avalia a atividade das ondas cerebrais do paciente".[6]

Havia necessidade de algo mais. Como eles poderiam progredir, passando de uma boa sessão de *neurofeedback* para uma vida saudável? Esse médico específico havia começado a usar em sua clínica o programa de 5 Passos descrito em meu livro *Ative seu cérebro*[7] e descobriu mudanças extraordinárias nele próprio e em seus pacientes, as quais *perduraram* ao longo

---

[6] Neurofeedback. **Psychology Today**. Disponível em: <https://www.psychologytoday.com/us/therapy-types/neurofeedback>. Acesso em: 21 ago. 2020.

[7] Brasília: Chara, 2019. [N. do T.]

ORGANIZE SUA DESORDEM MENTAL

do tempo — mudanças evidenciadas não apenas nas ondas cerebrais conforme vistas no EEGq (análise quantitativa dos dados do EEG),[8] mas também no estilo de vida cotidiano deles.

Já vi isso em minha prática e pesquisa durante anos, portanto meu colega neurologista e eu decidimos ver se essas mudanças poderiam ser repetidas em um estudo controlado e validadas em um ensaio de comprovação na versão atualizada dos 5 Passos, o Neurociclo. Assim, ao longo de vários meses, minha equipe de pesquisa e eu conduzimos um ensaio clínico com um grupo de voluntários de diferentes formações e idades. Descobrimos que as pessoas podem aprender a regular a mente e aproveitar a neuroplasticidade do cérebro para remodelar seus circuitos neurais em uma direção positiva em ciclos de 63 dias — em vez de 21 dias, embora esse número seja sempre apregoado como o tempo necessário para adquirir um hábito. Fizemos esse trabalho usando o Neurociclo para administrar uma variedade de estados mental e físico, o que ajudou os participantes do ensaio clínico a adquirirem novos hábitos mentais e a controlarem suas reações às circunstâncias da vida.

Esse estudo de comprovação e ensaio clínico, acompanhado de um número crescente de estudos da neuroimagem, destaca a importância de um treinamento apropriado de gerenciamento mental e autorregulação emocional. A verdade é esta: só poderemos melhorar nosso estilo de vida quando aprendermos a gerenciar nosso pensamento.

Isso nos dá um *empoderamento* incrível. Os participantes do grupo experimental que usaram nosso aplicativo deixaram de se concentrar no pensamento tóxico e na falta de gerenciamento

---

[8] NUWER, Marc R.; COUTIN-CHURCHMAN, Pedro. Topographic Mapping, Frequency Analysis, and Other Quantitative Techniques in Electroencephalography. In: **Aminoff's Electrodiagnosis in Clinical Neurology**, 6th ed., 2012. p. 187–206. Disponível em: <https://www.sciencedirect.com/topics/medicine-and-dentistry/quantitative-electroen cephalography>.

O que é gerenciamento mental e por que necessitamos dele?

mental e passaram a reconceituar esses modos de pensar em uma nova forma de verem a si mesmos e o mundo ao redor deles. Isso se evidenciou não apenas em suas narrativas pessoais, mas também em minha escala LMM neuropsicológica e em várias outras escalas psicológicas clínicas que usamos para medir a atividade e a fisiologia do cérebro dos participantes. Chegamos a ver mudanças significativas na saúde de seu sistema imunológico, sangue, células e DNA.

> Só poderemos melhorar nosso estilo de vida ou esperar que as mudanças sejam sustentáveis quando aprendermos a gerenciar nosso pensamento.

Durante esses ensaios, examinamos a interação do corpo com a mente e como ela mudou quando os participantes aprenderam a controlar sua desordem mental usando o aplicativo. Houve uma tendência ascendente em todas as medidas no grupo experimental *versus* grupo de controle, porque a habilidade deles em gerenciar a mente foi imensamente melhorada, o que os ajudou a reduzir a ansiedade, a depressão e a doença mental em até 81%. Os participantes do grupo experimental estavam usando a mente (a capacidade de controlar seus pensamentos, sentimentos e escolhas) para beneficiar-se da neuroplasticidade de seu cérebro e reformular e regenerar o circuito neural. Em 63 dias, eles adquiriram novos hábitos de pensar e, no geral, sentiram-se melhor — e isso foi mantido depois de 6 meses e transferido positivamente para outras áreas da vida deles.

À medida que nos aprofundarmos mais e mais nos resultados dessa pesquisa, você verá que o gerenciamento mental não é apenas viável, mas também benéfico, e pode afetar positivamente sua saúde mental e cerebral, a fisiologia do sangue e até a saúde de suas células e de seu coração. Se você aprender a gerenciar a mente usando os 5 Passos do Neurociclo, terá mais facilidade para gerenciar o distresse mental, incluindo depressão, ansiedade, estresse tóxico e pensamentos intrusivos, e terá mais facilidade também de melhorar sua imunidade e a saúde de suas células, protegendo-se contra o declínio cognitivo e as demências.

No Capítulo 4, no qual nos aprofundaremos realmente na fundamentação científica dessa pesquisa, você encontrará seções intituladas "Como isso pode ajudar você?", que lhe dará dicas fáceis e científicas de gerenciamento mental. Como bônus, se você se aprofundar verdadeiramente nesse capítulo sobre a ciência, e procurar compreendê-la, as informações ali contidas desafiarão sua mente, o que aumentará sua inteligência, desenvolverá seu cérebro e estenderá sua resiliência. O capítulo também inclui alguns mapeamentos da cabeça e gráficos fantásticos que lhe mostrarão o que a ansiedade, a depressão e o pensamento caótico fazem com o cérebro, e como ele muda positivamente à medida que você gerencia sua mente.

Em nosso ensaio clínico, observamos que as pessoas podem reprogramar e regenerar a fisiologia e as redes cerebrais disfuncionais de pensamentos tóxicos, alterando-os com sua própria mente. É incrível como nossa mente é poderosa — e temos dentro de nós o caminho para o sucesso verdadeiro e duradouro.

Esse caminho para fortalecer nossa saúde e bem-estar não consiste em alguns comprimidos ou dispositivos, mas em nossa habilidade de guiar e direcionar mudanças no cérebro. Você pode imaginar um mundo no qual o modo como usamos nossa mente é considerado um "ansiolítico" e um "antidepressivo" também? Bom, esse dia já chegou.

Não se trata de "autoajuda". Trata-se de um programa de gerenciamento mental *sustentável*, cientificamente comprovado e clinicamente aplicado, que foi testado, experimentado e

O que é gerenciamento mental e por que necessitamos dele?

verificado durante mais de trinta anos, um modo de pensar que aproveita o melhor da atenção plena e da autoajuda.

Quando você aprende a operar *além da atenção plena*, acrescenta entendimento e significado qualitativos à sua experiência de vida. Vai além de estar a par do momento do *agora* e passa a *gerenciar* seus pensamentos, adquirindo habilidades para desenvolver conhecimento e aprendendo a aplicar esse conhecimento.

Os 5 Passos para gerenciar a mente apresentados neste livro ajudarão você a desenvolver proativamente a saúde de sua mente e de seu cérebro, bem como a manter bons hábitos de pensamento e um estilo de vida saudável, o que o ajudará a usar seus bancos de memória de conhecimento para estimular e proteger a saúde de seu cérebro e sua saúde mental. Cada um dos 5 Passos foi pesquisado meticulosa e neurocientificamente e projetado para estimular o mais alto nível de reação funcional no cérebro, da maneira mais eficiente possível, a fim de garantir pensamentos saudáveis, tecido cerebral saudável e bom fluxo de energia, tudo para contribuir para aquela profunda sensação de paz que vem com o *controle de suas reações* à vida.

> Não se trata de "autoajuda". Trata-se de um programa de gerenciamento mental sustentável, cientificamente comprovado e clinicamente aplicado, que foi testado, experimentado e verificado.

Ao aprender a gerenciar a mente, você terá mais facilidade de organizar sua desordem mental e aproveitar o melhor da vida, sejam quais forem as circunstâncias.

ORGANIZE SUA DESORDEM MENTAL

Sofri abuso sexual quando tinha 5 anos de idade por um parente e reprimi tudo isso, de modo inconsciente, até o dia em que perdi totalmente o controle logo após meu casamento. Estou no 14º dia de seu programa de 5 Passos e percebo uma cura que jamais pensei ser possível. Tenho sido incentivada a ajudar outras pessoas que sofreram o mesmo que eu e estou pensando em voltar para a escola a fim de prosseguir os estudos e me tornar uma terapeuta de traumas infantis.

KRISTEN

CAPÍTULO 3

Por que o Neurociclo é a solução para organizar nossa desordem mental

Nada na vida deve ser temido, apenas entendido.
É chegada a hora de entender mais,
para temer menos.
MARIE CURIE

Quadro geral

- Ferramentas simples de gerenciamento mental – para examinar e melhorar sinais de alerta como ansiedade, depressão, pensamentos tóxicos, incapacidade de concentração, irritabilidade, exaustão e esgotamento mental antes que tomem conta da mente e da vida de alguém – podem ajudar numerosas pessoas de todas as idades a melhorarem a saúde mental e física e o bem-estar.

- Nossa pesquisa contribui para o conjunto maior de pesquisas que mostra como o fato de sentir-se mais autorregulado e no controle da vida pode melhorar a saúde mental, porque você deixa de ser um mero espectador. Quando você aprende a organizar sua desordem mental, torna-se o "socorrista" e o tomador de decisões de sua vida.

- O empoderamento é aquele elo faltante que transporta você do ponto A (ouvir ou ler bons conselhos) ao ponto B (aplicá-los de maneira significativa e sustentável).

ORGANIZE SUA DESORDEM MENTAL

Não podemos mais deixar de lado o aumento da ansiedade, depressão, raiva, frustração, estresse tóxico e esgotamento nervoso em pessoas de todas as idades de nossa sociedade. Precisamos abordar o assunto de frente. Os estressores e as mudanças nas situações da vida estimulam reações e mudanças em nossa bioquímica, função cerebral e genética. Esses estressores e mudanças não apenas afetam nossa saúde, mas também são transmitidos de uma geração a outra, o que é conhecido como *epigenética*. E, assim, o gerenciamento mental não é uma questão de como queremos viver hoje, mas também de como queremos que nossos filhos vivam no futuro.

Conforme mencionei no Capítulo 1, várias estratégias atuais da saúde mental, inclusive produtos farmacêuticos e intervenções com dispositivos médicos, não nos têm ajudado a erradicar nem mesmo a controlar totalmente as condições devastadoras da saúde mental que atormentam a sociedade. Cerca de 800 mil pessoas cometem suicídio diariamente no mundo a cada ano, o que significa mais ou menos uma morte a cada 40 segundos. O suicídio é a segunda causa principal de morte no mundo entre pessoas de 15 e 24 anos. A depressão não controlada é a principal causa de invalidez no mundo inteiro.[1]

Ferramentas simples de gerenciamento mental — para examinar e melhorar sinais de alerta como ansiedade, depressão, pensamentos tóxicos, incapacidade de concentração, irritabilidade, exaustão e esgotamento mental antes que tomem conta da mente e da vida de alguém — podem ajudar numerosas pessoas de todas as idades a melhorarem a saúde mental e física e o bem-estar.

---

[1] Suicide Facts. **Suicide Awareness Voices of Education**. Disponível em: <https://save.org/about-suicide/suicide-facts/>. Acesso em: 20 ago. 2020.

Por que o Neurociclo é a solução para organizar nossa desordem mental

Para essa finalidade, desenvolvi um processo simples de 5 Passos para gerenciamento mental, chamado Neurociclo, com base em minha pesquisa de mais de 30 anos e na mais recente ciência do cérebro, para ajudar você a gerenciar sua mente e a superar problemas como depressão, ansiedade e esgotamento mental, que podem surgir de estresse crônico recorrente, estresse agudo súbito, trauma, questões de identidade, isolamento, distúrbios do sono, falta de exercícios físicos, má alimentação e assim por diante, visando ainda ajudar você a desenvolver sua saúde cerebral e resiliência mental.

O processo de 5 Passos baseia-se na ciência do pensamento, especificamente em como formamos os pensamentos em nossa mente. O processo vai além da autoajuda e de exercícios de atenção plena, levando-os a outro nível e fazendo-os chegar a uma estratégia sustentável de gerenciamento mental — o Neurociclo. Esses passos foram desenvolvidos como resposta à necessidade de meus pacientes de uma forma simples, porém sustentável, de gerenciar seus problemas crônicos e agudos de doença mental, bem como desenvolver a saúde do cérebro e a resiliência. Minha prioridade foi a de simplificá-los, ao mesmo tempo que continuassem a ser extremamente eficazes, porque, quando você vive sobrecarregado com uma mente caótica, a última coisa que deseja é um pacote de técnicas completas!

A verdadeira transformação pessoal exige gerenciar a mente para reprogramar e regenerar os caminhos neurais e criar novos hábitos. Com o tempo, à medida que gerenciamos nossos pensamentos, o estado inteiro do cérebro, bem como as estruturas celular e bioquímica, muda e define um novo nível saudável de equilíbrio na mente, no cérebro e no corpo.

O Neurociclo é uma solução para organizar a desordem mental?

Em nosso ensaio clínico, dois grupos de participantes foram estudados para descobrirmos se o Neurociclo atualizado é realmente uma solução efetiva para organizar a desordem mental. O primeiro grupo, chamado de *grupo experimental,* consistia em seis participantes treinados para usar o aplicativo Neurociclo, que incorpora os 5 Passos atualizados, pesquisados e clinicamente aplicados do método Neurociclo.[2] Foi solicitado ao grupo experimental que escolhesse um pensamento tóxico específico a ser superado durante o ensaio clínico e que usasse o aplicativo diariamente, por 63 dias, como ferramenta de gerenciamento mental para ajudá-los a vencer e reprogramar (ou reconceituar) uma mentalidade ou pensamento tóxico que estava perturbando seu bem-estar mental.

O segundo grupo de participantes, chamado de *grupo de controle,* não recebeu instruções para escolher um pensamento tóxico e também *não* recebeu o aplicativo para usar no decorrer do estudo.

Em ambos os grupos, estudamos as medidas neurocientíficas (EEGq), psicossociais (escalas e narrativas psicossociais), neurofisiológicas (sangue) e celulares (telômeros) de cada participante no 1° dia, antes do início do estudo, e depois no 21° e no 63° dias do ensaio. Comparamos então os resultados entre os grupos de controle e experimental. No 7°, 14° e 42° dias, e em 6 meses, foram feitas novas medidas psicossociais que incluíram suas narrativas, a LMM e outras medidas psicológicas, mas não exames de sangue ou EEGqs. A marca dos 6 meses foi um acompanhamento

---

[2] Para mais informações, baixe o aplicativo do Neurociclo (neurocycle.app), disponível em inglês.

para avaliar a sustentabilidade dos resultados, isto é, até que ponto as técnicas de gerenciamento mental são eficazes no longo prazo.

Os resultados foram espetaculares, e estou emocionada por compartilhá-los com você. Acredito realmente que eles podem mudar sua vida para melhor, porque, quando você souber quão poderosa é sua mente e como pode gerenciá-la, não haverá caminho de volta.

No decorrer de nosso ensaio de pesquisa, o grupo experimental viu mudanças *significativamente positivas* em nível celular, as quais se baseiam nas mudanças nos telômeros (capas protetoras nas extremidades dos cromossomos que determinam a saúde das células), mudanças *significativamente positivas* na atividade elétrica do cérebro (com base nas mudanças no cérebro medidas pelo EEGq), mudanças *significativamente positivas* no perfil psicológico (com base em mudanças nas escalas e narrativas psicológicas) e mudanças *significativamente positivas* nos exames de sangue (inclusive nos níveis de cortisol e homocisteína, que mostram como o organismo reage ao estresse e à inflamação). Nossos resultados também indicam que houve mudanças positivas na mente inconsciente (EEGq), na mente consciente (LMM), no corpo (telômeros e sangue) e na pessoa como um todo (narrativa).

> Com o tempo, à medida que gerenciamos nosso pensamento, o estado inteiro do cérebro, bem como as estruturas celular e bioquímica, muda e define um novo nível saudável de equilíbrio na mente, no cérebro e no corpo.

Isso significa que os participantes do grupo experimental, ao usar os 5 Passos do aplicativo, melhoraram *significativamente* sua saúde mental, saúde cerebral, fisiologia do sangue e saúde das células — e o mesmo pode ocorrer com você.

O empoderamento é o elo faltante para organizar a desordem mental

Nesse ensaio clínico, uma das medidas psicológicas estudadas foi a LMM. Essa ferramenta mede fatores como autorregulação, conscientização, senso de autonomia, número de pensamentos tóxicos e quantidade de estresse tóxico, barreiras observadas e grau de empoderamento percebido. Os participantes do grupo experimental, os que usaram o aplicativo todos os dias, relataram ter sentido que estavam a caminho do empoderamento ao longo do estudo. Quando examinamos os resultados do estudo, identificamos que isso foi possível graças ao aumento de sua autonomia e sensação de controle.

Essa pesquisa contribui para o conjunto maior de pesquisas que mostra como o fato de sentir-se mais autorregulado e no controle da vida pode melhorar a saúde mental, porque você deixa de ser mero espectador. Quando você aprende a organizar sua desordem mental, torna-se o "socorrista" e o tomador de decisões de sua vida.

A autonomia, em última análise, aumentou a esperança dos participantes, e os 5 Passos também aumentaram a sensação de terem mais controle sobre a vida e a saúde e de estarem menos sujeitos a incertezas. Isso, por sua vez, provocou aumento da conscientização e da capacidade de lidarem com pensamentos tóxicos, o que os ajudou a controlar o estresse tóxico e a mudar a perspectiva sobre como estavam olhando para o mundo. Eles começaram a ver as mudanças e barreiras como oportunidades e ficaram mais satisfeitos com a vida em geral. O Neurociclo proporcionou literalmente um caminho para o empoderamento.

Esse caminho é muito importante para você realizar as mudanças difíceis e necessárias para curar-se mental e fisicamente. Ele aumenta a resiliência no cérebro e na mente e a tolerância à dor. Pense em uma série de exercícios físicos difíceis que você fez no passado. O que o ajudou a completá-los, apesar do esforço físico e mental? É bem provável que tenha sido um *coach* ou parceiro motivador que o ajudou a sentir-se capaz de mudar. Nesse ensaio clínico, vimos que o processo do gerenciamento mental *aumentou cientificamente o senso de empoderamento dos participantes*, aumentando, portanto, sua resiliência emocional e ao estresse.

O empoderamento é aquele elo faltante que transporta você do ponto A (ouvir ou ler bons conselhos) ao ponto B (aplicá-los de maneira significativa e sustentável).

Caminho para o empoderamento

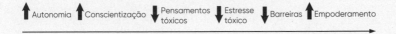

O caminho para o empoderamento. À medida que adquirimos mais autonomia por assumir o controle de nossa saúde mental, tornamo-nos mais conscientes de nossos problemas e de nossa capacidade de lidar com pensamentos tóxicos e de controlar o estresse tóxico. Quando nossa perspectiva muda, vemos oportunidades em lugar de barreiras. Esse processo nos torna mais empoderados para que possamos controlar nossa vida por meio do gerenciamento mental.

A depressão e a ansiedade são reduzidas em 81% com o uso do Neurociclo

Os resultados preliminares de nosso ensaio também demonstraram que, com o uso do método Neurociclo para gerenciamento mental, a depressão e a ansiedade foram significativamente reduzidas em até 81% no grupo experimental em comparação com o grupo de controle. Vimos essas mudanças significativas em muitas das medidas estudadas, particularmente quando analisamos os resultados do EEGq. O EEGq, ou *eletroencefalograma quantitativo*, consiste em colocar eletrodos no couro cabeludo para avaliar a atividade elétrica dentro do cérebro. Normalmente, os dados do EEGq são apresentados sobrepostos em um "mapa" da cabeça, para que possamos ver quais áreas do cérebro possuem menos ou mais atividade elétrica (córtex pré-frontal [PFC],[3] amígdala cerebral, hipocampo) e que frequências do cérebro (delta, theta, alfa, beta e gama) são mais predominantes em diferentes áreas do cérebro.

Os padrões recorrentes que vemos nos mapas do EEGq podem nos dizer se alguém está se sentindo deprimido, ansioso ou com esgotamento nervoso, se não está controlando o estresse tóxico, não sente que sua identidade está sendo afetada e assim por diante. Os mapas também mostram quando o paciente está se sentindo novamente no controle da mente, processando problemas e aprendendo outras maneiras de pensar. A tabela a seguir resume essas frequências de onda e o que elas nos dizem.

TABELA 1. As cinco frequências de ondas cerebrais

Delta (0-4hz)	*Sono nREM profundo, renovação, solução de problemas complexos.* Altas amplitudes de delta são também encontradas em pessoas que mantêm contato com a mente espiritual não local mesmo quando estão totalmente acordadas, como o cérebro de meditadores, intuitivos e curandeiros.
Theta (4-8hz)	*Criatividade, discernimento, cura, sono leve, sonhos vívidos (sono REM).* A frequência dominante na cura, estados criativos altos, lembrança de experiências

[3] Em inglês, Pré-Frontal Córtex. [N. do T.]

Por que o Neurociclo é a solução para organizar nossa desordem mental

emocionais (boas e más), recuperação da memória e codificação. A atividade da frequência de onda theta é aumentada, principalmente nos locais frontais, durante atividades que requerem atenção ou memória de curta duração, como aritmética mental e tarefas que exigem carga na memória de trabalho. O comportamento de compartilhar informações pode estar associado a amplitudes theta mais altas, particularmente nos locais frontais, uma vez que esse comportamento exige envolvimento em processos cognitivos mais altos. A onda theta é ativada durante a autorregulação emocional.

Alfa (8-12hz)	*Estado profundo de relaxamento e estado de alerta, fazendo a ponte entre mente consciente e inconsciente, o que produz paz e rapidez e ajuda a meditação.* A onda alfa conecta as frequências mais altas — a mente pensante da onda beta e a mente associativa da onda gama — com as duas ondas cerebrais de frequência mais baixa.
Beta (12-15hz)	*Processar, estar alerta e atento, trabalhar em algo desafiador, focar, ter atenção sustentada.* Isso é conhecido como "energia de burro de carga" e representa nosso estado de vigília normal de consciência quando nossa atenção é dirigida a algo. Ocorre quando realizamos tarefas cognitivas e nos envolvemos com o mundo exterior em um estado ativo de aprendizado.
Beta alta (15-40hz)	*Explosões de onda beta alta são as ondas cerebrais de intensidade padrão e indicam prestar atenção e fazer uma escolha enquanto a onda entra em colapso em sentido figurativo e quântico.* Colisões contínuas sugerem ansiedade, frustração ou estresse. A amplitude da onda beta alta aumenta

com o estresse, e grandes clarões ocorrem quando sentimos raiva, culpa, vergonha e acusação. Isso desativa as áreas do cérebro que controlam o pensamento racional, a tomada de decisão, a memória e a avaliação objetiva. O sangue que corre para o córtex pré-frontal, a parte "lógica analítica" do cérebro, pode ser reduzido em até 80%. Sem oxigênio e nutrientes, a capacidade do cérebro de pensar é drasticamente diminuída.

Gama (40-200hz)	*Flui da parte frontal para a parte posterior do cérebro 40 vezes por segundo e contribui para a experiência subjetiva da consciência, destacando introspecção, aprendizado de alto nível, função intelectual profunda, associação e inspiração criativa e integração de informações de diferentes partes do cérebro em um estado de compaixão e zelo.* A onda gama também está associada a recuperação e codificação.

Quando os participantes do grupo experimental começaram a gerenciar a mente usando o Neurociclo, observamos mudanças positivas nos padrões de energia do cérebro. Houve a ocorrência de um padrão geral de explosões de beta alta e alfa equilibrando-se entre os hemisférios direito e esquerdo, o que criou uma ponte entre a mente consciente e a mente inconsciente sobre o córtex pré-frontal quando os participantes escolheram, de modo deliberado e proposital, focar a descoberta da causa dos sinais de depressão ou ansiedade, ou de ambas, que estavam sentindo e decidiram reconceituar esses padrões. Em outras palavras, eles estavam aprendendo a fazer a ansiedade e a depressão trabalharem em favor deles, não contra eles.

Os resultados também mostraram atividade mais alta da onda beta e da onda theta sobre o hipocampo (memória) e a amígdala

Por que o Neurociclo é a solução para organizar nossa desordem mental

cerebral (percepções emocionais) quando os participantes se lembraram de um pensamento tóxico ao prestar atenção nos sinais de alerta emocionais e físicos. Observamos, então, uma mudança na atividade beta e gama de volta ao córtex pré-frontal quando os participantes refletiram conscientemente nessas informações. Esse padrão destaca a interação que ocorre entre a mente consciente e a mente não consciente quando pensamos profundamente. Esse é um bom padrão que queremos ver em nosso cérebro porque ele reflete o desenvolvimento do gerenciamento mental.

A tabela a seguir resume as estruturas do cérebro às quais vamos nos referir neste livro.

TABELA 2. Estruturas do cérebro

Estrutura do cérebro	Descrição
Córtex pré-frontal (PFC)	Ativo quando estamos em estado de vigília e conscientemente pensando, sentindo e fazendo escolhas, e muito ativo quando estamos prestes a fazer isso de modo intencional e deliberado.
Córtex pré-frontal dorsolateral (DLPFC)	Uma área do PFC especificamente ativa quando se muda a atenção, a memória do trabalho, a manutenção de regras abstratas e a inibição de reações inadequadas.
Amígdala cerebral	Reage às percepções emocionais, como uma biblioteca guardando os sentimentos emocionais ligados às lembranças.
Hipocampo	Ativo quando convertemos a memória de curta duração em memória de longa duração.

ORGANIZE SUA DESORDEM MENTAL

Novos pensamentos e novos hábitos
– a evidência da neuroplasticidade

Nosso grupo experimental também mostrou evidência da neuroplasticidade. Observamos novos pensamentos enquanto as lembranças se formavam, o que se correlacionava com uma melhora, conforme eles relataram, no controle dos sintomas de depressão e ansiedade, incluindo menos pensamento tóxico e menos estresse tóxico. Observamos também uma melhora no senso de satisfação da vida e bem-estar. As duas reações foram medidas na LMM e nas informações obtidas. Os participantes estavam mudando essencialmente o modo como o cérebro processava as informações e mudando também as estruturas do cérebro para uma direção positiva. Essa é a *neuroplasticidade direcionada* desenvolvendo saúde no cérebro. O cérebro pode ser intencionalmente mudado pela mente, isto é, nosso pensar, sentir e escolher.

De fato, nos resultados do EEGq, observamos novas redes neurais sendo formadas no cérebro no 21º dia — vistas como picos de ondas gama, que são como as extremidades das ondas — nos participantes do grupo experimental, mas não nos participantes do grupo de controle. Os picos de onda gama e as mudanças na onda gama indicam que o aprendizado está em andamento, o que significa que novos pensamentos e uma nova maneira de pensar estão sendo formados. Observamos até aumentos na atividade geral da onda gama, o que significou melhora na capacidade de fazer conexões entre as lembranças em partes diferentes do cérebro e processar informações de forma integrada e sábia.

Vimos esses novos pensamentos se tornarem automatizados (formando hábitos) nos 42 dias seguintes. No 63º dia, todos os participantes do grupo experimental haviam *transformado*, de forma literal, sua mente e a estrutura de seu cérebro

Por que o Neurociclo é a solução para organizar nossa desordem mental

(neuroplasticidade), sustentando essa nova maneira de pensar. Isso ressalta algo que muitos de nós entendemos intrinsecamente: o processo de aprender e formar outros hábitos que impactarão o modo como funcionamos leva tempo.

Novos pensamentos são formados durante 21 dias, e esses novos pensamentos se transformam em hábitos após 63 dias. Isso é extremamente importante para o aprendizado e para a vida, porque há vários mitos em torno da formação dos hábitos que ocorrem durante apenas 21 dias. Esse mito parece ter começado com um livro de autoajuda escrito por um cirurgião plástico em 1960, e tem sido repetido com tanta frequência que passou a ser um conceito arraigado, mas não é verdadeiro.[4] Meu ensaio clínico acrescenta outra evidência a um estudo feito em 2010 no Reino Unido sobre formação de hábitos, e ambos indicam que os hábitos se formam em, *pelo menos*, 63 dias, e alguns demoram até um pouco mais — ou seja, necessitam de tempo para se tornarem automáticos como informações úteis que impactarão o comportamento tanto em curto quanto em longo prazo.[5]

> **Novos pensamentos são formados durante 21 dias, e esses novos pensamentos se transformam em hábitos após 63 dias.**

O estresse tóxico não controlado causa impacto no cérebro e no sangue

No decorrer do ensaio, analisamos também o impacto das técnicas de gerenciamento mental usando os 5 Passos sobre o

---

[4] McVay, Ryan. Think It Takes 21 Days to Make a Resolution a Habit? Triple That. **NBC News**, 2 jan. 2014. Disponível em: <https://www.nbcnews.com/health/body-odd/think-it-takes-21-days-make-resolution-habit-triple-n2881>.

[5] Lally, Phillippa et al. How Are Habits Formed: Modelling Habit Formation in the Real World. **European Journal of Social Psychology** 40, n. 6, 2010: 998–1009.

bem-estar físico e mental em vários exames de sangue, como homocisteína, cortisol, DHEA (dehidroepiandrosterona), ACTH (adenocorticotrofina) e prolactina, que são influenciados pelo modo como vivemos. Queríamos saber se as mudanças dramáticas que estávamos vendo no cérebro, nos dados psicossociais e no nível celular no 21º e no 63º dia também se evidenciavam nos exames de sangue.

Em geral, as mudanças no sangue são mais lentas que as mudanças que vemos no cérebro e na mente, o que não é surpresa, uma vez que a mente consciente é mais lenta que a mente não consciente por no mínimo 10 segundos.[6] De fato, vemos mudanças no EEGq antes da percepção consciente do que está acontecendo. Àquela altura, queríamos saber se encontraríamos mudanças nos exames de sangue do grupo experimental. No início, quando revisamos os dados, aparentemente todos resultados dos exames de sangue estavam em ordem. Essa descoberta não foi uma completa surpresa, porque as mudanças nos exames de sangue são quase sempre consideradas resultado secundário, não primário, quando se trata de saúde mental.

No entanto, o que descobrimos quando comparamos os resultados dos exames de sangue com os resultados da escala LMM foi uma relação *significativa* entre estresse tóxico não controlado e níveis elevados de cortisol e homocisteína no sangue. Essa descoberta é notável, porque ressalta o impacto do estresse tóxico não controlado sobre nossa saúde física (a ligação entre mente, cérebro e corpo). O estresse tóxico não controlado está

[6] Siong Soon, Chun et al. Unconscious Determinants of Free Decisions in the Human Brain. **Nature Neuroscience** 11, n. 5, 2008: 543–45. Hameroff; Stuart; Penrose, Roger. Consciousness in the Universe: A Review of the Orch OR Theory. **Physics of Life Reviews** 1, 2014: 39–78. Hameroff, Stuart et al. Conduction Pathways in Microtubules, Biological Quantum Computation, and Consciousness. **Biosystems** 64, n. 1, 2002: 149–68.

Por que o Neurociclo é a solução para organizar nossa desordem mental

correlacionado com elevados níveis de cortisol e homocisteína, o que coloca as pessoas em risco quanto à saúde como no caso de problemas cardiovasculares, transtornos no sistema imunológico e questões neurológicas, inclusive demências.

> Quando os participantes controlaram o estresse tóxico com o uso do Neurociclo, seus níveis de homocisteína e cortisol melhoraram significativamente.

Há, porém, boas notícias! Em nosso ensaio, quando os participantes controlaram o estresse tóxico com o uso do Neurociclo, seus níveis de homocisteína e cortisol melhoraram significativamente. Portanto, o grupo experimental não apenas reduziu significativamente o risco de problemas de saúde mental, mas também reduziu potencialmente o risco de doenças cardiovasculares e outros problemas de saúde. É uma descoberta muito importante!

Quanto maior a desordem mental, maior o impacto em nosso DNA

A respeito do nível celular, também observamos várias mudanças fascinantes. O comprimento dos telômeros (TL) surgiu recentemente como uma medida variável do envelhecimento biológico e como um correlato do estresse severo, o que significa que, quanto mais estresse tóxico sem controle houver em sua vida, mais seus telômeros encurtarão, e isso é prejudicial à sua saúde física e mental. Telômero é uma estrutura na extremidade do cromossomo, um pouco parecida com o plástico na ponta do cadarço. É muito importante para a saúde das células porque, quando se desgasta e "esgarça", a célula envelhece com mais rapidez e perde um pouco de sua capacidade de manter-nos saudáveis — bem semelhante ao cadarço que fica difícil de passar nos ilhoses quando esgarça. Cada vez que as células se dividem, elas dependem dos telômeros, entre outros fatores, para fazer isso corretamente, portanto o objetivo é manter um TL saudável.

Quando analisamos o comprimento do telômero e os percentis em nosso ensaio clínico durante um período de nove semanas, o grupo experimental mostrou uma tendência crescente no comprimento, e o grupo de controle mostrou uma tendência decrescente no comprimento. Estudos em desenvolvimento indicam que as mudanças no TL podem ocorrer em curtos períodos de tempo, e que as intervenções que visam ao trabalho mental deliberado e intencional (como os 5 Passos) podem aumentar o TL e melhorar grandemente a saúde das células.[7]

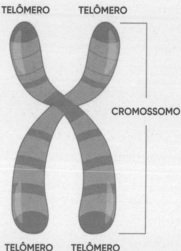

---

[7] BLACKBURN, Elizabeth; EPEL, Elissa. **The Telomere Effect:** A Revolutionary Approach to Living Younger, Healthier, Longer. New York: Hachette, 2017. EPEL, Elissa. How "Reversible" Is Telomeric Aging? **Cancer Prevention Research** 5, n. 10, 2012: 1163–68. SCHUTTE, Nicola S; MALOUFF, John M. The Relationship between Perceived Stress and Telomere Length: A Meta-Analysis. **Stress and Health** 32, n. 4, 2016: 313–19. EPEL, Elissa S. et al. Wandering Minds and Aging Cells. **Clinical Psychological Science** 1, n. 1, 2013: 75–83. EPEL, Elissa S. Psychological and Metabolic Stress: A Recipe for Accelerated Cellular Aging? **Hormones** 8, n. 1, 2009: 7–22. EPEL, Elissa S. et al. Cell Aging in Relation to Stress Arousal and Cardiovascular Disease Risk Factors. **Psychoneuroendocrinology** 31, n. 3, 2006: 277–87. SIMON, Naomi M. et al. Telomere Shortening and Mood Disorders: Preliminary Support for a Chronic Stress Model of Accelerated Aging. **Biological Psychiatry** 60, n. 5, 2006: 432–35. PARKS, Christine G. et al. Telomere Length, Current Perceived Stress, and Urinary Stress Hormones in Women. **Cancer Epidemiology and Prevention Biomarkers** 18, n. 2, 2009: 551–60.

Nosso estudo também avaliou a associação entre o comprimento do telômero e a implementação das técnicas de gerenciamento mental, especificamente o Neurociclo. Ao longo do estudo, o TL do grupo experimental aumentou quando usaram os 5 Passos do processo Neurociclo, ao passo que o grupo de controle, que não tinha uma estratégia clara de gerenciamento mental, viu uma diminuição no TL. Isso é muito importante porque os telômeros têm muito que ver com a saúde das células; quanto mais curtos forem os telômeros, menos saudável você será, tanto no corpo quanto na mente, e sua vulnerabilidade a doenças aumentará drasticamente.

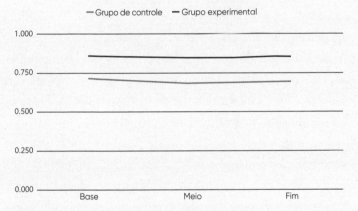

A diferença na mudança do comprimento do telômero entre o grupo de controle e o grupo experimental no decorrer do estudo. O grupo experimental, que tinha uma estratégia de gerenciamento mental e, portanto, foi capaz de controlar o estresse tóxico, manteve um comprimento estável do telômero durante todo o estudo. O grupo de controle, por outro lado, que não adotou uma estratégia de gerenciamento mental, mostrou diminuição no comprimento do telômero no período de 63 dias — uma mudança que, normalmente, leva anos para ser vista. As diminuições rápidas no comprimento do telômero foram associadas ao envelhecimento prematuro.

ORGANIZE SUA DESORDEM MENTAL

Esse ensaio clínico contribui para o conjunto de pesquisas que mostram que o controle do estresse tóxico é de suma importância para nossa saúde. O comprimento do telômero varia muito entre os adultos, e essas descobertas sugerem que o gerenciamento mental pode explicar algumas dessas diferenças. O pensamento deliberado, intencional e autorregulado, associado ao processo de 5 Passos, parece promover um ambiente bioquímico saudável, que, por sua vez, pode melhorar a longevidade das células.

Observamos um padrão semelhante a respeito dos telômeros dos participantes e do percentil relativo à idade. O percentil relativo à idade do grupo de controle diminuiu no decorrer do estudo, o que significa que eles ficaram biologicamente mais velhos, ao passo que os percentis do grupo experimental permaneceram estáveis — ou seja, *a idade biológica continuou a mesma*. Isso significa que, se não controlarmos a mente, os órgãos de nosso corpo físico envelhecerão mais do que nossa idade cronológica. Por exemplo, houve um participante no início do estudo cuja idade biológica era mais ou menos 20 anos maior que sua idade cronológica. Ele tinha 30 e poucos anos, mas fisicamente tinha 50 anos.

Há um número significativo de pesquisas indicando que a repressão dos pensamentos, que causa distresse mental, está relacionada ao encurtamento dos telômeros e à idade biológica. Os pensamentos reprimidos podem provocar inflexibilidade psicológica. Seria mais ou menos como fingir para si mesmo que os pensamentos não existem. Essa repressão, por sua vez, afeta a saúde das células, ou seja, a saúde dos órgãos. Pensamentos reprimidos afetam o coração, o cérebro e o trato gastrointestinal, entre outros.

Em nosso estudo, observamos que os participantes que não queriam lidar com pensamentos e sentimentos reprimidos também apresentaram resultados mais negativos no EEGq e telômeros. As mudanças indicaram aumento nas ondas beta

Por que o Neurociclo é a solução para organizar nossa desordem mental

alta e delta quando correlacionadas com medidas que avaliavam repressão de pensamentos. Isso não é surpresa, porque outra pesquisa mostra que a atividade da onda beta alta está associada à ansiedade; muitas ondas delta alta durante o dia indicam, em geral, pensamentos tóxicos reprimidos, o que resulta em fatores como má qualidade de sono.

As experiências da vida se refletem em nossa biologia

O que todos esses dados significam? Quando o corpo e o cérebro se encontram em estado de extrema tensão, conforme vemos nas múltiplas áreas de alta atividade beta e baixa atividade alfa nos resultados do EEGq, bem como em mudanças erráticas nos exames de sangue e TL encurtado, isso pode causar envelhecimento das células, o que impacta nossa saúde física e nosso bem-estar mental em curto e longo prazo. Uma mente inquieta pode também deixar o corpo em estado de estresse crônico, e esse estresse tóxico não controlado reprime as funções contínuas de manutenção e restauração do reparo das células, colocando o corpo em um estado de inflamação de baixo grau que também pode acelerar o processo de envelhecimento.

A verdade é que nossas *experiências de vida se refletem em nossa biologia*, inclusive em nosso TL. No entanto, as intervenções do gerenciamento mental, como a ferramenta do Neurociclo usada em nosso ensaio clínico, parecem agir como uma reinicialização que permite restaurar nosso sistema até chegar a um estado mais saudável e mais jovem caracterizado por telômeros mais longos; mais fluxo de energia equilibrada de ondas delta, theta, alfa, beta e gama; e níveis de homocisteína e cortisol significantemente reduzidos, bem como uma proporção melhorada de DHEA/cortisol.

ORGANIZE SUA DESORDEM MENTAL

Quando os participantes puseram em prática o uso dos 5 Passos, a função do cérebro e a neuroplasticidade apresentaram maior equilíbrio, e eles se sentiram melhor e mais empoderados.

A escala LMM conseguiu detectar essa mudança de mentalidade, uma vez que era mais sensível às mudanças que ocorriam no nível não consciente. Observamos também essas mudanças nos resultados do EEGq mais que em outras escalas clínicas, como a Escala de Depressão e Ansiedade Hospitalar (HADS)[8] e o Questionário de Saúde do Paciente (PHQ).[9] Essas escalas mais tradicionais, que são usadas em ambientes hospitalares e de saúde mental, tinham a tendência de detectar apenas como o participante estava se sentindo naquele *exato* momento, talvez porque as perguntas fossem muito diretas e capciosas. Por exemplo, a identidade da pessoa é refletida no córtex frontal do cérebro, e, quando examinamos os dados do EEGq, aquela área não havia mudado muito no período do estudo, nem no grupo experimental, nem no grupo de controle. Isso sugere que os participantes continuavam a *identificar-se com o rótulo* de estar deprimidos ou ansiosos; portanto, quando lhes foram feitas perguntas capciosas, como na HADS e no PHQ, eles responderam de determinada maneira porque ainda viam a si mesmos como pessoas "deprimidas". Eles não haviam feito ainda a transição em um nível consciente para se verem como pessoas não deprimidas ou não ansiosas, embora não estivessem mais experimentando sintomas de depressão e ansiedade.

No entanto, eles mostraram, sim, melhora no LMM, no EEGq e nas medidas narrativas, que representam o nível não consciente do pensamento — isto é, onde ocorre o nível profundo de processamento e onde reside o que você está *realmente* pensando

[8] Em inglês, Hospital Anxiety and Depression Scale. [N. do T.]
[9] Em inglês, Patient Health Questionnaire. [N. do T.]

Por que o Neurociclo é a solução para organizar nossa desordem mental

e acreditando a seu respeito. Essa incongruência reforça os perigos de rotularmos uma pessoa com doença mental. Esse rótulo parece afetar a identidade que eles imaginam ter, mantendo-os potencialmente paralisados em certo modo de pensar mesmo que estejam passando pelo processo de cura.

Por que isso é tão importante? A pessoa que continua a ser identificada como deprimida ou ansiosa pode escolher desistir da terapia ou de uma estratégia de gerenciamento mental porque não se conscientiza de que está melhorando, embora haja evidência dessa melhora na mente não consciente. O rótulo parece remover sua autonomia e incutir uma sensação de impotência. A pessoa não tem força para continuar o difícil trabalho exigido durante o processo de cura.

Por outro lado, o fato de saber que essas mudanças estão ocorrendo sob a superfície, em um nível não consciente, pode ser um poderoso motivador, porque gera uma sensação de autonomia, encorajando a pessoa a persistir na terapia e nas técnicas de gerenciamento mental mesmo que ela não se sinta diferente por algum tempo. É semelhante a quando você está tentando ficar em forma ou perder peso e não vê nem sente diferença, mas tem forças para continuar porque está

> Rotular uma pessoa com doença mental pode afetar a identidade que ela imagina ter e possivelmente remove sua autonomia, incutindo uma sensação de impotência.

consciente do modo como seus músculos estão trabalhando e como a gordura interior está sendo reduzida mesmo antes que isso se evidencie externamente. De fato, quando se trata de exercitar-se, seu sistema nervoso muda primeiro, e os músculos depois.

A mudança verdadeira exige tempo e esforço — não há como fugir disso, não há nenhum elixir mágico quando se trata de

ORGANIZE SUA DESORDEM MENTAL

> A mudança verdadeira exige tempo e esforço — não há como fugir disso, não há nenhum elixir mágico quando se trata de nosso pensamento.

nosso pensamento. Para trabalhar em algo como identificar problemas tóxicos, é necessário abordar o assunto não como um evento único de 63 dias, mas como um estilo de vida contínuo. Estamos sempre consertando algo em nosso espaço mental, portanto esse é um compromisso para a vida inteira. Saber cientificamente que são necessários 63 dias (um período definido de tempo) dá-nos poder, porque como seres humanos amamos períodos definidos; eles reduzem a incerteza naquilo que poderia ser um processo altamente incerto.

O uso das técnicas de gerenciamento mental, como o método Neurociclo, ajudará você a formar um *sistema de libertação contínuo* para manter sua mente naquele espaço mental em que você está sempre controlando seus pensamentos, sentimentos e escolhas.

> *Meu filho e eu estamos seguindo o programa dos 5 Passos. Ele tem autismo de alto funcionamento.[10] Lidou com o medo de cometer erros e envolveu-se durante todo o processo, em um esforço claro para se tratar. No 21º dia, ele estava entusiasmado e dançou com largos sorrisos no rosto. Nunca o vi sentir-se tão realizado e feliz a respeito de algo assim significativo. Ele está adquirindo clareza e começou a reagir menos contra si mesmo logo depois dos 21 dias.*
>
> KIMBERLY

---

[10] Condição englobada no Transtorno do Espectro Autista usado para se referir a pessoas que apresentam habilidades excepcionais de organização e gestão, mas com prejuízos significativos em outras áreas. [N. do R.]

CAPÍTULO 4

A pesquisa

Quadro geral

- O estresse tóxico e a ansiedade podem ser reduzidos em até 81% com o uso dos 5 Passos do Neurociclo.

- O aumento da autonomia produz mais conscientização (porque você aprende a confiar menos em *alguém que sabe quem você é*, o que nem sempre é realista ou possível) ou o senso de que agora você pode regular e reconceituar seus pensamentos tóxicos, o que significa que seus níveis de estresse tóxico serão reduzidos.

- À medida que você usa os 5 Passos diariamente, as barreiras e os desafios que inevitavelmente surgirão na vida não irão desanimá-lo — você começará a vê-los como oportunidades e possibilidades!

- Os 5 Passos podem melhorar seus sentimentos de bem-estar, dando-lhe uma perspectiva mais positiva sobre a vida.

Este é provavelmente o capítulo mais complicado de ler, porém é extremamente necessário porque reforça a natureza científica do método Neurociclo para o gerenciamento mental. Quero que você entenda, sinta e saiba que, à medida que usa este processo, mudanças incríveis e maravilhosas ocorrem dentro de seu cérebro mesmo que você não consiga senti-las ou vê-las imediatamente. Foi por isso que incluí este capítulo bastante técnico.

ORGANIZE SUA DESORDEM MENTAL

Acredito e sei que desafiar nossa mente a ler um material complexo é uma decisão poderosa que não apenas aumenta nossa inteligência, mas também fortalece nossa resiliência mental. Portanto, a simples leitura deste capítulo tornará você mais inteligente e com a mente mais saudável! Se você deseja conhecer mais sobre a ciência, eu o convido a ler nosso "relatório branco" e a primeira de uma série de publicações em periódicos no prelo.[1]

A seguir, há um resumo do estudo, destacando as medidas usadas e os resultados gerais de nosso ensaio clínico. Organizei as informações para começar com uma explicação da *medida*, tal como a escala LMM. Em segundo lugar, estão os resultados do *grupo de controle*, que não recebeu o aplicativo do Neurociclo no estudo. Em terceiro lugar, estão os resultados do *grupo experimental*, que usou o aplicativo para seguir os 5 Passos para o gerenciamento mental. Eles usaram o aplicativo todos os dias para orientá-los durante o processo. E, finalmente, cada seção conclui com uma resposta à pergunta: Como isso pode ajudar você? Também incluí alguns gráficos e mapas do EEGq com explicações para ajudar você a visualizar esses resultados e o impacto que o processo de gerenciamento mental do Neurociclo exerce no cérebro.[2] Você está pronto? Então, mãos à obra.

---

[1] Leaf, Caroline. Cleaning Up Your Mental Mess: Clinical Pilot Study on the Impact of Mind-Management to Deal with Depression, Anxiety and Toxic Thoughts (em revisão), NYP. Leaf, Caroline. Psychometric Testing of a Knowledge, Attitudes, and Skills Instrument Related to Individual Self-Regulation for Depression and Anxiety: The NeuroCycle Questionnaire (em revisão), NYP.

[2] Veja encarte colorido disponível em: <https://editorahabito.com.br/organizesuadesordem mental>.

A pesquisa

Esquema da pesquisa

1. Medidas psicossociais
2. Escala LMM
   a) Categoria 1: Autonomia
   b) Categoria 2: Conscientização
   c) Categoria 3: Pensamentos tóxicos
   d) Categoria 4: Estresse tóxico e ansiedade
   e) Categoria 5: Barreiras e desafios
   f) Categoria 6: Empoderamento e satisfação na vida
3. Escala de bem-estar BBC
   a) Bem-estar psicológico
   b) Bem-estar físico
   c) Relacionamentos
4. Escala de ansiedade e depressão hospitalar (HADS)
   a) Ansiedade
   b) Depressão
5. Questionário de Saúde do Paciente (PHQ)
   a) Depressão
6. Narrativas
7. Atividade neurofisiológica-elétrica no cérebro
   a) Assimetria alfa frontal
   b) Assimetria beta frontal
   c) Assimetria gama frontal
8. Fisiologia: exames de sangue
   a) Homocisteína e cortisol
9. Nível das células: telômeros

ORGANIZE SUA DESORDEM MENTAL

1. Medidas psicossociais

Grupo de controle

O grupo de controle mostrou aumento na conscientização de seus problemas, porém a tendência geral em todas as medidas foi-negativa, sugerindo que eles se tornaram mais conscientes, porém não tiveram condições de se autogerenciarem, de modo que a autorregulação deles piorou no decorrer do estudo.

Grupo experimental

O grupo experimental mostrou aumento na conscientização *e* na autorregulação. Houve mudanças positivas nos perfis psicossociais nesse grupo. A escala LMM foi a mais sensível a essas mudanças, que se correlacionaram ao EEGq. Isso reflete o trabalho sendo feito pelos participantes; isto é, quais mudanças estão ocorrendo no nível inconsciente.

2. Escala LMM

A escala LMM traz informações úteis sobre em que os participantes estavam realmente pensando no nível inconsciente no decorrer do tempo. Todas as categorias da escala LMM tiveram quedas no 14º dia, correlacionadas com as mudanças nos mapas do EEGq no 14º e no 21º dia. Isso ocorre provavelmente porque do 1º ao 7º dia os participantes estavam começando a aumentar a conscientização (é chocante ver a desordem em sua mente!), ao passo que no 14º dia as coisas começaram a se encaixar até o ponto em que a confiança dos participantes ficou um pouco exagerada, e eles pensaram: *Melhorei. Cheguei até aqui e posso passar para o próximo assunto que está me causando preocupação!*

A pesquisa

Categoria 1: Autonomia

Grupo de controle

O grupo de controle não apresentou tendência ascendente em autonomia ou sentimentos de controle.

Grupo experimental

A autonomia mostrou uma tendência ascendente no grupo experimental. Há uma diferença clara entre o grupo experimental e o grupo de controle na questão da autonomia autorregulada.

Como isso pode ajudar você?

A autonomia é imprescindível em termos da boa autorregulação. Está ligada a sentimentos de controle, o que significa que os participantes do grupo experimental estavam percebendo suas habilidades: puderam lidar melhor com a incerteza e nem sempre precisaram depender de terapeutas ou *coaches*, mas podiam vê-los como facilitadores e apoiadores. Quando a capacidade de gerenciar a mente melhora, a autonomia aumenta, o que produz sentimentos como: *Consegui isto* ou *Sou capaz de lidar com isto*. Há muitas pesquisas sobre como os sentimentos de estar no controle da vida e das emoções podem melhorar a autorregulação e a saúde mental e física.[3] E a boa notícia é que, quanto mais você usa o Neurociclo, mais se sente empoderado

---

[3] HARI, Johann. **Lost Connections:** Uncovering the Real Causes of Depression—and the Unexpected Solutions. London: Bloomsbury, 2019. BROWN, Alaina J. et al. Feeling Powerless: Locus of Control as a Potential Target for Supportive Care Interventions to Increase Quality of Life and Decrease Anxiety in Ovarian Cancer Patients. **Gynecologic Oncology** 138, n. 2, 2015: 388–93. SLABAUGH, S. L.; SHAH, M.; ZACK, M. Leveraging Health-Related Quality of Life in Population Health Management: The Case for Healthy Days. **Popul Health Manag** 20, n. 1, 2017: 13–22. ANTONI, Michael H. et al. How Stress Management Improves Quality of Life after Treatment for Breast Cancer. **Journal of Consulting and Clinical Psychology** 74, n. 6, 2006: 1143. HARI, Johann. Is Everything You Think You Know about Depression Wrong? **Guardian**, 7 jan. 2018. Disponível em: <https://www.theguardian.com/society/2018/jan/07/is-everything-you-think-you-know-about-depression-wrong-johann-hari-lost-connections>.

e independente. Vimos isso em nosso estudo de pesquisas: na marca dos 6 meses, o grupo experimental estava progredindo mais em relação às suas habilidades de gerenciamento mental autorregulado que antes. Eles melhoraram mais e mais ao longo do tempo com o uso regular do Neurociclo! Os mesmos resultados foram informados por milhares de pessoas que aprenderam os 5 Passos com meus livros e aplicativo.

Categoria 2: Conscientização

Grupo de controle

O aumento da conscientização do grupo de controle aumentou também a ansiedade, e eles aparentemente reprimiram os pensamentos, o que foi visto nos padrões cerebrais. Isso parece indicar falta de discernimento em relação a seus problemas ou até a escolha de não os enfrentar, o que os levou a encobrir os pensamentos tóxicos. Isso se refletiu nos resultados do EEGq, que mostraram ansiedade, depressão e estresse tóxico em diferentes níveis em todos os participantes do grupo de controle.

Grupo experimental

A conscientização passou de boa para excelente no grupo experimental. O grupo experimental aprimorou a conscientização, tornando-se mais perspicaz, o que os capacitou a processar a situação na qual estavam trabalhando. E a autorregulação estava melhorando.

Como isso pode ajudar você?

Isso é empolgante, porque o método de 5 Passos concentra-se em desenvolver a conscientização autorregulada a aproximadamente cada 10 segundos, de acordo com a pesquisa, o que

A pesquisa

simplesmente significa que você pode tornar-se cada vez mais alerta e autoconsciente, controlando suas reações e detectando pensamentos quando está acordado (consciente). A pesquisa neurocientífica indica que podemos mudar apenas aquilo do qual estamos conscientes, porque o conhecimento consciente enfraquece as estruturas de pensamento do cérebro, tornando-o mais maleável a mudanças. Embora seja doloroso enfrentar as situações da vida, é reconfortante saber que isso enfraquece os pensamentos negativos em termos estruturais e emocionais.

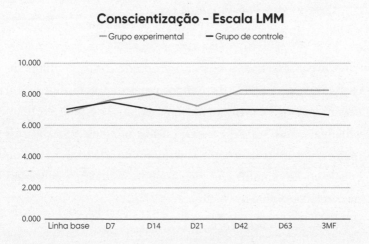

Mudanças na subescala LMM de conscientização tanto no grupo experimental quanto no grupo de controle no decorrer do estudo. O grupo experimental mostra um aumento na conscientização dos pensamentos, emoções e reações dos participantes ao longo do estudo, ao passo que o grupo de controle mostra efeito oposto, uma diminuição na conscientização no período.

Com a combinação de autonomia aumentada (categoria 1) e a conscientização também aumentada, torna-se mais fácil lidar com os pensamentos tóxicos, e eles diminuirão com o tempo porque estão sendo constantemente reconceituados ou reimaginados. Em essência, a energia está sendo transferida dos pensamentos tóxicos para os pensamentos saudáveis. O aumento na autonomia produz a sensação de que *Posso fazer isto, embora seja difícil,* ao passo que o aumento da conscientização produz a sensação de que *Posso ver o que está acontecendo*, portanto *Sou capaz de lidar com os pensamentos tóxicos* ou *Posso lidar com o isolamento, a frustração, a irritação e assim por diante.*

Categoria 3: Pensamentos tóxicos

Grupo de controle

Os pensamentos tóxicos do grupo de controle pioraram, em geral, no decorrer do tempo, conforme identificado em suas narrativas e no EEGq em cada ponto de estudo do teste, principalmente no 63º dia. Àquela altura, os pensamentos tóxicos não controlados que emergiram no decorrer do estudo e haviam sido empurrados para a mente inconsciente estavam mais tóxicos que antes.

Grupo experimental

Para o grupo experimental, os pensamentos tóxicos foram reduzidos significativamente no 14º dia, e mais ainda no 63º dia, e foram realmente reduzidos na marca dos 6 meses, mostrando um efeito de longo prazo do Neurociclo e demonstrando os benefícios da neuroplasticidade direcionada.

Como isso pode ajudar você?

Os pensamentos tóxicos podem estar relacionados a qualquer coisa, desde trauma até maus hábitos. À medida que você aprende os 5 Passos, sua autorregulação melhora

A pesquisa

e você aprende a controlar esses pensamentos recorrentes, o que pode ajudar a aumentar sua sensação de empoderamento e bem-estar geral. A Parte 2 deste livro apresenta a técnica para fazer isso, incluindo algumas dicas práticas dos 5 Passos para você atravessar o dia e um caminho para o empoderamento autor-regulado, da mesma forma que o grupo experimental fez em nosso ensaio clínico!

Categoria 4: Estresse tóxico e ansiedade

Grupo de controle

O estresse tóxico e a ansiedade aumentaram no grupo de controle porque os participantes se tornaram mais conscientes dos pensamentos negativos. E, como não tinham ferramentas novas para controlar esses pensamentos, eles pioraram.

Grupo experimental

O grupo experimental mostrou efeito oposto: o estresse tóxico e a ansiedade diminuíram significativamente no decorrer do estudo. Ao usar o aplicativo, os participantes mostraram um efeito sustentável na marca dos 6 meses. Dessa maneira, cons-cientizaram-se cada vez mais de seus pensamentos tóxicos *e* de sua habilidade de controlá-los, demonstrada por uma melhora acentuada (até 81%!).

Como isso pode ajudar você?

O estresse tóxico e a ansiedade podem ser reduzidos em até 81% com o uso do Neurociclo; sim, você é capaz de aprender a fazer isso! De fato, ao seguir os 5 Passos, você realiza uma "cirurgia cerebral". Nessa autorregulação, você muda a estrutura interior de seu cérebro com o gerenciamento mental.

ORGANIZE SUA DESORDEM MENTAL

Categoria 5: Barreiras e desafios

Grupo de controle

O controle das barreiras e desafios piorou no decorrer do estudo nesse grupo.

Grupo experimental

A capacidade de gerenciar e lidar com as barreiras e os desafios da vida melhorou no grupo experimental, principalmente na marca dos 6 meses do estudo.

Como isso pode ajudar você?

Ao usar o Neurociclo diariamente, as barreiras e os desafios que surgem inevitavelmente na vida não deixam você desanimado — você começa a vê-los como oportunidades e possibilidades e se sente cada vez melhor porque a autorregulação também melhora. Isso implica que o gerenciamento mental é uma habilidade que você pode aprender.

Categoria 6: Empoderamento e satisfação na vida

Grupo de controle

O grupo de controle sentiu-se menos empoderado e menos satisfeito com a vida durante o estudo. Possivelmente a situação piorou porque o aumento da conscientização da mentalidade tóxica também fez aumentar o estresse tóxico, ao passo que os problemas aumentaram porque eles não tinham uma estratégia específica de gerenciamento mental para lidar com essa conscientização.

Grupo experimental

O grupo experimental mostrou uma tendência ascendente de empoderamento e satisfação na vida, que continuou

A pesquisa

a melhorar no decorrer do estudo. Essa melhora foi refletida no cérebro, conforme vimos nos resultados do EEGq.

Como isso pode ajudar você?

O aumento da autonomia produz aumento da conscientização (porque você aprende a confiar menos em alguém sabendo quem você é, o que nem sempre é realista ou possível). Produz também o senso de que você pode agora autorregular e reconceituar seus pensamentos tóxicos, o que significa que seu nível de estresse tóxico diminuirá. Você pode então se dedicar a mudar sua perspectiva sobre como enxerga o mundo. Ao fazer isso, começará a ver as situações da vida como oportunidades, não como desafios e barreiras negativos. Tudo isso fará aumentar seu senso de empoderamento e satisfação na vida.

3. Escala de bem-estar BBC

Essa escala é projetada para medir o senso de "bem-estar" geral da pessoa em vez de estudar medidas específicas de depressão ou ansiedade. A escala BBC divide-se em três partes e avalia o bem-estar psicológico geral, o bem-estar físico e os relacionamentos da pessoa.

Bem-estar psicológico

Grupo de controle

Não houve melhora no bem-estar do grupo de controle.

Grupo experimental

Houve melhora significativa no bem-estar psicológico do grupo experimental.

ORGANIZE SUA DESORDEM MENTAL

Como isso pode ajudar você?

Os 5 Passos podem melhorar suas sensações psicológicas gerais de bem-estar, proporcionando-lhe uma perspectiva mais positiva da vida.

Bem-estar físico

Grupo de controle

Não houve melhora no bem-estar físico do grupo de controle.

Grupo experimental

Houve melhora significativa no bem-estar físico do grupo experimental.

Como isso pode ajudar você?

O Neurociclo pode melhorar suas sensações físicas gerais de bem-estar, fazendo você se sentir com mais energia e pronto para agir.

Relacionamentos

Grupo de controle

Não houve mudança no bem-estar dos relacionamentos no grupo de controle.

Grupo experimental

Houve ligeira melhora no bem-estar dos relacionamentos no grupo experimental.

Como isso pode ajudar você?

Os 5 Passos podem melhorar sua sensação geral de bem-estar nos relacionamentos, ajudando você a ter interações mais positivas com os outros.

A pesquisa

4. Escala de ansiedade e depressão hospitalar (HADS)

A HADS é um teste de triagem projetado para medir os níveis de ansiedade e depressão de uma pessoa por um curto período de tempo. Trata-se de uma escala de autoavaliação para uso em hospitais e comprovada para uso em ambientes hospitalares e ambulatoriais.

Ansiedade

Grupo de controle

Os níveis de ansiedade do grupo de controle permaneceram os mesmos no decorrer do estudo, sem mostrar melhora.

Grupo experimental

O grupo experimental relatou estatisticamente menos ansiedade em comparação com a linha de base até mesmo o 63º dia. Esse relato foi corroborado pela escala LMM, pelo EEGq e pelos temas destacados nos relatórios de narrativas.

Como isso pode ajudar você?

Quando você usa os 5 Passos, sua autorregulação melhora e você começa a gerenciar a ansiedade. Isso não significa que você a controlará totalmente; na verdade, não é o que você deseja, porque a ansiedade está lhe dizendo algo sobre sua vida que você precisa saber. Significa, contudo, que a ansiedade diminuirá com o tempo e você aprenderá a gerenciá-la — ela vai trabalhar para você, não contra você. Ansiedade não é doença; é um sinal de alerta de que algo necessita de atenção em sua vida. É normal sentir períodos de ansiedade. O método Neurociclo pode ajudá-lo a descobrir e a gerenciar aquilo que necessita de atenção.

Depressão

Grupo de controle

Não houve mudança na depressão do grupo de controle.

Grupo experimental

Depois de 6 meses, a depressão do grupo experimental foi significativamente menor que a do grupo de controle. Essa diminuição foi corroborada pela escala LMM, pelo EEGq e pelos temas na narrativa.

Como isso pode ajudar você?

Os 5 Passos podem ajudar você a gerenciar a depressão. Da mesma forma que a ansiedade, a depressão não é uma doença; é um sinal de alerta de que algo necessita de atenção. Os 5 Passos podem ajudar você a descobrir, processar e reconceituar isso — o que melhora a saúde de seu cérebro e mente.

5. Questionário de Saúde do Paciente (PHQ)

O PHQ não é um teste de triagem. É usado para avaliar a gravidade da depressão em uma pessoa e sua reação ao tratamento.

Depressão

Grupo de controle

Não houve melhora na depressão do grupo de controle.

Grupo experimental

O grupo experimental mostrou um efeito significativo do tratamento do 1º ao 7º dia e do 7º ao 14º dia. O efeito do tratamento desapareceu quando os participantes pararam

A pesquisa

de seguir os 5 Passos e, por conseguinte, a autorregulação também parou.

Como isso pode ajudar você?

Conforme vimos no caso da HADS, se você usar o método Neurociclo consistentemente, poderá lidar com a depressão de modo significativo e sustentável e começar a ver os resultados logo depois de uma semana ao seguir os 5 Passos diariamente.

6. Narrativas

Narrativas são as histórias de cada participante — sua vida e contexto. Aos participantes do grupo experimental foi solicitado que apresentassem respostas por escrito a diversas perguntas abertas que nos permitiram analisar o total de 16 temas diferentes. Medimos e analisamos estatisticamente o número de vezes em que cada um desses temas foi mencionado nas narrativas no 1° dia, 21° dia, 63° dia e no acompanhamento dos 6 meses.

Os temas foram: aceitação dos desafios, ansiedade, câncer, morte e agonia, tomada de decisão, família, amigos, satisfação no trabalho, perspectiva, autopercepções positivas, distúrbios do sono, suicídio, sistemas de apoio, experiências traumáticas, desemprego e trabalho.

Grupo experimental

A tendência como um todo para o grupo experimental melhorou na maior parte dos temas das narrativas. Portanto, para os temas positivos, como aceitação de desafios, vimos aos poucos mais exemplos mencionados nas narrativas. E, quanto aos temas negativos, como morte e agonia, vimos menos exemplos no decorrer do estudo. Essas melhorias foram correspondidas e corroboradas pelos resultados da escala LMM. As narrativas e os relatos de cada participante indicaram que, embora eles continuassem a lutar contra algumas questões, foram capazes de lidar com mais eficiência com elas, o que demonstra melhora na autorregulação. A redução nos pensamentos ansiosos foi a mais dramática, atingindo 81%. Houve melhora acentuada nas tomadas de decisões, no controle de pensamentos tóxicos e no modo de enfrentar barreiras e desafios, e 25% relataram melhora no sono.

Como isso pode ajudar você?

Sua narrativa é sua história exclusiva que merece ser ouvida; ninguém é especialista em sua experiência, a não ser você... você é seu próprio estudo de caso! Quando as pessoas aprendem a contar a própria história, a vida delas muda de maneiras nunca imaginadas. Quando você sente que é capaz de controlar sua mente e sua vida, pode viver em paz e encontrar cura independentemente de seu passado, presente ou futuro; observamos isso em meus ensaios clínicos. Autonomia e independência são prenúncios de cura, ao passo que as pessoas que sentem que tudo está fora de controle tendem a ser mais suscetíveis às flutuações da vida.

Os 5 Passos podem ajudar você a aceitar, processar e reconceituar essa história. Se sua narrativa continua dentro de você — isto é, se você reprime seus sentimentos —, isso pode prejudicar sua mente, cérebro e corpo, conforme observamos em nosso estudo. No entanto, graças à neuroplasticidade do cérebro, você pode direcionar essa mudança — sem ter de ficar preso a uma única forma de pensar.

A pesquisa

7. Atividade neurofisiológica-elétrica no cérebro

Grupo de controle

As mudanças observadas no grupo de controle indicaram atividade errática do cérebro no nível não consciente, com mudanças negativas na atividade elétrica e na neuroplasticidade do cérebro, causando desequilíbrio e incoerência, o que prejudica a saúde do cérebro e da mente.

Grupo experimental

Para o grupo experimental, as mudanças observadas no EEGq indicaram maior equilíbrio e coerência na atividade elétrica do cérebro, correlacionados às escalas psicossociais e mudanças de narrativas. Isso indica que o processo de neuroplasticidade consciente, intencional e direcionada por meio do gerenciamento mental teve impacto significativo no nível não consciente — isto é, no modo de aceitar e processar para encontrar a raiz do problema e reconceituar o novo hábito.

Escore z da assimetria alfa frontal (AAF)

A assimetria alfa frontal (AAF) mede a diferença na atividade elétrica na frequência alfa entre os dois hemisférios cerebrais. A AAF está associada a depressão, tristeza, nivelamento das emoções e problemas de identidade. O cérebro gosta de coerência e equilíbrio, e queremos ver um movimento em direção à linha média dos gráficos para mostrar isso. Quanto maior a assimetria (desequilíbrio) entre os hemisférios esquerdo e direito dos lóbulos frontais, mais depressão e desordem mental experimentamos.

Grupo de controle

Não ocorreu nenhuma melhora significativa no grupo de controle. Entre os hemisférios ocorreu pouco ou nenhum movimento, mostrando também pouco progresso. De fato, a assimetria permaneceu a mesma ou piorou.

Grupo experimental

O grupo experimental mostrou um padrão melhorado no equilíbrio entre os dois hemisférios do cérebro. Houve mais comunicação entre eles, como se os pensamentos estivessem sendo aceitos, processados e reconceituados no 21º dia, o que se fixou perto da linha média por volta do 63º dia. Vimos esse padrão ocorrendo na parte frontal do cérebro. A significativa assimetria alfa que ocorria no hemisfério esquerdo, que está associada a sinais de alerta de depressão e tristeza, passou para o lado oposto, ocorrendo significativa assimetria no hemisfério direito no 21º dia, como se tivesse havido um enfrentamento dos problemas e a raiz da depressão tivesse sido encontrada. Essa assimetria alfa significativa no 21º dia mostra que a memória de longa duração estava sendo desenvolvida, e houve grande quantidade de sentimentos associados a esse processo; no entanto, no 63º dia houve muito pouca assimetria entre os dois hemisférios, o que é bom, porque indica coerência e cérebro equilibrado. Isso mostra também a importância da formação de hábitos que está ocorrendo, o que leva no mínimo 63 dias. Essa inversão indica que o processo está em andamento — isto é, alternando entre o processamento de detalhe para a visão ampla no hemisfério esquerdo, e o processamento da visão ampla para o detalhe no hemisfério direito, que é o que queremos ver, porque isso indica que as pessoas estão pensando profundamente em seus problemas, sem os reprimir. Os participantes que reprimiram os pensamentos ou não os controlaram não mostraram esse tipo de processamento profundo.

A pesquisa

Como isso pode ajudar você?

O uso do Neurociclo aumenta a autorregulação por meio do gerenciamento mental. Isso muda o modo como a energia no cérebro flui, bem como a estrutura do cérebro, quando se trata de depressão. Esse tipo de neuroplasticidade direcionada significa que você está mudando a estrutura física de seu cérebro.

A energia nivela-se no cérebro deprimido, o que é prejudicial para as células cerebrais que necessitam de fluxo saudável de energia para funcionar. No entanto, a energia aumenta quando mudamos a percepção e, em vez de ver a depressão como doença, passamos a vê-la como sinal de alerta com uma causa subjacente que pode ser identificada e mudada. A aceitação, o processamento e a reconceituação para encontrar a origem ou raiz da depressão podem ajudar a mudar o fluxo de energia no cérebro. Você pode curar literalmente seu cérebro com a mente!

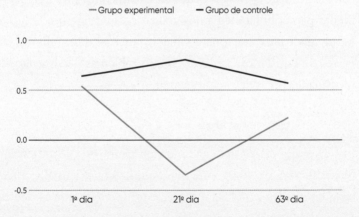

Mudanças na assimetria alfa frontal tanto no grupo experimental quanto no grupo de controle durante o estudo. Os números negativos representam mais atividade alfa no hemisfério direito do cérebro, sugerindo que os participantes estão mudando o enfoque da visão ampla para o

ORGANIZE SUA DESORDEM MENTAL

detalhe, ao passo que os números positivos representam mais atividade alfa no hemisfério esquerdo do cérebro, sugerindo que os participantes estão mudando o enfoque do detalhe para a visão ampla. O "escore z" de 0 indica equilíbrio de atividade no cérebro de uma pessoa normal, com base em um grande banco de dados dos participantes. Como se pode notar, tanto o grupo experimental quanto o grupo de controle começaram com atividade mais predominante no hemisfério esquerdo do cérebro. O grupo experimental mudou o modo de pensar no 21º dia, passando mais de uma visão ampla para o pensamento de detalhes, e no 63º dia a atividade elétrica estava mais próxima da atividade elétrica de uma pessoa "normal" sem depressão. Em contraste, há muito pouca mudança na atividade alfa do grupo de controle, o que demonstra pensar em excesso e/ou ruminar.

Assimetria beta frontal

A assimetria beta frontal mede a diferença na atividade elétrica na frequência beta entre os dois hemisférios do cérebro. A atividade beta alta excessiva está associada a problemas de ansiedade e identidade. Como ocorre com a atividade alfa, o cérebro gosta de coerência e equilíbrio, e queremos ver um movimento para a linha média nos gráficos, o que significa redução na atividade beta alta. Quanto mais assimetria (desequilíbrio) há entre os hemisférios, aparecem mais problemas de ansiedade e identidade e mais desordem mental.

Grupo de controle

O grupo de controle não mostrou nenhuma melhora acentuada; aliás, os resultados indicaram que o pensamento dos participantes piorava à medida que eles se tornavam mais conscientes de seus problemas de acordo com as escalas psicossociais e outras escalas de medidas. A beta alta aumentou à medida que a ansiedade aumentou. Houve aumento contínuo do número de foci (focos) beta alta ao longo do estudo, principalmente através da

A pesquisa

linha do meio, que refletiu ruminação e falta de flexibilidade cognitiva, porque a beta e a gama aumentaram no cérebro inteiro. Portanto, a conscientização sem um plano sustentável de gerenciamento mental os fez piorar em vez de melhorar.

Grupo experimental

Os participantes do grupo experimental mostraram melhora empolgante e notável, indicando que o cérebro deles se equilibrou mais depois que aceitaram, processaram e reconceituaram em resposta ao uso dos 5 Passos do método Neurociclo. Isso foi visto inicialmente como elevada beta alta, conforme descrito para o grupo experimental e que chamo de "cérebro vermelho". Os participantes ficaram um pouco mais ansiosos no 21º dia quando enfrentaram problemas e desenvolveram novos pensamentos, o que é desafiador, difícil e pode aumentar a ansiedade — as coisas geralmente pioram antes de melhorar. Isso se refletiu no cérebro como múltiplos foci de altas explosões de beta, o que é bom porque indicou que os participantes estavam enfrentando, não reprimindo, seus problemas. No 63º dia, os resultados do EEGq dos participantes indicaram formação de hábitos. A beta alta tornou-se mais cíclica e equilibrada através dos lóbulos frontais esquerdo e direito.

Foi aí que observamos enorme diferença entre os dois grupos. A beta alta e gama do grupo de controle continuou a aumentar como se fosse um *tsunami*, ao passo que o grupo experimental, com as técnicas do gerenciamento mental adquiridas com o uso do aplicativo do Neurociclo, mostrou aumentos e decréscimos cíclicos e depois, equilíbrio. Isso indica que os participantes estavam adquirindo controle e mais habilidade de focar, prestar atenção e pensar com clareza.

Como isso pode ajudar você?

Quando você usa os 5 Passos, pode mudar o modo como a energia flui em seu cérebro, a partir de atividade exagerada da beta alta em um lado da parte frontal até a beta alta cíclica nos dois hemisférios do cérebro, que é mais equilibrada. De fato, você está "consertando" o estrago causado pelo pensamento ansioso — está regenerando o cérebro! Quando a energia é alta demais por muito tempo, ela afeta as células cerebrais, que necessitam de energia saudável para funcionar. Por exemplo, você pode ficar paralisado ruminando um pensamento intrusivo ou um pensamento negativo recorrente, o que pode ser visto na forma de múltiplos foci vermelhos na parte superior do cérebro acima de uma área chamada *corpo caloso*. Isso pode provocar comportamentos do tipo obsessivo-compulsivo ou inflexibilidade e resistência a mudança com o objetivo de compensação. Por outro lado, aceitar, processar e reconceituar para descobrir a origem ou raiz da ansiedade, depressão, esgotamento ou pensamentos recorrentes que não desaparecem resultam em mudanças positivas do cérebro. O grupo experimental estava "se libertando", ao transformar a ruminação em pensamento progressivo, do tipo solução de problemas, quando os participantes usaram os 5 Passos.

A pesquisa

Escores Z da assimetria beta frontal

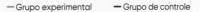

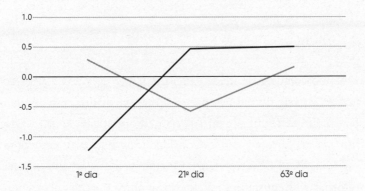

Mudanças na assimetria beta frontal tanto no grupo experimental quanto no grupo de controle durante o estudo. Os números negativos representam mais atividade beta no hemisfério direito do cérebro, sugerindo que os participantes estão mudando o enfoque da visão ampla para o detalhe, ao passo que os números positivos representam mais atividade beta no hemisfério esquerdo do cérebro, sugerindo que os participantes estão mudando o enfoque do detalhe para a visão ampla. O "escore z" de 0 indica equilíbrio de atividade no cérebro de uma pessoa normal, com base em um grande banco de dados dos participantes. Curiosamente, os dois grupos começaram com atividade beta em hemisférios diferentes do cérebro – o grupo experimental com mais atividade beta no hemisfério esquerdo e o grupo de controle com mais atividade beta no hemisfério direito. O grupo experimental mudou o modo de pensar no 21º dia, passando mais de uma visão ampla para o pensamento de detalhes, e no 63º dia a atividade elétrica estava mais próxima da atividade elétrica de uma pessoa "normal" sem ansiedade, ou um equilíbrio entre a visão ampla para o detalhe e do detalhe para a visão ampla. O grupo de controle, apesar de não ter transferido mais atividade beta do hemisfério direito para atividade do hemisfério esquerdo no 21º dia, não mostrou uma tendência mais próxima dos padrões de EEGq do cérebro de uma pessoa "normal"; ao contrário, os participantes mudaram o modo como ficaram paralisados nos detalhes, conforme indicado na linha plana.

Assimetria gama frontal

A assimetria gama frontal mede a diferença na atividade elétrica na frequência gama entre os dois hemisférios do cérebro. A atividade gama está associada a aprendizado, pensamento integrativo e funcionamento executivo de alto nível e criatividade. Quando vemos a atividade gama mudando de lado e "picos de gama", isso significa que o processamento e o aprendizado estão ocorrendo de forma organizada e a neuroplasticidade está sendo movida na direção certa. Consideramos que isso representa neuroplasticidade direcionada. Quando vemos a atividade gama retornar ao hemisfério direito, isso significa que está ocorrendo a automatização (formação de hábitos).

Grupo de controle

Os dados do grupo de controle indicaram que os participantes ficaram paralisados, com um mínimo de aprendizado ocorrendo no 21º dia. Os pensamentos foram atraídos para o consciente, mas estavam voltando para a mente não consciente (sendo reprimidos) por falta de controle; portanto, estavam, na verdade, voltando piores que antes, aumentando seu impacto negativo. Os resultados indicam que houve muito pouco aprendizado no grupo de controle; o pico no qual ocorrem o aprendizado verdadeiro e a reconceituação não apareceu no grupo de controle. Ao contrário, observamos um pico achatado. Houve também aumento de ansiedade. Quando os pensamentos não tratados são reprimidos, eles se tornam mais fortes que antes, afetando os níveis de ansiedade e a saúde mental.

A pesquisa

Grupo experimental

Os dados do grupo experimental mostram a ocorrência de aprendizado com a atividade gama aumentando no 21º dia e formando "picos de gama", bem como retorno da atividade gama mais próximo da linha de base no 63º dia, o que sugere que os pensamentos estavam sendo automatizados em hábitos. Curiosamente, vimos esses "picos" gama somente nos participantes do grupo experimental que *completaram* os 63 dias usando o aplicativo, indicando que ocorreu muito aprendizado. Alguns participantes do grupo experimental pararam de usar o aplicativo depois de um ou dois ciclos de 21 dias, e observamos mudanças na atividade gama nos participantes mais alinhados com o grupo de controle.

Como isso pode ajudar você?

Ao usar o Neurociclo para gerenciar a mente, você aprende a direcionar sua neuroplasticidade para criar no cérebro pensamentos que o ajudarão a sentir-se empoderado e a melhorar seu bem-estar. Ao pensar profundamente e desenvolver novos pensamentos (aprendizado), você sentirá uma melhora na função cerebral; na verdade, mudará a estrutura de seu cérebro em uma direção positiva. Esse é o difícil trabalho de escavar a mente não consciente e sentir-se confortável com o desconfortável; por exemplo, você pode começar a ver seu esgotamento como algo bom porque pode usá-lo para reconceituar os pensamentos tóxicos e os traumas. Você não está se destruindo; ao contrário, está empoderado por *fazer* a "demolição", o que significa que fachadas estão sendo derrubadas!

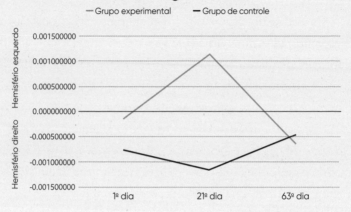

Mudanças na assimetria gama frontal para um participante do grupo experimental que usou o aplicativo SWITCH durante todo o ensaio clínico e um participante do grupo de controle. Os números negativos representam mais atividade gama no hemisfério direito do cérebro, sugerindo que os participantes estão mudando o enfoque da visão ampla para o detalhe, ao passo que os números positivos representam mais atividade gama no hemisfério esquerdo do cérebro, sugerindo que os participantes estão mudando o enfoque do detalhe para a visão ampla. Não há "escores z" para a atividade gama, porque essa não foi uma frequência estudada na ocasião em que o banco de dados do escore z foi criado. Portanto, os valores que você vê aqui são milivolts da atividade gama. Vemos um claro "pico de gama" no participante do grupo experimental, com aumento da atividade gama no 21º dia, e depois uma diminuição da atividade gama no 63º dia, sugerindo que a fase de aprendizado havia se transformado em um hábito sendo formado. Em contraste, o participante do grupo de controle mostrou muito pouca mudança na atividade gama em qualquer um dos indicadores de tempo; ele não estava mudando e, consequentemente, não estava "crescendo" com a experiência.

8. Fisiologia: exames de sangue

Os valores de referência do sangue têm muitas variáveis potenciais e, portanto, não são confiáveis para medir a ansiedade e a depressão. É por isso que não devem ser usados para definir

A pesquisa

o nível de ansiedade ou depressão de uma pessoa. Funcionam mais como uma indicação do desgaste resultante da ansiedade e depressão no organismo.

Grupo de controle

As tendências mais notáveis dos exames de sangue no grupo de controle incluíram níveis negativos de homocisteína e cortisol.

Grupo experimental

Estudamos várias medidas de sangue nesse ensaio clínico, incluindo níveis de homocisteína, cortisol, prolactina, ACTH e DHEA. As tendências positivas mais notáveis no grupo experimental foram observadas nos níveis de homocisteína e cortisol.

Homocisteína e cortisol

Grupo de controle

No grupo de controle, a falta de gerenciamento mental provocou um aumento nos níveis de homocisteína e cortisol.

Grupo experimental

No grupo experimental, houve uma relação positiva e acentuada entre o estresse tóxico e a homocisteína e o cortisol, indicando que os participantes com escores mais altos de estresse tóxico na escala LMM apresentaram níveis mais altos de homocisteína e cortisol no sangue.

Houve também uma relação positiva e importante entre a mudança no estresse tóxico e a mudança na homocisteína, indicando que, quando os participantes usaram os 5 Passos durante o

ORGANIZE SUA DESORDEM MENTAL

estudo, os escores de estresse tóxico na escala LMM diminuíram, e eles também apresentaram níveis mais baixos de homocisteína e cortisol no sangue. Com isso, houve uma melhora na taxa de DHEA/cortisol, indicando como o estresse afeta o eixo hipotálamo--pituitária-adrenal (HPA).[4] Portanto, se o estresse for tóxico e não controlado, a taxa de DHEA/cortisol cai, e vice-versa.

Comparativamente, pessoas com piores escores de estresse tóxico na escala LMM apresentaram homocisteína e cortisol mais altos no sangue. Isso corrobora a ligação entre níveis altos de estresse, homocisteína e cortisol, e sugere que a redução do estresse tóxico por meio do gerenciamento mental não apenas reduz a homocisteína, mas também ajuda a prevenir problemas cardiovasculares e doenças autoimunes, reduzindo grandemente o risco de problemas neurológicos.

Como isso pode ajudar você?

Encontramos uma relação extraordinariamente significativa entre o estresse tóxico não controlado e os níveis elevados de cortisol e homocisteína e as taxas de DHEA/cortisol, o que sugere que, quando você melhora o modo como gerencia o estresse tóxico usando os 5 Passos, também melhora grandemente os níveis de homocisteína e cortisol e a taxa de DHEA/cortisol, o que reduz não apenas o risco de doença mental, mas também o risco de problemas cardiovasculares, doenças autoimunes e problemas neurológicos, incluindo demências.

9. Nível das células: telômeros

Telômeros são capas protetoras nas extremidades dos cromossomos de grande importância para a saúde das células

---

[4] Em inglês, Hypothalamic-Pituitary-Adrenal. [N. do T.]

A pesquisa

e o envelhecimento biológico. O comprimento do telômero (TL) surgiu recentemente como uma medida variável do envelhecimento biológico que tem relação com o estresse grave. Telômeros mais curtos são um componente do cromossomo associado ao envelhecimento das células e ao estresse tóxico, e o TL está agora em evidência como um dos indicadores mais consistentes de menor expectativa de vida!

Grupo de controle

O TL do grupo de controle diminuiu desde a linha de base até o fim do estudo. Isso sugere que, sem o gerenciamento mental, a saúde das células e a idade biológica dos participantes desse grupo foram impactadas negativamente.

Grupo experimental

O uso do método Neurociclo foi correlacionado com aumento do TL no grupo experimental, sugerindo que a saúde das células e a idade biológica dos participantes desse grupo melhoraram no decorrer do estudo.

Como isso pode ajudar você?

O uso dos 5 Passos pode aumentar grandemente a saúde das células e melhorar a idade biológica, o que significa saúde do coração, cérebro, trato gastrointestinal, sistema imunológico e assim por diante. A repressão ou tentativa de evitar pensamentos tóxicos infelizes causa distresse diretamente no nível das células, o que pode encurtar os telômeros e aumentar grandemente a idade biológica em relação à idade cronológica (o corpo envelhece mais depressa que sua idade verdadeira), aumentando a vulnerabilidade a doenças físicas.

ORGANIZE SUA DESORDEM MENTAL

Talvez você pense que não haverá consequências se não lidar com seus problemas, mas, com o tempo, seu cérebro, corpo e mente pagarão o preço. Inflexibilidade psicológica, insistência em manter um ar positivo e evitar situações negativas podem ajudá-lo a reprimir pensamentos ou sentimentos indesejáveis no momento atual, mas criarão solo fértil para esgotamentos mais frequentes ou exagerados no longo prazo. Basicamente, a atividade do gene (não a sequência do gene) muda em resposta às nossas experiências de vida, e essa atividade pode ser benéfica ou prejudicial, dependendo do modo como pensamos. Quando os pensamentos são tóxicos, as coisas parecem piores do que são, e torna-se difícil ter uma perspectiva.

A decisão de evitar lidar com problemas pode prejudicar as células de nosso corpo por meio do envelhecimento dos telômeros e causar impacto em nossa saúde mental. Nossas experiências de vida se refletem no comprimento dos telômeros. No entanto, intervenções no gerenciamento mental, como os 5 Passos do Neurociclo usados neste ensaio clínico, podem agir como um *"reset"*,[5] provocando períodos críticos nos quais podemos "sacudir" nosso sistema para desenvolver uma condição mais saudável e mais jovem.

> *Segui os múltiplos ciclos do programa de 5 Passos
> e hoje comemoro 15 meses de completa libertação
> de medicamentos para ansiedade.
> Sinto-me grata, em paz, empoderada e livre!*
> BONNIE

---

[5] Uma espécie de reconfiguração ou reinicialização. [N. do R.]

CAPÍTULO 5

Como toda esta ciência pode ajudar você?

Quadro geral

- Mesmo que nos sintamos ansiosos ou deprimidos, o fato de reconhecer, aceitar e processar nossos problemas aprimora nossa função cerebral e cria coerência, o que nos dá a capacidade de vê-los com clareza e lidar com eles.

- O pensamento tóxico e descontrolado tem o potencial de criar um estado de inflamação leve em todo o corpo e cérebro, afetando adversamente os níveis de cortisol, os hormônios, a funcionalidade do cérebro e até os telômeros nos cromossomos.

- Pessoas que aprenderam a "sintonizar" a mente não consciente para controlar os pensamentos e "desintoxicar" e "desenvolver" o cérebro têm mais capacidade para atravessar os altos e baixos da vida porque possuem um senso de controle, o que lhes dá esperança.

O s resultados de nosso ensaio clínico, quando vistos ao lado das mudanças observadas nos resultados do grupo experimental em minha comprovada escala LMM, são empolgantes. Demonstram que os participantes que usaram os 5 Passos do aplicativo Neurociclo e estavam conscientes de possuir pensamento tóxico *sem* uma estratégia de gerenciamento mental passaram a ter capacidade de processar e reconceituar os pensamentos tóxicos de modo independente, *usando* a técnica específica dos 5 Passos para gerenciamento mental. Em resumo, eles deixaram de pensar que tinham um problema e passaram a ter forças para descobrir como lidar com os problemas e superá-los.

Portanto, é isto o que a ciência significa para você: você pode deixar de lado os pensamentos tóxicos e caóticos e sentir-se empoderado para captá-los logo no início, gerenciá-los e melhorar sua paz e bem-estar geral. Com o treinamento apropriado do gerenciamento mental e autorregulação (este é o significado de "organizar a desordem mental" com o uso do método Neurociclo), podemos usar a mente de modo sistemático para aproveitar a neuroplasticidade do cérebro a fim de retrabalhar e religar nossos pensamentos. Na Parte 2 deste livro, vou mostrar a você como fazer isso.

Podemos transformar nosso circuito neural, o qual nos capacita a controlar e melhorar uma variedade de estados físicos e mentais. Isso significa que podemos dominar as redes cerebrais disfuncionais e a fisiologia do cérebro e alterá-las com a mente. Podemos controlar o pensamento e organizar a desordem mental com ciclos de formação de hábitos dos 63 dias que dão energia suficiente a um novo padrão de pensamento, a fim de que se torne um hábito que influencie nosso comportamento e nossa comunicação. E, se isso for feito continuamente, como um estilo de vida, a recompensa será bem-estar geral, paz e sabedoria.

Quando você aprende a usar as informações e o Neurociclo apresentados neste livro, torna-se preparado para evitar o desenvolvimento de pensamentos tóxicos, reconceituar pensamentos traumáticos e mudar e melhorar todas as áreas de sua vida, inclusive controlar a depressão, a ansiedade e o esgotamento

Como toda esta ciência pode ajudar você?

produzidos por estresse crônico e recorrente, traumas, problemas de identidade, isolamento, distúrbios do sono, desafios com exercícios e dieta e muito mais. O processo de 5 Passos usa todos os benefícios da respiração e da atenção plena, levando-os ao domínio do gerenciamento mental sustentável de longo prazo.

Sim, é demorado, é desafiador, e trata-se de um processo que dura a vida inteira, mas, de qualquer forma, você sempre vai pensar, portanto pode também tentar aprender a gerenciar o processo — e as mudanças valerão a pena. É incrível e empolgante ver que, depois de 21 dias de uso do aplicativo, houve uma redução de até 81% na depressão e ansiedade no grupo experimental *versus* o grupo de controle em nosso ensaio clínico.

Esta também pode ser a *sua* história.

EEGq e coerência do cérebro

Ao usar as medidas neurocientíficas específicas (EEGq), descobrimos que, quando os participantes do grupo experimental começaram a gerenciar a mente, a energia e a funcionalidade do cérebro, eles se tornaram mais equilibrados e coerentes, o que melhorou muito a função do cérebro e permitiu que seus pensamentos fossem mais coerentes. Você pode pensar em *coerência* como as muitas partes do cérebro trabalhando juntas em harmonia. Nosso cérebro está sempre gerando energia em reação ao modo como pensamos, sentimos e escolhemos, e, quanto mais lidamos com essas coisas, mais coerência vemos em nosso cérebro, mais clareza temos ao pensar e mais resilientes nos tornamos. Quando a energia do cérebro diminui muito no lóbulo frontal e perde a coerência entre os dois hemisférios, o resultado pode ser depressão, impulsividade e sensação de querer desistir.

ORGANIZE SUA DESORDEM MENTAL

Mesmo que ainda nos sintamos ansiosos e deprimidos, o fato de reconhecer, aceitar e processar nossos problemas aprimora a função cerebral e cria coerência, o que nos dá capacidade de enxergá-los com clareza e lidar com eles. Por outro lado, se reprimirmos os problemas e tentarmos nos convencer de que estamos lidando com eles, ou se usarmos técnicas ou afirmações positivas como um esparadrapo em vez de buscar uma solução de longo prazo, criaremos *incoerência* no cérebro, o que, com o tempo, poderá produzir uma variedade de problemas mentais e físicos.

Foi o que observamos em nosso estudo. O EEGq (eletroencefalograma quantitativo) não lê pensamentos — nenhuma tecnologia cerebral é capaz de ler pensamentos. Você não é seu cérebro; é o "usuário" de seu cérebro. O EEGq detecta essa reação da energia no cérebro para aquilo que a pessoa está pensando, sentindo e escolhendo em qualquer momento. Ele reflete os níveis de energia da mente não consciente, em que nossa inteligência, memórias (boas e más) e sabedoria residem, incluindo qualquer *dissonância cognitiva*, ou seja, a discrepância entre o que sentimos realmente e o que dizemos sentir ou que estamos convencendo a nós mesmos de sentir.

Por exemplo, digamos que você viva, aja e fale de acordo com um ambiente restritivo em termos de religião, cultura, família ou trabalho. Talvez existam algumas coisas que você observa que não combinam com você ou talvez você se sinta como se estivesse desempenhando um papel, fazendo e dizendo o que esperam de você, mas não aquilo em que você acredita. No fundo de sua mente, há um cômodo onde se encontra a verdade, mas o medo não permite que essa verdade saia dali. Com o tempo, você sente que não pode mais viver uma mentira; sente isso no corpo e na mente. A mentira está corroendo você vivo: parece que

Como toda esta ciência pode ajudar você?

você perdeu sua integridade, seus valores. No cérebro, essa sensação parece incoerência ou desequilíbrio — energia confusa, como corredeiras de *rafting*. Não podemos esconder de nosso cérebro o que estamos pensando — o cérebro refletirá qualquer ansiedade, depressão e frustração. É o que o EEGq, a SPECT[1] e outros métodos de tecnologia cerebral detectam, e também o tipo de desordem mental do qual queremos nos livrar.[2]

Chegará um tempo em que você simplesmente terá de escolher se permanece acorrentado ou livre, seja qual for o custo. E o custo da integridade pode ser muito alto, mas, por outro lado, as recompensas também são altas! Aliás, eu lhe pergunto: Que valor você atribui à paz e à liberdade em sua mente?

É na quietude silenciosa do momento, quando pensamos profundamente sobre nosso pensamento, que podemos reunir coragem para nos aprofundar na mente não consciente e aceitar o caos para encontrar a mensagem da verdade.

Sua mente adora isso. Seu cérebro adora isso. Você vai adorar a paz que isso lhe trará um dia.

> Que valor você atribui à paz e à liberdade em sua mente?

Ondas cerebrais coerentes e incoerentes

Para entender melhor o que quero dizer com as palavras coerência e incoerência, vamos dar uma olhada em duas imagens de EEG de meu ensaio clínico. A primeira é a de um participante do grupo experimental que,

---

[1] Sigla em inglês para Single Photon Emission Computerized Tomography (tomografia computadorizada por emissão de fóton único). [N. do T.]

[2] Para saber como o cérebro mostra isso, veja imagem no encarte colorido dos "Escores z do EEGq do Participante 2", disponível em: <https://editorahabito.com.br/organizesua desordemmental>.

ORGANIZE SUA DESORDEM MENTAL

na época, passava por um grande problema e havia sofrido um trauma significativo na primeira infância, mas estava usando o processo de 5 Passos para controlar as dificuldades. A leitura do EEG mostra coerência e equilíbrio. Para tal pessoa, a sensação era de paz, controle e resiliência, apesar das experiências adversas. Ele estava aprendendo a controlar a sensação de ficar sobrecarregado. A segunda imagem é de um participante do grupo de controle e reflete o que se observa quando alguém não controla a mente: a imagem mostra incoerência e parece haver uma espécie de desordem mental no cérebro. Para tal pessoa, essa incoerência resulta de um estado de estresse hipervigilante — ela permanece "ligada" perpetuamente a um estado de alta ansiedade e não sente paz.

História de um participante do grupo experimental: aprendendo a controlar a depressão

Vamos dar uma olhada na história de um participante do grupo experimental para ajudar você a entender todos os dados.

Vá até a primeira página do encarte colorido com o título de "Escores z do EEGq do Participante 1"[3], o mapa do EEGq dessa pessoa. Na linha de base (1º dia do ensaio clínico), o participante relatou sentir-se significativamente deprimido; não conseguia dormir, tinha problemas com a memória e com relacionamentos em casa e no trabalho, além da sensação de esgotamento mental, exaustão emocional, infelicidade e ceticismo.

[3] Disponível em: <https://editorahabito.com.br/organizesuadesordemmental>.

Como toda esta ciência pode ajudar você?

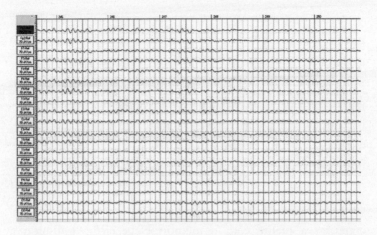

Um fragmento da gravação do EEG de um participante do grupo experimental, mostrando coerência em todas as áreas do cérebro. Observe como os padrões de ondas de atividade elétrica parecem razoavelmente uniformes em todos os eletrodos, representados por fileiras.

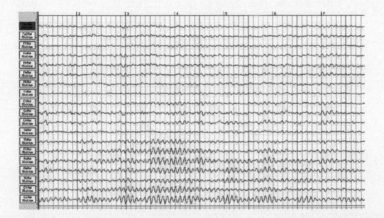

Um fragmento da gravação do EEG de um participante do grupo de controle, mostrando incoerência da atividade elétrica no cérebro. Os padrões de atividade de ondas são muito diferentes nas diferentes fileiras, representando níveis diferentes de atividade elétrica em muitos dos eletrodos, que refletem incoerência ou desarmonia no cérebro.

ORGANIZE SUA DESORDEM MENTAL

No 1º dia, a cor azul indica energia significativamente inferior no cérebro em todas as frequências. É especificamente baixa e desequilibrada na parte frontal do cérebro. Esse padrão é condizente com uma pessoa que se encontra em estado de depressão grave. No 21º dia, a energia no cérebro aumentou — conforme indica a cor cinza, que representa a média ou a atividade cerebral esperada em uma pessoa sem depressão, quando se estabelece uma comparação com um banco de dados normativo.

O padrão do EEG do participante do grupo experimental continuou a melhorar no 63º dia, porque sua habilidade de gerenciar a mente com o método Neurociclo continuou a melhorar. As medidas neuropsicológicas e os dados da narrativa demonstraram que a melhora dos sintomas de depressão e ansiedade no participante foi mantida com um acompanhamento na marca dos 6 meses do estudo, fato evidenciado nos dados neurocientíficos e exames de sangue.

Em essência, isso significa que o participante estava aumentando sua autorregulação e *aprendendo* a identificar a causa da depressão e a lidar com ela. Ele estava aprendendo a gerenciar o pensamento diariamente e a transformar isso em estilo de vida — estava usando a neurociclagem para direcionar sua neuroplasticidade. Esses dados foram sustentados por suas escalas neuropsicológicas, de acordo com sua narrativa, descrevendo que ele não mais se sentia gravemente deprimido e que a ansiedade, o esgotamento mental, o ceticismo e a exaustão emocional haviam diminuído. Ele estava dormindo melhor e sentia que tinha condições de lidar com os problemas. Também achou que a resiliência mental aumentara e que se sentia mais forte para lidar com as barreiras e os desafios que enfrentava na vida.

Há um fato realmente interessante ocorrido com esse participante: no 1º dia, ele estava bem inteirado e ciente de seus

Como toda esta ciência pode ajudar você?

problemas e havia tentado de tudo para ajudar a lidar com a depressão. Esse claro entendimento é indicado pelos fachos verdes na frequência alfa, ao lado dos fachos verdes no lóbulo frontal na frequência delta na imagem mostrada. No entanto, as cores azuis, principalmente de uma tonalidade mais escura, indicaram que *ele não sabia o que fazer com o que sentia* — o senso profundo de "isto tudo é demais para mim". Essa descoberta foi corroborada pela descrição narrativa do participante a respeito de sua experiência, sugerindo que ele se sentiu paralisado, sem ajuda e sem esperança, e também pelos escores do teste psicossocial, especificamente os resultados da escala LMM e da narrativa, bem como dos dados do telômero (saúde DNA). Os níveis de homocisteína e cortisol também foram problemáticos no início do estudo, indicando inflamação de baixo grau em todo o cérebro e corpo, o que é um indicador a mais de doença cerebral.

> O participante estava *aprendendo* a identificar a causa da depressão e a gerenciar a mente no decorrer dos 63 dias.

No entanto, no 21º dia, essa sensação de não saber o que fazer havia mudado para uma espécie de *insight* acionável, uma sensação de empoderamento. O participante percebeu que estava começando a processar e reconceituar aquilo que o fazia sentir-se deprimido, e estava criando coragem para enfrentar e aceitar seus pensamentos, o que o deixou esperançoso e, ao mesmo tempo, preocupado. Ele sentia esperança de que estava começando a ter discernimento de seus problemas, mas preocupado porque é doloroso enfrentar problemas e lidar com eles. Como se diz, a noite é mais escura antes do amanhecer, e quase sempre as coisas pioram antes de melhorar. Pudemos ver isso no EEGq pela atividade aumentada da frequência alfa, indicada pela cor cinza.

Como isso pode ajudar você?

Não há solução direta, rápida e mágica quando se trata de curar a mente e organizar a desordem mental. Quando as feridas profundas e ocultas são expostas, há sempre dor antes da cura, tanto física quanto mental. É importante que nos preparemos para essa situação, para não ficarmos confusos quando achamos que deveríamos melhorar, mas, na verdade, nos sentimos piores antes de melhorar. É aconselhável ter um sistema de apoio: um confidente confiável, um terapeuta ou um conselheiro para conversar nos momentos mais difíceis. E lembre-se de fazer algumas pausas de saúde mental no processo.

É também importante lembrar que "isso tudo vai passar". Quando você persiste no gerenciamento mental, está reprogramando seu cérebro para melhor, o que pode ser doloroso, mas, por outro lado, permitirá que você tenha a sensação de liberdade. Você aprenderá a tolerar mais dificuldades emocionais sem desmoronar e sem sentir culpa ou vergonha ao passar pelos problemas. Também ajudará você a sentir-se mais presente em sua própria vida e na vida das pessoas que ama. Não há vergonha nisso. De fato, seus sentimentos são importantes — você se conscientizará de que é humano.

Vamos voltar ao participante do grupo experimental. No 63º dia, ele estava autorregulando e gerenciando os pensamentos em torno do que o deixara deprimido. Observamos fachos verdes na frequência beta na parte esquerda posterior do mapa da cabeça, indicando que o cérebro estava ligado e que a mente consciente estava trabalhando com a mente não consciente para criar um novo tipo de expectativa

> Quando as feridas profundas e ocultas são expostas, há sempre dor antes da cura, tanto física quanto mental.

que o ajudava a lidar com a situação. Na verdade, ele estava começando a acreditar que a situação melhoraria porque começava a *ver* as coisas ficando melhores.

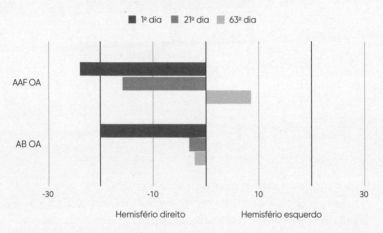

PARTICIPANTE 1:
Assimetria alfa frontal (AAF) e assimetria beta (AB) com olhos abertos (OA)

Mudanças nas atividades alfa e beta, com base nos dados do EEGq, durante o estudo para esse participante do grupo experimental. A atividade alfa diminui no 21º dia no hemisfério direito, indicando mais equilíbrio na atividade alfa, que está associada a menos depressão. Observamos no 63º dia que a atividade alfa foi agora mudada para o hemisfério esquerdo do cérebro e está muito mais equilibrada que no começo do estudo. Da mesma forma, a atividade beta diminui significativamente no 21º dia em comparação com a linha de base, indicando que esse participante está sentindo bem menos ansiedade. Esse efeito é mantido no 63º dia.

PARTICIPANTE 1:
Assimetria gama frontal (AGF) com olhos abertos (OA)

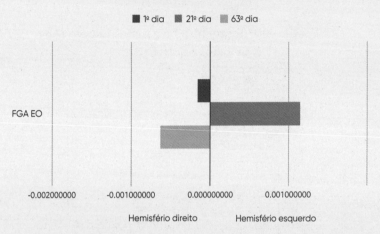

Mudanças na atividade gama, com base nos dados do EEGq, durante o estudo para esse participante do grupo experimental. A atividade gama aumenta e muda do hemisfério direito para o hemisfério esquerdo no 21º dia, indicando aprendizado. Este é um "pico" de gama, o que é bom porque está mostrando uma mudança ocorrendo na mente do participante, e essa mudança está sendo refletida no cérebro do participante. No 63º dia, a atividade gama diminuiu e voltou ao hemisfério direito do cérebro, o que também é bom porque sugere que esse aprendizado se transformou em hábito e as mudanças positivas do participante serão sustentáveis.

Quando olhamos para o gráfico de linhas da atividade gama desse participante na figura a seguir, vemos também um "pico de gama" que indica que está ocorrendo aprendizado, conforme mencionado antes.

PARTICIPANTE 1:
Assimetria gama frontal com olhos abertos

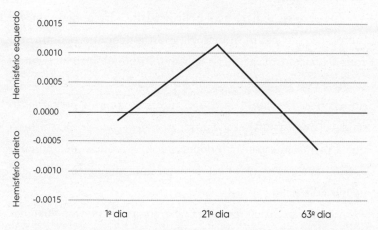

Atividade gama vista de outra maneira, com base nos dados do EEGq durante o estudo para o mesmo participante do grupo experimental. Vemos mudança de atividade gama do hemisfério direito para o hemisfério esquerdo (valores negativos para valores positivos) e depois retorno ao hemisfério direito, formando um "pico de gama" associado ao aprendizado e em seguida solidificando o aprendizado para formar um hábito.

Como isso pode ajudar você?

Quando as pessoas adquirem hábitos de pensamento tóxico, pode ocorrer uma desordem na reação ao estresse. A reação ao estresse é, na verdade, benéfica para nós se fizer parte de um estilo de vida equilibrado, da mesma forma que o exercício físico é um tipo de estresse bom para o corpo. Pense em fazer um teste: a reação ao estresse saudável nos ajuda a permanecer energizados, focados e acordados, o que impulsiona nosso desempenho mental. No entanto, se começamos a entrar em pânico no meio do teste, sentimos uma espécie de neblina mental e não conseguimos pensar com clareza. Esse é o estresse tóxico

ORGANIZE SUA DESORDEM MENTAL

e ocorre quando permitimos que nossos pensamentos corram desordenados.

O estresse tóxico não é brincadeira. Uma pesquisa no campo da psiconeuroimunologia mostrou como o pensamento consciente controla a função do sistema imunológico — quando estamos estressados, impactamos a capacidade do organismo de proteger-se. De fato, a pesquisa mostrou como o pensamento saudável e construtivo pode produzir o *efeito placebo*, permitindo que a mente lute contra a doença, ao passo que o pensamento tóxico pode criar o *efeito nocebo*,[4] que aumenta nossa vulnerabilidade a doenças.

O estresse tóxico demostra ser responsável por até 90% das doenças, inclusive doença cardíaca, câncer e diabetes.[5] Quando a pessoa se encontra em estado de pensamento tóxico, a liberação dos hormônios de estresse como o cortisol, o ACTH e até a prolactina fecha o sistema imunológico a fim de preservar a energia do corpo para a reação de fugir ou lutar. Isso é bom se você estiver fugindo de uma ameaça, aprontando-se para o dia, necessitando concentrar-se em uma apresentação de trabalho ou lidando com um problema relacional. No entanto, o estresse trabalha

---

[4] Efeito decorrente de expectativas negativas em relação a um procedimento ou medicamento. [N. do R.]

[5] SALLEH, Mohd Razali. Life Event, Stress and Illness. **The Malaysian Journal of Medical Sciences** 15, n. 4, 2008: 9. KANE, Pratibha P. Stress Causing Psychosomatic Illness among Nurses. **Indian Journal of Occupational and Environmental Medicine** 13, n. 1, 2009: 28. GOLD, Philip W. The Organization of the Stress System and Its Dysregulation in Depressive Illness. **Molecular Psychiatry** 20, n. 1, 2015: 32–47. GLASER, Ronald et al. Stress-Induced Immunomodulation: Implications for Infectious Diseases? **JAMA** 281, n. 24, 1999: 2268–70. CAVALCA, Viviana et al. Oxidative Stress and Homocysteine in Coronary Artery Disease. **Clinical Chemistry** 47, n. 5, 2001: 887–92. TAWAKOL, Ahmed et al. Relation between Resting Amygdalar Activity and Cardiovascular Events: A Longitudinal and Cohort Study. **Lancet** 389, n. 10071, 2017: 834–45. TAWAKOL, Ahmed et al. Stress-Associated Neurobiological Pathway Linking Socioeconomic Disparities to Cardiovascular Disease. **Journal of the American College of Cardiology** 73, n. 25, 2019: 3243–55.

Como toda esta ciência pode ajudar você?

em ciclos de tensão e liberação, e, se não há liberação — se essa reação ao estado de estresse passa a ser crônica —, adquirimos o hábito de perceber as sensações físicas de estresse como nocivas para nós em vez de positivas.[6] Então, reagimos negativamente aos estressores diários durante longos períodos de tempo, o que põe em risco o sistema imunológico em vez de melhorá-lo.

Naquele participante do grupo experimental, observamos esse tipo de cortisol e homocisteína elevados no 1º dia, e depois vimos que foi reduzido no decorrer do estudo. Quando o participante aprendeu a gerenciar a mente, o cortisol e a homocisteína do organismo voltaram a equilibrar-se, destacando a integração entre a mente e o corpo. Observamos também que os telômeros do participante se alongaram e a idade biológica diminuiu ao longo dos 6 meses do ensaio clínico porque o participante aprendeu a fazer o estresse trabalhar para ele, não contra ele.

> Usando as técnicas de gerenciamento mental como os 5 Passos do Neurociclo apresentados neste livro, *você* pode aprender a fazer sua reação ao estresse trabalhar a seu favor, não contra você.

Portanto, quando você aprende a controlar o pensamento usando as técnicas de gerenciamento mental como os 5 Passos apresentados neste livro, *você* pode aprender a fazer sua reação ao estresse trabalhar a seu favor, não contra você. Isso, por sua vez, estimula a saúde física e mental, melhorando a comunicação entre mente e corpo.

---

[6] KELLER, Abiola et al. Does the Perception That Stress Affects Health Matter? The Association with Health and Mortality. **Health Psychology** 31, n. 5, 2012: 677. JAMIESON; Jeremy P.; NOCK, Matthew K.; MENDES, Wendy Berry. Mind over Matter: Reappraising Arousal Improves Cardiovascular and Cognitive Responses to Stress. **Journal of Experimental Psychology:** General 141, n. 3, 2012: 417.

ORGANIZE SUA DESORDEM MENTAL

A história de um participante do grupo de controle: da ansiedade para mais ansiedade

Vá até a segunda página do encarte colorido e procure "Escores z do EEGq do Participante 2",[7] o mapa do EEGq dessa pessoa. Esse participante do grupo de controle, pertencente aos millenials,[8] não recebeu intervenção (o programa de 5 Passos do gerenciamento mental pelo aplicativo SWITCH). Contudo, ele completou os instrumentos de avaliação, inclusive nossa escala LMM, exames de sangue, avaliação dos telômeros e estudos do EEGq em fases diferentes do estudo.

Durante o estudo, o participante declarou sentir-se derrotado e oprimido pela vida. Tudo era exagerado: trabalho, relacionamentos, pressão financeira e assim por diante, o que foi corroborado por sua narrativa e escores de bem-estar relatados, bem como ansiedade, depressão e avaliações psicológicas de autorregulação que ele preencheu 7 vezes durante os 6 meses de estudo. Esses instrumentos de avaliação são idealizados para aumentar a autoconscientização de como os participantes estão se sentindo emocionalmente e como estão funcionando mentalmente, incluindo o tipo de decisões que eles estão tomando e como isso está impactando suas atividades diárias.

O EEGq do participante mostrou padrões que sugeriam que ele sofria de extrema ansiedade, sentia ataques de pânico frequentes e não dormia bem porque tudo na vida o pressionava — uma história comum nos tempos atuais. Ele ruminava muito, lutava contra pensamentos intrusivos e se sentia paralisado. Esses sentimentos afetaram a energia do cérebro e a fisiologia do sangue do participante.

---

[7] Disponível em: <https://editorahabito.com.br/organizesuadesordemmental>.

[8] Ou geração Y. Pessoas nascidas entre meados da década de 1980 e final da década de 1990. [N. do T.]

Como toda esta ciência pode ajudar você?

No 1º dia, o cérebro apresentou grande atividade beta alta acima da região da amígdala cerebral, uma área que usamos para reagir às percepções emocionais e processá-las — ver o "cérebro vermelho". Isso sugere que o participante estava extremamente ansioso e angustiado e reflete a recorrência de pensamentos intrusivos e ruminação. A amígdala cerebral é semelhante a uma biblioteca perpétua repleta de livros contendo as percepções emocionais vinculadas aos nossos pensamentos. A atividade exagerada nesse caso é como ler muitos livros sobre coisas tristes que podem vir a acontecer e pensar obsessivamente no que acabou de ser lido.

Quando chegamos a esse estado, tendemos a reagir demais, generalizar demais e até transformar as situações em catástrofes. Podemos facilmente desenvolver pensamentos recorrentes que exageram os problemas de ontem, dar ênfase demais aos problemas de amanhã e subestimar a importância do que está acontecendo hoje e de como podemos mudar a situação. O pobre cérebro, que cumpre as ordens da mente, recebe toda a energia negativa que flui das redes internas. E as memórias, que são armazenadas como vibrações de energia nas proteínas sobre as ramificações dos neurônios, fazem essas vibrações tremerem como um terremoto. A permanência nessa condição significa, infelizmente, que o terremoto pode causar muitos estragos. Foi o que observamos acontecer com o participante no ensaio clínico. No entanto, com gerenciamento mental e apoio, podemos sair desse tipo de espiral negativa, e foi por isso que todos os participantes do grupo de controle tiveram acesso ao programa Neurociclo depois que o estudo foi encerrado.

Como isso pode ajudar você?

Precisamos entender que nosso pensamento é real e tem efeitos reais no cérebro. Se não gerenciarmos nossa mente, podemos cair na armadilha de viver no "mundo miserável", em que tudo parece terrível e sem esperança, com uma sensação de ansiedade pairando constantemente sobre nós. Aquele relacionamento, aquela situação no trabalho, aquela situação política, aquele engarrafamento no trânsito, aquele membro da família — parece que todos estão conspirando contra nós. É aquele pensamento que nos diz: "Desgraça pouca é bobagem".

Sabemos que as espirais negativas não vão a lugar nenhum, e, quando aprendemos a gerenciar a mente, podemos começar a curar o cérebro e o corpo. Esse tipo de dano cerebral é reversível porque o cérebro é neuroplástico: pode mudar, sempre muda e nunca é tarde demais para mudar. Você pode regenerar seu cérebro.

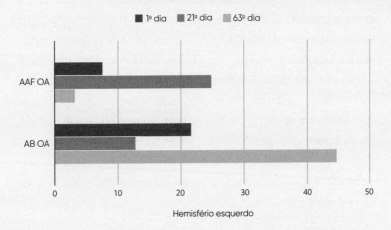

Mudanças nas atividades alfa e beta, com base nos dados do EEGq, no decorrer do estudo para esse participante do grupo de controle. A atividade alfa aumenta no 21º dia no hemisfério esquerdo do cérebro. Isso indica que o participante está estagnado em um padrão de pensamento que vai do detalhe até a visão ampla. Vemos no 63º dia que esse tipo de pensamento produziu um grande aumento da atividade beta no hemisfério esquerdo do cérebro, o que é consistente com o cérebro vermelho no mapa do EEGq.

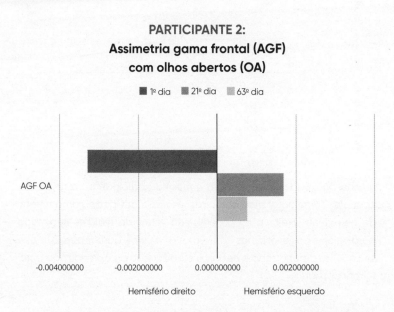

**PARTICIPANTE 2:
Assimetria gama frontal (AGF)
com olhos abertos (OA)**

Mudanças na atividade gama, com base nos dados do EEGq, no decorrer do estudo para esse participante do grupo de controle. A atividade gama muda do hemisfério direito para o hemisfério esquerdo, sugerindo de novo que o participante está estagnado em um pensamento que vai do detalhe à visão ampla. Vemos também muito menos atividade gama no 21º dia e no 63º dia quando comparada ao 1º dia, sugerindo que o participante não está aprendendo nem mudando.

Olhando para a linha da atividade gama nesse participante no gráfico a seguir, vemos que há um "pico de gama" muito baixo, indicando que o aprendizado não está ocorrendo e que o participante está reprimindo seus pensamentos e não mudando.

**PARTICIPANTE 2:
Assimetria gama frontal (AGF)
com olhos abertos(OA)**

A linha da atividade gama para o mesmo participante do grupo de controle. Como no gráfico de barras, vemos a atividade gama mudar do hemisfério direito para o hemisfério esquerdo (valores negativos para valores positivos), mas não vemos o "pico de gama" que está associado ao aprendizado e depois à solidificação do aprendizado para formar um hábito.

No cérebro desse participante do grupo de controle, observamos um padrão recorrente de atividade beta alta no córtex pré-frontal dorsolateral (DLPFC),[9] que aumentou durante o estudo. O DLPFC é uma área que se torna ativa quando estamos tomando decisões, fazendo julgamentos, reagindo emocionalmente e refletindo. Aqui, a atividade exagerada significa que você não está fazendo nada dessas coisas muito bem e que a impulsividade aumenta, exatamente de acordo com o que o participante relatou. Ele sentiu como se estivesse fazendo maus julgamentos, reagindo emocionalmente em excesso e refletindo de modo destrutivo. Também se sentiu cada vez mais negativo, e nada o deixava feliz.

---

[9] Em inglês, Dorsolateral Prefrontal Cortex. [N. do T.]

A superatividade nessas duas áreas também reflete um desligamento entre a amígdala cerebral (biblioteca emocional) e o DLPFC (decisões e julgamentos). Isso significa que as percepções corretas na biblioteca perceptual da amígdala não pode ser acessada pelo DLPFC, que perde essas informações sábias porque os pensamentos tóxicos estão dominando a mente da pessoa. Isso terá efeito negativo nas tomadas de decisões no ato de focar a atenção, na memória de trabalho, na manutenção de regras abstratas e na inibição de reações inapropriadas. Imagine uma pilha enorme de livros de uma biblioteca caindo em sua cabeça, porque você está tentando pegar muitos de uma só vez. Foi o que aconteceu no cérebro do participante, contribuindo para a ansiedade e afetando sua capacidade de pensar com clareza e com flexibilidade cognitiva.

O comprimento do telômero (saúde do DNA) do participante, que encurtou durante o estudo, também nos diz mais sobre a história que se desenrola no cérebro e na mente do participante — que estes estavam cada vez mais doentes e expondo o participante a um risco maior de adoecer.

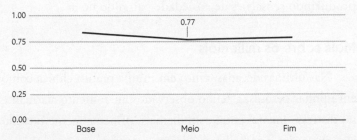

Comprimento do telômero no participante do grupo de controle em três pontos do estudo. Isso mostra uma mudança no comprimento do telômero de 84% no início do estudo até 79% no 63º dia. Normalmente, o comprimento do telômero muda com o passar dos anos, não de semanas, sugerindo que a falta de estratégia do gerenciamento mental desse participante pode estar encurtando, de fato, sua expectativa de vida em um ritmo alarmante.

O participante estava lutando contra angústia subjacente, aquela sensação irritante de que algo está errado. Isso estava afetando seu sono profundo, o sono não-REM, que, por sua vez, aumenta a ansiedade. Pelos dados que observamos, os problemas de sono também afetaram os telômeros do participante, que encurtaram mais do que deviam, sugerindo que sua idade biológica estava significativamente mais avançada que sua idade cronológica.

Quando entramos em sono profundo regenerador, vemos muitas ondas delta no cérebro e, a determinado ponto de frequência quando dormimos, a enzima telomerase e o hormônio do crescimento são liberados, os quais trabalham com os telômeros para manter saudáveis as nossas células. Trata-se de um processo extremamente importante, porque produzimos cerca de 810 mil células por segundo e necessitamos de atividade forte e saudável dos telômeros para fazer isso.[10] O hormônio do crescimento, entre muitas outras coisas, ajuda a neuroplasticidade. As ondas delta devem reduzir durante o dia, mas nesse participante permaneceram muito altas, indicando pensamentos não controlados e reprimidos produzindo sensações de ansiedade pairando no ar.

Mais sobre os millenials

Nas últimas décadas, tanto em minha prática clínica como em minhas pesquisas, tenho observado um aumento alarmante no distresse mental entre os millenials, principalmente quando eles começam a trabalhar e tentam construir seu caminho na vida. No ensaio clínico, observamos que os millenials do estudo

---

[10] Bianconi, Eva et al. An Estimation of the Number of Cells in the Human Body. **Annals of Human Biology** 40, n. 6, 2013: 463–71. Sender, Ron; Fuchs, Shai; Milo, Ron. Revised Estimates for the Number of Human and Bacteria Cells in the Body. **PLoS Biology** 14, n. 8, 2016: e1002533.

Como toda esta ciência pode ajudar você?

pareciam piorar quando se tratava de lidar com o estresse se comparados às outras gerações.[11] Nossa análise dos dados mostrou que essa faixa etária é particularmente suscetível aos efeitos do estresse tóxico crônico não controlado e do estresse agudo. Parece haver uma correlação entre os efeitos negativos do estresse tóxico e a possível falta de gerenciamento mental em todos os dados demográficos, porém os millenials, especificamente, estavam sofrendo mais.

Por quê? O pensamento tóxico não controlado tem o poder de criar um estado de inflamação de baixo grau em todo o corpo e cérebro, afetando os níveis de cortisol, os hormônios, a funcionalidade do cérebro e até os telômeros nos cromossomos, como analisamos antes. Isso cria um *feedback* tóxico entre a mente, o cérebro e o corpo, ativando a "roda do *hamster*" do pensamento, sentimento e escolha tóxicos.

Essa é uma verdade para todos, mas por que os millenials têm esse quadro tão negativo? Muitos deles estão sofrendo esgotamento físico e mental ainda muito jovens, e a índices alarmantes. Há uma variedade de fatores que podem contribuir para esse problema, entre eles ambientes de trabalho e de vida altamente competitivos (sem as oportunidades que as gerações anteriores tiveram e com pouca esperança para o futuro), custo de vida alto demais e distribuição desigual de riquezas, maior isolamento e foco estreito sobre o que não possuem, além do desejo de gratificação instantânea — devidos, em grande parte, às redes sociais, que podem também estar causando mais problemas com relação à autoestima e ao aumento do autodesprezo. Na verdade, o universo instantâneo que as redes sociais criaram, permitindo o compartilhamento de informações à velocidade da luz, sem

[11] LEAF, Cleaning Up Your Mental Mess: Clinical Pilot Study.

utilizar necessariamente as ferramentas e o conhecimento que essas informações trazem, tem produzido também muitas expectativas irreais entre as pessoas, independentemente da idade, e talvez venha tornando os millenials infelizes e mais ansiosos. Há simplesmente alguns problemas com os quais os millenials precisam lidar todos os dias, e eles causam um efeito dramático; desespero e níveis mais baixos de bem-estar são os principais motivadores para a morte prematura nessa faixa etária.

Outro possível motivo pelo qual os millenials são mais adversamente afetados é a crescente conscientização e as conversas em torno das lutas pela saúde mental que dominam a mídia, e também outros meios de comunicação destinados a essa faixa etária, mesmo que pouca ou nenhuma ferramenta ou técnica eficaz e sustentável tenha sido apresentada para lidar com a raiz do problema. Embora seja bem aceito, o alarmismo pode levar muitas pessoas a se sentirem desesperançadas e isoladas.

De fato, poucos millenials aprenderam a fazer o estresse trabalhar a seu favor, a lidar com a saúde mental ou a adotar técnicas básicas de gerenciamento mental. Nossa sociedade ressalta exageradamente o cuidado com o físico, como dietas, exercícios e sono (que são importantes, mas não significam tudo na vida) e exclui o gerenciamento mental. Quando se trata de nossa felicidade... temos comprimidos para esse fim, certo?

Sucesso e felicidade

Há uma necessidade desesperada de ensinar pessoas de todas as idades a definir o próprio sucesso e felicidade, ou seja, a *administrar o dia a dia de maneira sustentável*. Precisamos ir além dos chavões motivacionais, da atenção plena, das medicações e da busca individualista pela felicidade e passar a ter um entendimento mais sustentável e mais profundo a respeito do

Como toda esta ciência pode ajudar você?

gerenciamento mental. Precisamos desenvolver nosso senso de espírito — a autoconscientização resiliente que incorpora nossos verdadeiros valores, crenças, paixões e significado.

Não se trata apenas de um discurso motivacional. Isso é mais que possível. Tenho observado, repetidas vezes, como as pessoas que foram ensinadas a entrar em sintonia com a mente inconsciente para controlar os pensamentos e desintoxicar e fortalecer o cérebro, direcionando a neuroplasticidade diariamente, são mais capazes de atravessar os altos e baixos da vida porque têm um senso de controle, o que lhes dá esperança — o caminho para o empoderamento, como mencionei anteriormente. Elas aceitam e processam as situações — veem luz no fim do túnel através de lágrimas e sofrimento. Conseguem ganhar impulso para a frente. Definem o próprio caminho para o sucesso, apesar das restrições sociais, dos impedimentos físicos ou dos traumas do passado.

Em nosso ensaio clínico, vi isso acontecer. A tendência geral de todo o grupo experimental, cujos participantes foram treinados para gerenciar a mente, foi de melhora progressiva, paz aumentada e mais bem-estar. Eles aprenderam a gerenciar a mente usando os 5 Passos de modo construtivo e autorregulado, o que se refletiu na energia, conectividade, coerência e no equilíbrio observados no cérebro, e apresentaram melhora nos hormônios e DNA do estresse, especificamente nos telômeros. Isso também se evidenciou nas narrativas, nas quais eles afirmaram sentir-se mais capazes de lidar todos os dias com barreiras, desafios e estresse tóxico.

Esse não é, contudo, o caso do grupo de controle, cujos participantes não receberam o aplicativo Neurociclo. Houve piora no bem--estar autorregulado, refletido nos níveis agitados de energia no cérebro; conectividade deficiente, incoerência e desequilíbrio no cérebro; e piora nos hormônios do estrese, homocisteína e

DNA, especificamente nos telômeros. Para o grupo de controle, o aumento da atenção plena proveniente das medidas aplicadas no estudo os fez piorar, porque eles não tinham meios de gerenciar aquilo que passaram a sentir.

> **Precisamos ter consciência e poder para gerenciar aquilo de que acabamos de tomar conhecimento.**

A lição principal aqui é que precisamos ter consciência *e* poder para gerenciar aquilo de que acabamos de tomar conhecimento. O empoderamento vem por meio da competência, a qual vem de autorregulação, passos sistemáticos e técnicas para aplicar o conhecimento que adquirimos.

Como isso pode ajudar você?

O cérebro e o corpo não mentem. Eles refletem o que estamos pensando, fazendo e sentindo. A interação cérebro-intestino é um dos exemplos mais óbvios — a maioria de nós sente o impacto que as notícias chocantes exercem no estômago ou causam dor no peito. É por isso que qualquer tipo de ação bem-sucedida precisa ser sustentada pela aceitação da incerteza que você enfrenta, com todos os seus sobressaltos e ambiguidades, porque dentro disso está a solução, o caminho adiante — ou seja, você não consegue movimentar-se enquanto não for sincero sobre o que está enfrentando. Talvez você pense que pode reprimir, sem consequências, os pensamentos, mas infelizmente isso não é verdade.

Seu cérebro não pode mudar enquanto você não aceitar que a ansiedade e a depressão são sinais que lhe fornecem informações sobre a causa, ou origem, e assim você faz a ansiedade e a depressão trabalharem a seu favor, não contra você. Esse processo

Como toda esta ciência pode ajudar você?

não é necessariamente claro; sua jornada será tão única quanto você é único. Os participantes do grupo experimental reconheceram isso e começaram a desenvolver uma crescente autorregulação por meio do uso dos 5 Passos, aprendendo a administrar esse novo conhecimento. Os participantes do grupo de controle, por outro lado, optaram por reprimir essas questões porque se sentiram sem força e sobrecarregados por terem tomado conhecimento desses problemas — foi demais para eles. Precisamos conhecer e *administrar* o que sabemos.

Incerteza

A incerteza nos estimula a enfrentar os desafios. Instiga-nos a olhar para dentro, aceitando e assumindo nosso desconforto mesmo quando desconhecemos o que o origina — examinando, cogitando, perguntando, respondendo, trocando ideias. Vimos isso acontecer no grupo experimental, e foi por esse motivo que usei antes o exemplo do cérebro deprimido "azul" (a imagem colorida dos "Escores z do EEGq do Participante 1").

Os 5 Passos do Neurociclo apresentam uma forma de gerenciar a mente com confiança tanto em relação à incerteza quanto ao desconhecido, o que ajuda você a enfrentar seus problemas e lidar com eles de maneira construtiva e sustentável. Quando você os utilizar para gerenciar os pensamentos, descobrirá que tempos extremamente difíceis podem ter dimensões ocultas que talvez você deixe passar se não aceitar todas as incertezas! Isso é comum quando ocorrem descobertas. Quando você não entende algo, sua mente trabalha dobrado para encontrar uma solução, o que o leva a novos níveis de pensamento.

Isso envolve o árduo trabalho de escavar sua mente não consciente e sentir-se confortável com o desconfortável, para que possa começar a ver suas derrotas como algo bom. Você pode usá-las para reconceituar seus pensamentos tóxicos e traumas.

Seguem algumas sugestões sobre como lidar com o sofrimento da incerteza:

- Converse com alguém em quem você confia; ter um amigo deixa as coisas menos assustadoras.
- Equilibre a incerteza focando no que é seguro.
- Repita estas palavras: "A situação é incerta, mas sou capaz de lidar com ela. Nunca tive essa sensação, mas sou capaz de lidar com ela. Estes tempos são de incerteza, mas sou capaz de lidar com eles. Não tenho ideia do que vai acontecer, mas sou capaz de enfrentar a situação".

Podemos nos envolver em sérios ciclos de ruminação e preocupação (o cérebro vermelho que já mencionamos) se nos recusarmos a enfrentar nossos problemas; dessa maneira, não veremos nenhum avanço. Dar voltas e mais voltas sem fazer nenhum progresso produz grandes cargas de ansiedade. Se não transformarmos nosso sofrimento por meio da reconceituação, nós o expandiremos a ponto de ele tomar conta de nossos pensamentos e relacionamentos. Precisamos refletir nas experiências que estamos atravessando a fim de aceitar que, embora não sejamos capazes de entendê-las, podemos lidar com elas — e seguir adiante.

Muitas vezes, ficamos paralisados querendo saber *por que* alguém fez alguma coisa, pois parece que só assim teremos paz. Pensamos: *Se ao menos eu soubesse por que ele fez o que fez*. Infelizmente, é comum não entendermos as ações dos outros ou por que tantas coisas dão errado ao mesmo tempo — não somos especialistas nos motivos ou experiências dos outros; somos especialistas apenas em nós mesmos. Ao tentar entender as outras pessoas,

Como toda esta ciência pode ajudar você?

geralmente vemos suas ações e palavras através da lente de nossas experiências, mas nunca sabemos realmente o que elas estão pensando, e nunca seremos capazes de entender, da maneira que gostaríamos, o sofrimento que elas nos causaram. E esses pensamentos só servirão para nos manter paralisados no sofrimento.

Aceitar a incerteza — talvez seja esse o modo como você sentirá paz a respeito de uma situação, o que pode reduzir sua ansiedade e permitir que você siga em frente. Em nosso ensaio clínico, quando os participantes do grupo experimental começaram a lutar contra seus problemas, vimos mudanças na mente não consciente refletidas no cérebro. No decorrer do estudo, vimos aumento na atividade da onda alfa, que costumamos chamar de *ponte alfa*, porque ela reflete a ligação entre a mente não consciente e a mente consciente. A onda alfa aumenta quando escolhemos entrar em sintonia com nossos pensamentos e enfrentar nossos problemas, o que significa que o cérebro está se acalmando também.

Se somos empoderados mentalmente, colocamos a paz e a felicidade em nossas mãos. Vejo isso o tempo todo em minha pesquisa, na prática clínica e na reação de meus ouvintes. Conforme mencionei no início deste livro, a transformação verdadeira exige estratégias de gerenciamento mental para religar os caminhos neurais. Direcionar a maneira como seu cérebro muda — usando o gerenciamento mental para direcionar a neuroplas-

> É no colapso físico ou mental que eliminamos os pensamentos, hábitos e traumas tóxicos.

ticidade — muda também os padrões de energia no cérebro, muda nossas medidas sanguíneas e, por fim, estabelece um novo e saudável nível de equilíbrio no cérebro e no corpo.

Os resultados preliminares deste estudo sugerem que os participantes que usaram o aplicativo Neurociclo diariamente como parte da estratégia para gerenciamento mental estavam aprendendo a ler os sinais, a aceitá-los, a identificar a causa de sua depressão e/ou ansiedade e esgotamento, e a gerenciar a mente todos os dias (como estratégia de estilo de vida). Eles fizeram a depressão e a ansiedade trabalharem a favor deles, não contra eles. Aprenderam a usar a mente *consciente* para entrar em sintonia e conectar-se com os sinais de alerta na mente *subconsciente*, capacitando-os a encontrar o padrão de pensamento com o qual desejavam lidar na mente *não consciente*. Eles processaram seus pensamentos e aprenderam a reconceituá-los. Por meio desse método simples e proativo do Neurociclo, eles foram capazes de direcionar a neuroplasticidade do cérebro de forma terapêutica. Estavam a caminho do empoderamento!

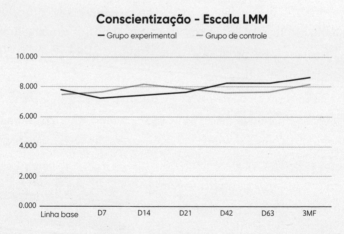

Mudança no empoderamento no decorrer do estudo entre o grupo experimental e o grupo de controle. Vemos uma tendência em direção ao empoderamento crescente no grupo experimental, que foi sustentado durante 6 meses depois de concluído o estudo. Isso sugere que os novos hábitos formados no grupo experimental foram sustentáveis no decorrer do tempo, confirmando a persistência de mudanças da neuroplasticidade. O grupo de controle, contudo, mostrou menos empoderamento em comparação com o grupo experimental no fim do estudo.

Como toda esta ciência pode ajudar você?

A depressão e ansiedade estão extremamente correlacionadas ao esgotamento, portanto esperávamos ver uma redução na ansiedade que produz esgotamento se a depressão e a ansiedade fossem gerenciadas. Os participantes do grupo experimental relataram essa experiência em suas narrativas, e observamos essa tendência nas escalas psicológicas. Vimos também essas tendências positivas correlacionadas com mudanças nos hormônios neuroendócrinos, no eixo HPA, nos genes, especificamente nos telômeros — todos fortes indicadores de que o estresse tóxico estava sendo bem controlado.

Como isso pode ajudar você?

Mais uma vez, a verdadeira transformação exige estratégias de gerenciamento mental para religar os caminhos neurais. O direcionamento no modo como seu cérebro muda (neuroplasticidade) transforma os padrões de energia no cérebro, muda as medidas sanguíneas e, por fim, estabelece um nível novo e saudável de equilíbrio no cérebro e no corpo. Você, assim como os participantes do estudo, pode utilizar o Neurociclo a fim de usar sua mente de modo metódico, aproveitando a neuroplasticidade para retrabalhar seu circuito neural, gerenciar e melhorar uma variedade de estados físico e mental, mesmo que você possua muitas redes cerebrais e fisiologia disfuncionais em consequência de traumas e pensamentos tóxicos.

O caminho para o empoderamento não é apenas possível — está dentro de você! *Você* pode guiar e direcionar mudanças em seu cérebro. Os 5 Passos não apenas lhe darão poder para passar pelo sofrimento que pode decorrer do trabalho de cura, mas também um processo estruturado, cientificamente pesquisado e eficaz e um período de tempo definido para o processo, o que

> **A verdadeira transformação exige estratégias de gerenciamento mental para religar os caminhos neurais.**

mais tarde reduzirá seu sofrimento e incerteza e tornará o processo mais eficiente e sustentável.

Se os 5 Passos forem utilizados para tornar o cuidado com a saúde mental mais facilmente acessível e aplicável a todos, sem levar em conta as circunstâncias, saberei então que cumpri minha missão na vida.

Esses 5 Passos ajudaram a mudar o rumo de minha vida. Depois de uma internação em hospital psiquiátrico por causa de uma tentativa de suicídio, tive de enfrentar o trauma que me levou até lá e passar a gostar de mim como pessoa. Aprendi que posso estar no controle e não preciso ser vítima de meus pensamentos.

HALEY

CAPÍTULO 6

O que é a mente?

O homem pode alterar sua vida se alterar seu pensamento.

WILLIAM JAMES

Quadro geral

- Sua mente não é seu cérebro, da mesma forma que você não é seu cérebro.

- Quando você pensa, sente, e, quando pensa e sente, você escolhe. Esses três aspectos trabalham sempre juntos. Isso é a mente em ação.

- O pensamento em si é o conceito, a grande ideia. Os pensamentos possuem memórias, assim como as árvores possuem galhos. Há três tipos de memórias em um pensamento: informativas, emocionais e as sensações físicas.

- Os pensamentos estão localizados em três lugares diferentes: no cérebro, nas células do corpo e na mente.

- Durante o dia, você pensa, sente e escolhe *criar* novos pensamentos em sua mente e cérebro; à noite, você pensa, sente e escolhe selecionar os pensamentos que criou durante o dia, o que produz o conteúdo dos sonhos.

- A autorregulação é o catalisador abrangente do gerenciamento mental bem-sucedido — e é o exercício favorito do cérebro! Quando não nos autorregulamos, sofremos mental e fisicamente.

ORGANIZE SUA DESORDEM MENTAL

O que é a mente? A mente é um conceito complexo, portanto é melhor começar com a pergunta sobre o que a mente não é. Sua mente *não* é seu cérebro, da mesma forma que você não é seu cérebro. A mente é separada, ainda que inseparável, do cérebro. A mente usa o cérebro, e o cérebro reage à mente. O cérebro não produz a mente. A mente muda o cérebro. As pessoas fazem coisas; nosso cérebro não nos força a fazer coisas. Sim, não haveria experiência consciente sem o cérebro, mas a experiência não pode ser reduzida às ações do cérebro.

A mente é energia e gera energia por meio do pensamento, do sentimento e da escolha. Isso significa que geramos energia por meio de nossa mente em ação ininterruptamente, o que faz parte da atividade que realizamos com a tecnologia do cérebro. Quando geramos essa energia mental por meio do pensamento, do sentimento e da escolha, criamos pensamentos, que são estruturas físicas no cérebro. Essa formação de pensamentos chama-se *neuroplasticidade.*

Em nossos ensaios clínicos, vimos como a energia no cérebro mudava à medida que o participante pensava e como essa mudança estimulava a neuroplasticidade; o cérebro estava reagindo ao pensamento, ao sentimento e à escolha da pessoa como se fosse um fluxo de atividade consciente e não consciente. A mente é um fluxo de atividade *não consciente* e *consciente* quando estamos acordados e um fluxo de atividade *não consciente* quando estamos dormindo. Ela se caracteriza pela tríade pensamento, sentimento e escolha. Quando você pensa, sente, e, quando pensa e sente, você escolhe. Esses três aspectos sempre trabalham juntos.

A mente consciente está desperta quando você está acordado e é limitada naquilo que consegue prestar atenção. A mente não consciente está desperta, trabalha ininterruptamente e é imensa e infinita. A mente subconsciente encontra-se entre as duas, mais ou menos como aquela sensação de algo estar na "ponta da língua". A mente inconsciente corresponde a quando você está nocauteado ou sob efeito de anestesia.

Você tem uma forma única de pensar, sentir e escolher, que é sua *identidade*. Quando seu pensamento, sentimento ou escolha estão "desativados" por algum motivo, sua atividade é afetada.

Quando pensa, sente e escolhe, você cria, e essa criação é um *pensamento*. E você está sempre pensando, sentindo e escolhendo. Quando está acordado, você pensa, sente e escolhe formar pensamentos. Quando está dormindo, você organiza os pensamentos que formou durante o dia.

O que o cérebro tem que ver com tudo isso? O cérebro é um reagente neuroplástico extremamente complexo. Isso significa essencialmente que, toda vez que é estimulado pela mente, ele reage de muitas formas diferentes, incluindo mudanças neuroquímicas, genéticas e eletromagnéticas. Isso, por sua vez, desenvolve e muda as estruturas cerebrais, criando ou conectando novos pensamentos físicos. O cérebro nunca é o mesmo porque muda a cada experiência que você tem, a cada momento do dia — e você controla isso com o pensamento, o sentimento e a escolha, que são exclusivamente seus. Você usa a mente para usar o cérebro. Você é o arquiteto de seu cérebro.

O que é um pensamento?

A mente é composta por trilhões e trilhões de pensamentos. Pensamento é uma *coisa real e física* que ocupa um espaço no cérebro e na mente. O pensamento é formado no cérebro da mesma forma que você usa a mente, isto é, como você pensa, sente e escolhe. Em neurociência, dizemos que o pensamento tem a estrutura semelhante a uma árvore. Observe as três imagens a seguir para visualizar a estrutura dos pensamentos e sua semelhança com as árvores.

ORGANIZE SUA DESORDEM MENTAL

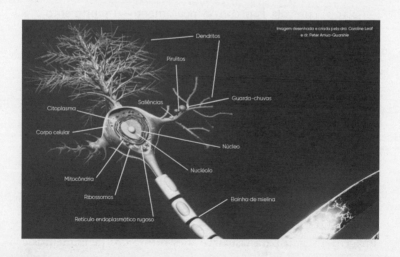

O que é a mente?

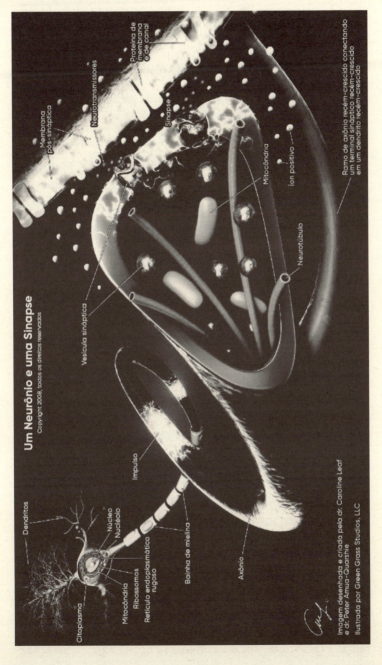

O pensamento em si é o conceito, a grande ideia. Dentro do pensamento estão embutidas as memórias — portanto, o pensamento é feito de memórias, e pode haver qualquer quantidade de memórias, até milhares, em um pensamento, da mesma forma que há centenas ou até milhares de galhos em uma árvore. Por exemplo, o pensamento poderia ser: *Estou preocupado com uma pessoa de minha família.* Dentro desse pensamento, haverá centenas, ou mais, de memórias relacionadas a essa preocupação. O pensamento é, portanto, o quadro geral, e os detalhes do pensamento são as memórias.

Há três tipos de memórias em um pensamento:

1. **Memórias informativas** são todos os detalhes: informações, fatos, dados, associações, ligações etc. associados àquele pensamento. São semelhantes aos galhos de uma árvore do pensamento.
2. **Memórias emocionais** são os sentimentos associados às memórias informativas. Assemelham-se às folhas do galho de uma árvore do pensamento.
3. **Memórias físicas** são as incorporações físicas das sensações experimentadas na ocasião em que o pensamento foi formado, as quais estão embutidas nas memórias emocionais e nas memórias informativas. São formadas dentro de cada célula do corpo e revividas quando nos lembramos das memórias informativas e emocionais, porque essas três partes do pensamento são inseparáveis.

A imagem a seguir, a árvore do pensamento, é uma analogia da anatomia do pensamento. Como já mencionei, o pensamento é um grande conceito: a árvore inteira com galhos, folhas e raízes. Os galhos e as folhas são *como* você expressa suas memórias como pensamentos, sentimentos e escolhas *conscientes*, os quais produzem seus comportamentos e comunicação (o que você está dizendo e fazendo), e todos manifestam suas escolhas de estilo de vida. O tronco da árvore representa o nível *subconsciente* e sua perspectiva, que inclui os sinais físicos e emocionais que você sente, como aquela agradável sensação de expectativa quando ouvimos boas notícias, aquela sensação de felicidade ou alegria que nos faz pular da cama ou aquela sensação irritante de depressão ou de ansiedade de que algo está errado. O subconsciente liga o não consciente ao consciente, da mesma maneira que o tronco liga as raízes às folhas e aos galhos. As raízes representam as raízes *não conscientes* das memórias. Delas se originam as memórias informativas, emocionais e físicas, e elas são o nível que nos diz o que está se passando em nossa vida e por que fazemos o que fazemos — esse é o nível que precisamos alcançar para fazer as mudanças necessárias em nosso estilo de vida, e o nível no qual os 5 Passos foram idealizados para alcançar.

O PENSAMENTO

Os galhos e as folhas representam nosso pensamento consciente.

O tronco da árvore representa o nível subconsciente — os sinais de alerta, informativos, emocionais e físicos.

O pensamento tem três tipos de memórias:
• Memórias informativas
• Memórias emocionas/de sentimentos
• Memórias físicas

Da mesma forma que uma semente plantada forma raízes, brota, cresce e muda, também nossos pensamentos crescem e mudam com o tempo. Assim que um pensamento é plantado — as conversas que você tem, o que você ouve, o que você lê e assim por diante —, suas raízes começam a crescer. Quando "regado" com reflexões, ele cresce e forma uma planta do pensamento. Se não for cuidada, a árvore do pensamento morre. Se, no entanto, receber muita energia das reflexões, ficará maior e mais forte. Tudo aquilo em que mais pensamos crescerá. Portanto, a princípio o pensamento é uma plantinha, como uma preocupação irritante ou algo no fundo de sua mente. Com o tempo, se for regado com reflexões, será uma "árvore grande" e poderá dominar e influenciar nosso comportamento.

Para desintoxicar um pensamento tóxico, primeiro observamos nossos comportamentos e emoções, que nos mostram os galhos e as folhas da árvore do pensamento. Depois olhamos para nossa perspectiva, ou nossa mente em ação. Vemos essa perspectiva quando nos sintonizamos com os sinais de alerta emocionais e físicos que sentimos, como ansiedade, depressão, dor abdominal ou músculos doloridos. Os sinais de alerta do subconsciente (o tronco da árvore) nos levam ao não consciente mais profundo para ver as memórias informativas e emocionais (a causa ou origem) e formar a raiz.

O fato empolgante é que *você* é o diretor e o *designer* desse processo! Você molda o que constrói e pode mudar o que não está funcionando ou o que está tendo um efeito negativo em sua vida. As árvores de pensamentos tóxicos, como os traumas e os maus hábitos, podem ser construídas, derrubadas e reconstruídas — as árvores tóxicas não são o seu destino final.

Esse é o gerenciamento mental autorregulado. Seus pensamentos, sentimentos e escolhas podem ser moldados, podados e construídos. E, quanto mais autorregulado você for, mais eficaz será esse processo e mais paz e significado você encontrará na vida.

O que é a mente?

Quantos pensamentos temos por dia?

Os pensamentos são potencialmente ilimitados. Cada pensamento é um universo literal, porque cada pensamento é composto por memórias ilimitadas. Os pensamentos também se mantêm atualizados, bem como enredados com outros pensamentos relacionados, como um sistema de raízes sem fim em uma imensa floresta. E a mente está sempre em ação, o que significa que você está sempre formando pensamentos E você está sempre buscando os pensamentos que formou para guiar e influenciar sua próxima decisão.

Pense na quantidade de informações às quais você está exposto em qualquer momento, hora, dia, semana, mês e ano de sua vida! Desde o momento em que você acorda, recebe novas informações sobre o ambiente em que vive, seus relacionamentos, seu trabalho, a comunidade e o mundo ao redor. Você vê essas informações através de seu modo único de pensar, sentir e escolher — sua lente peculiar através da qual você vê o mundo e interage com ele. Isso significa que você está sempre no processo de acrescentar novas memórias aos pensamentos já existentes.

Então, quantos pensamentos realmente *pensamos* em um dia? A resposta é complexa porque estamos sempre formando novas memórias dentro dos pensamentos já existentes; formando pensamentos inteiramente novos, acompanhados de suas memórias informativas, emocionais e físicas, para reagir às informações provenientes do ambiente (das pessoas, do que lemos, do que vemos e assim por diante); e sempre buscando os pensamentos já existentes. Também formamos novos pensamentos quando sonhamos acordados e nossa mente divaga.

De acordo com o professor, anestesista e pesquisador Stuart Hameroff, temos explosões de atividade consciente em torno de

40 vezes por segundo, as quais representam nosso pensamento, sentimento e escolha ou mente em ação.[1] Vivenciamos essas explosões como uma história em quadrinhos, na qual todos os quadros individuais são sentidos como um evento consciente a cada 10 segundos aproximadamente, algo semelhante a assistir a um desenho animado.

Cada quadro é um pensamento, com milhares de memórias embutidas. No entanto, não temos consciência de todas as memórias detalhadas nesses quadros em cada momento particular, mas estamos conscientes apenas do conceito geral do pensamento. Por exemplo, no momento em que digitei esta frase, experimentei 40 explosões de atividade consciente. À medida que continuei a digitar e a explicar esse conceito, atingi a marca dos 10 segundos e acabei de ter um evento consciente no qual percebi que havia cinco outros pensamentos aleatórios surgindo em minha mente consciente. Não foquei nenhum deles porque estou escrevendo este livro, portanto eles submergiram em minha mente não consciente, enquanto outros vieram à tona. E assim o ciclo continua. Experimentamos aproximadamente 6 dessas explosões de atividade consciente por minuto, por volta de 360 por hora (6 x 60) e 8.640 por dia (360 x 24).

No nível não consciente, a história é outra: o pensamento inteligente ocorre a cerca de *1 milhão* de operações por segundo,

---

[1] HAMEROFF, Stuart; PENROSE, Roger. Consciousness in the Universe: A Review of the Orch OR Theory. **Physics of Life Reviews** 1, 2014: 39–78. HAMEROFF et al. Conduction Pathways in Microtubules, Biological Quantum Computation, and Consciousness. **Biosystems** 64, n. 1, 2002: 149–68. HAMEROFF, Stuart. Consciousness, Microtubules, and "Orch OR": A Space-Time Odyssey. **Journal of Consciousness Studies** 21, n. 3–4, 2014: 126–53. HAMEROFF, Stuart. How Quantum Brain Biology Can Rescue Conscious Free Will. **Frontiers in Integrative Neuroscience** 6, 2012. HAMEROFF, Stuart; KASZNIAK, Alfred W.; SCOTT, Alwyn (Eds.). **Towards a Science of Consciousness II:** The Second Tucson Discussions and Debates. Cambridge: MIT Press, 1998. HAMEROFF, Stuart; PENROSE, Roger. Consciousness in the Universe.

O que é a mente?

e a atividade geral do cérebro ocorre a cerca de 1.027 operações por segundo.[2] Os pensamentos com suas memórias embutidas que possuem energia suficiente movem-se para a mente consciente a um ritmo de aproximadamente 5 a 7 a cada 5 a 10 segundos, às vezes com mais rapidez, o que equivale a cerca de 8 mil pensamentos a cada 24 horas.[3] Somando os pensamentos provenientes de sinais externos com os pensamentos internos, temos o total estimado de 16 a 18 mil pensamentos por dia.

Embora seja interessante conjecturar a respeito desses números, porque isso pode nos ajudar a entender a importância de controlar aquilo que permitimos entrar em nossa cabeça, bem como controlar o que já está lá, não devemos ficar muito preocupados com todos esses cálculos. Ao contrário, devemos focar o *enorme poder de nossa mente não consciente* e aprender a usar esse poder com mais eficácia por meio do gerenciamento mental.

É importante lembrar também que, embora nossa vida pensante seja um fluxo de conscientização, com milhares de pensamentos individuais se misturando, podemos organizar um pouco nosso pensamento controlando o que permitimos entrar em nossa mente e em nosso cérebro e o que já está ali. Somos capazes de avaliar os quadros individuais de pensamento se regularmos nosso fluxo de consciência. Podemos dominar o poder de nosso pensamento de várias maneiras tangíveis e sustentáveis.

Onde os pensamentos se localizam?

Os pensamentos se localizam em três lugares diferentes: no cérebro, na mente e nas células do corpo.

---

[2] HAMEROFF; PENROSE. Consciousness in the Universe.
[3] HAMEROFF et al. Conduction Pathways in Microtubules.

O cérebro

Os pensamentos com suas memórias embutidas são armazenados fisicamente no cérebro como vibrações de energia em super-computadores de proteína, chamados *tubulina*, nos dendritos dos neurônios.[4] Quando pensamos, sentimos e escolhemos, desenvolvemos mais dendritos no cérebro para novas memórias, que são acrescentadas aos pensamentos já existentes de forma reconceituada e redesenhada. Cada atualização reconfigura o pensamento inteiro com uma nova perspectiva, porque esse é um sistema orgânico e dinâmico, e a perspectiva inteira do pensamento muda.

> Os pensamentos se localizam em três lugares diferentes: no cérebro, na mente e nas células do corpo.

A mente

Os pensamentos com suas memórias embutidas também são armazenados na mente não consciente como um campo de energia. É um nível profundo e espiritual de pensamento, que vai além do físico, mas está intimamente ligado a ele.

Esse estoque de nível espiritual de pensamento diz respeito a você e a seu valor verdadeiro, isto é, à sua percepção única e ao seu modo particular de vivenciar o mundo.

---

[4] HAMEROFF, Stuart. Quantum Computation in Brain Microtubules? The Penrose-Hameroff "Orch OR" Model of Consciousness. **Philosophical Transactions of the Royal Society of London. Series A: Mathematical, Physical and Engineering Sciences** 356, n. 1743, 1998: 1869–96. MCKEMMISH, Laura K. et al. Penrose-Hameroff Orchestrated Objective-Reduction Proposal for Human Consciousness Is Not Biologically Feasible. **Physical Review** E80, n. 2, 2009: 021912.

As células

O terceiro lugar onde os pensamentos com suas memórias embutidas são armazenados é nas células do corpo. As estimativas de quantas células possuímos no corpo variam de 50 a 100 trilhões, embora estudos mais recentes indiquem que há em torno de 37 trilhões de células em nosso corpo.[5] Os pensamentos armazenados em nossas células são chamados de *memória celular*.

Um exemplo fácil para entendermos esses três lugares onde o pensamento está armazenado é quando contraímos um vírus. Quando você contrai um vírus, seu sistema imunológico produz anticorpos a fim de que, se você for exposto a esse vírus novamente, as células do sistema imunológico se lembrem dele e enviem fatores imunológicos para combater o vírus. Essas células ainda embutem a memória de como você estava se sentindo fisicamente na ocasião. Por exemplo, se você teve uma gripe leve ou uma forte dor de estômago na ocasião em que estava sentindo algo, essa experiência é desenvolvida no pensamento. Quando o pensamento é recordado, a memória informativa (o que aconteceu, ou os fatos), as emoções (os sentimentos) e as sensações físicas (os sintomas semelhantes ao de gripe, dor de estômago e assim por diante) vêm à tona. Então, você entende por que a lembrança dos pensamentos, principalmente os de natureza traumática, podem fazê-lo literalmente adoecer.

Epigenética

A energia de frequência vibracional dos pensamentos no cérebro pode ser detectada por várias tecnologias, como EEG e EEGq, que usamos em nosso recente ensaio clínico. Essa energia

---

[5] BIANCONI, Eva et al. An Estimation of the Number of Cells in the Human Body. **Annals of Human Biology** 40, n. 6, 2013: 463–71. Disponível em: <https://www.tandfonline.com/doi/abs/10.3109/03014460.2013.807878>; <https://www.smithsonianmag.com/smart-news/there-are-372-trillion-cells-in-your-body-4941473/>.

ORGANIZE SUA DESORDEM MENTAL

é transmitida do pensamento a velocidades quânticas (mais rápido que 1.027) a todas as células do corpo, literalmente banhando-as em uma energia tóxica, saudável ou neutra e criando uma reação no cérebro e no corpo que provoca todos os tipos de respostas químicas, hormonais e eletromagnéticas. Por exemplo, em nosso ensaio clínico, os níveis de cortisol e homocisteína aumentaram mais do que deveriam em resposta aos pensamentos e estresse tóxicos de alguns participantes. Eles normalizaram quando os pensamentos e o estresse tóxicos foram gerenciados por meio do método Neurociclo.[6] Nosso pensamento, sentimento e escolha mudam os pensamentos *e o impacto que esses pensamentos exercem no corpo*. Isso se chama *epigenética*.

Epigenética é o que liga e desliga os genes. *Epi* significa "sobre" ou "por cima", portanto a epigenética está sobre e por cima dos genes. Enquanto estamos vivos, os genes são constantemente ligados e desligados pela mente e pelo que colocamos dentro de nosso corpo, o que pode ser transmitido às gerações seguintes na forma de predisposições. Isso funciona por meio de marcadores químicos (a adição de um grupo metila ou acetila, ou uma "capa química", a parte da molécula do DNA) adicionados aos cromossomos que, na verdade, ligam ou desligam os genes, de modo semelhante a ligar e desligar a energia elétrica por meio de um interruptor.

Os pensamentos chegam a impactar o nível do DNA e dos cromossomos nas células. Nossas experiências mudam a estrutura e a atividade do gene, mas não a sequência do gene. Em nossa pesquisa, o pensamento dos participantes impactou mudanças no comprimento dos telômeros (TL) e na idade biológica.[7]

---

[6] LEAF. Cleaning Up Your Mental Mess: Clinical Pilot Study.

[7] EPEL, Elissa S. Wandering Minds and Aging Cells. **Clinical Psychological Science** 1, n. 1, 2013: 75–83. EPEL, Elissa S. Psychological and Metabolic Stress: A Recipe for Accelerated Cellular Aging? **Hormones** 8, n. 1, 2009: 7–22. SIMON, Naomi M. et al. Telomere Shortening and Mood Disorders: Preliminary Support for a Chronic Stress

O TL encurtou quando os pensamentos tóxicos afetaram a saúde das células, mas aumentou com o gerenciamento mental dos pensamentos e do estresse tóxicos. A lembrança constante de pensamentos negativos com suas memórias embutidas pode danificar o DNA (TL encurtado), potencialmente criando uma vulnerabilidade em nosso corpo para as doenças.[8]

Tenho 23 anos e sou armênia, nascida em Alepo, Síria. Como você deve saber, a guerra começou na Síria, e em agosto de 2012 minha família e eu nos mudamos para o Líbano. Naquela época, muitas pessoas estavam tentando ir de barco para a Alemanha/Europa via Turquia. Em 29 de novembro, chegou a nossa vez de iniciar a viagem em um barco muito pequeno no meio da noite. No barco estavam meu pai, minha mãe, minha avó, meu irmãozinho, que acabara de completar 10 anos, e eu. No meio da viagem, no meio do mar, o motor do barco parou, e alguns minutos depois o barco afundou com minha família presa dentro de um cômodo pequeno.

Meu pai e eu estávamos fora, no convés, e tentamos nadar para sobreviver. Eu estava congelando, e a escuridão era tanta que eu mal conseguia enxergar. Alguns minutos depois, vi o corpo de meu pai boiando perto de mim. Ele não sobreviveu ao frio e às ondas. Fiquei ali sozinha no meio do mar por algumas horas. Faz anos que a vida não tem sido fácil. Eu amava a minha família e me senti perdida e fraca por muitos dias. Os 5 Passos e sua pesquisa me ajudaram a atravessar os desafios da vida cotidiana. Continuo a lutar, mas pelo menos agora tenho um plano para gerenciar minha mente e ajudar na minha cura.

ARINA

Model of Accelerated Aging. **Biological Psychiatry** 60, n. 5, 2006: 432–35. EPEL; Elissa S. et al. Accelerated Telomere Shortening in Response to Life Stress. **Proceedings of the National Academy of Sciences** 101, n. 49, 2004: 17312–15.

[8] Ibid.

CAPÍTULO 7

A mente interconectada

Quadro geral

- Tudo aquilo em que mais pensamos é o que mais cresce, porque lhe destinamos mais energia.
- A mente se divide em mente consciente (totalmente consciente quando você está acordado), mente não consciente (que trabalha ininterruptamente) e mente subconsciente (nível quase consciente).
- Não precisamos levar cativos os nossos pensamentos; ao contrário, podemos "capturá-los".
- Tudo o que você vivencia em sua mente será também vivenciado em seu cérebro e corpo. A energia tóxica proveniente dos pensamentos tóxicos se acumula se você não lidar com ela, e com o tempo acabará explodindo, afetando o modo como pensamos, sentimos e escolhemos, de forma violenta e descontrolada.

Lidar com pensamentos tóxicos e traumas significa que toda essa energia turbulenta, caótica e tóxica precisa ser transferida do pensamento negativo para o pensamento saudável e reconceituado, a fim de restaurar o equilíbrio e a coerência da mente.

No aprendizado sobre como usar a mente para gerenciar a mente, é importante entender as divisões da mente e como se relacionam com a natureza dinâmica dos pensamentos. Há basicamente duas maneiras de gerenciar a mente: de modo *reativo*, o que em geral acaba sendo confuso, ou de modo *proativo*, ou seja, que é o modo como organizamos nossa desordem mental. Faz parte do método proativo e estratégico desenvolver um plano de vida que ajude você a gerenciar constantemente os pensamentos e o impacto que eles causam. Você pode até pensar nisso como a medicina "preventiva" para o cérebro. Os 5 Passos mostram como fazer isso e podem ensiná-lo a gerenciar sua mente de modo proativo e estratégico, facilitando o funcionamento ideal do cérebro, o que lhe permitirá extrair o máximo de seu cérebro por meio da organização de sua desordem mental.

Enquanto você aprende a gerenciar sua mente, pode fazer coisas fantásticas. Por exemplo, você direciona o modo como a energia se move por seu cérebro e como essa energia influencia seu corpo, inclusive quais genes ligam e desligam, o comprimento dos telômeros, como as substâncias químicas fluem através da corrente sanguínea, e ainda controla elementos como o cortisol.

Nesta parte do livro, vamos analisar com um pouco mais de profundidade as divisões da mente para ajudar você a entendê-la melhor, o que o preparará para gerenciá-la da melhor forma possível. Quando você entende o *porquê*, o *como* se torna mais fácil.

A mente divide-se em mente consciente, mente não consciente e mente subconsciente. A tabela a seguir resume essas divisões e é seguida por uma explicação de como elas são importantes para você aprender a gerenciar sua mente.

TABELA 3. As divisões da mente

Mente consciente	Totalmente consciente, acordada quando estamos acordados, e funcionando melhor quando somos deliberados, intencionais, ativamente autorregulados e proativos.
Mente subconsciente	Nível "quase consciente" no qual os pensamentos se movem da mente inconsciente para a mente consciente.
Mente não consciente	Usina elétrica de alta energia em forma de turbilhão que funciona ininterruptamente e onde todas as memórias estão armazenadas. É nossa sabedoria e inteligência. Envolve um processo dinâmico e autorregulado que é uma potente e eficaz força motriz por trás de nossa comunicação e de nosso comportamento. Está sempre *on-line* trabalhando com o consciente quando a mente consciente está acordada. Está em comunicação constante com a mente subconsciente, trabalhando para produzir equilíbrio e organizar nossa desordem mental.
Mente inconsciente	Essa não é uma divisão da mente, *per se*, mas algo que pode ser *feito* à sua mente. Quando você é nocauteado, por exemplo, por causa de uma concussão, ingere bebida em excesso ou é anestesiado durante uma cirurgia, você fica inconsciente.

Agora vamos olhar para outra imagem, a imagem de uma árvore do pensamento como uma analogia para as divisões da mente, o que torna mais fácil imaginar essas divisões. O topo da árvore é a mente consciente, isto é, nossa comunicação e nosso comportamento, ou o que dizemos e fazemos. A parte do tronco da árvore e a grama são a mente subconsciente, ou seja, os estímulos da mente não consciente que estão no limite de nosso conhecimento consciente. São aquelas situações do tipo "está na ponta da língua, mas não sei explicar" que evocam e provocam

A mente interconectada

a sensação de que algo precisa ser abordado — algo que está tentando chamar nossa atenção. A mente não consciente é o mundo quântico espiritual profundo e fenomenalmente rápido, no qual nosso valor verdadeiro, nossa inteligência, sabedoria, significado e pensamentos com suas memórias embutidas são armazenados em uma massa giratória de energia.

Essas três partes da mente, da qual a não consciente é a maior, formam cerca de 90 a 99% de quem você é. Seu cérebro e corpo são cerca de 1% de quem você é. Isso se baseia em minha pesquisa sobre "A teoria do processamento geodésico da informação", cujo resumo se encontra no Apêndice A.

Ao envolver de propósito a mente não consciente por meio de reflexão profunda, deliberada, intencional, estratégica e proativa, você atrai seus pensamentos, com suas memórias embutidas, por meio da mente subconsciente e dentro da mente consciente. Quando esses pensamentos chegam à mente consciente, estão em estado maleável, o que significa que você pode mudá-los e reconceituá-los. Você também entra em sintonia com os sinais de alerta físicos associados ao modo como se sente,

ORGANIZE SUA DESORDEM MENTAL

como batidas cardíacas aceleradas, descarga de adrenalina, dor de cabeça ou dor de estômago. A seguir, você aceita quaisquer sentimentos, como ansiedade ou depressão, como um sinal de alerta emocional de que algo vai acontecer em sua vida.

Em vez de ver essas coisas como negativas, você as enxerga como se estivessem lhe dizendo algo e as faz trabalhar a seu favor, não contra você. E você faz isso como se fosse uma celebração, não por estar comemorando as lembranças dolorosas, mas porque *agora está consciente delas*, o que significa que pode mudá-las. Lembre-se: você pode mudar somente aquilo do qual está consciente.

Temos um poder autorregulatório quando estamos conscientes, mais ou menos aquilo que Benjamin Libet chamou famosamente de "poder de veto" sobre nossos pensamentos.[1] Esse poder permite que você controle seus pensamentos. Você pode literalmente capturá-los e, usando seu poder de veto autorregulatório, mudá-los. Ao fazer isso, você anula a força gerada pela energia do pensamento tóxico e escolhe falar ou agir, ou não, de acordo com esse pensamento. Você pode até avaliar o pensamento e decidir se deseja mudá-lo, quando mudá-lo e como mudá-lo. Você não precisa ser movido por ruminações e reações tóxicas de pensamentos negativos recorrentes ou traumas, porque tem o poder de vetá-los. Essa é uma forma proativa de lidar com a mente e pode livrá-lo de muitas dores de cabeça e ansiedade.

Tenho certeza de que você já sentiu isso numerosas vezes: está prestes a dizer ou fazer algo, mas, por algum motivo, acha que não é o momento certo ou que a pessoa já está aborrecida, e isso só vai piorar a situação. Esse é o gerenciamento

---

[1] LIBET, Benjamin. Do We Have Free Will? **Journal of Consciousness Studies** 6, n. 8–9, 1999: 47–57. LIBET, Benjamin. **Mind Time:** The Temporal Factor in Consciousness. Cambridge: Harvard University Press, 2004.

mental em ação, e uma das muitas maneiras de organizar a desordem mental.

Para promover mudanças em nossos pensamentos e subsequente comunicação, precisamos ser estratégicos, proativos e deliberados a respeito de nosso pensamento. Precisamos fazer um esforço para saber no que estamos pensando todos os dias. Isso é autorregulação, e ela trabalha de mãos dadas com nosso poder de veto. É empolgante! Não precisamos levar cativos os nossos pensamentos; ao contrário, podemos capturá-los.

O pensamento deliberado, intencional e autorregulado é o segredo para o bom gerenciamento mental, porque dá início ao fluxo na mente subconsciente e não consciente. Infelizmente, tal pensamento não é uma prioridade máxima em nosso mundo tecnológico, doentio de tanta pressa e movido por correria e consumismo, em que simplesmente não podemos perder tempo. Não gostamos de pensamentos profundos nestes tempos e estamos pagando o preço por isso.

> Não precisamos levar cativos os nossos pensamentos; ao contrário, podemos capturá-los.

Por que a mente não consciente é tão importante?

A mente não consciente é incrível, mas quase sempre mal compreendida. Até a expressão *não consciente* é usada incorretamente na maioria das vezes. No entanto, vale a pena nos esforçarmos um pouco para entendê-la, porque ela é a protagonista quando se trata do gerenciamento mental. Ela *definitivamente não* é uma fita de gravador pré-programada para ser reproduzida, fazendo-nos viver como se fôssemos uma espécie de avatar, conforme diz a descrição geral.

ORGANIZE SUA DESORDEM MENTAL

Minha tese de doutorado, a Teoria do Processamento Geodésico da Informação, nasceu da pesquisa sobre a mente não consciente e, desde então, toda a minha pesquisa tem sido a de entender melhor, expandir e desenvolver essa teoria para aperfeiçoar as técnicas de gerenciamento mental que elaborei. Meus ensaios clínicos recentes demonstram como a atividade não consciente pode ser detectada por um EEGq e por minha escala psicológica, a LMM. Embora possamos "fingir" em um nível consciente, o nível não consciente sempre diz a verdade sobre o que se passa *de verdade* em nossa mente. Você pode pensar que pode, mas não consegue mentir para si mesmo, e certamente sofrerá as consequências porque seu cérebro e seu corpo carregam os efeitos da mentira.

Se deseja aprender a controlar sua mente, você precisa treinar para pensar de uma forma que use a inteligência não consciente. A mente consciente tem um atraso de 10 segundos em relação à mente não consciente, portanto leva cerca de 10 segundos até você ficar plenamente consciente do que está acontecendo — e é mais ou menos nesses 10 segundos que a verdade da situação tentará chamar sua atenção por meio de sinais de alerta emocionais e físicos.[2]

Portanto, recebemos pacotinhos valiosos de informações na forma de sinais de alerta emocionais e físicos a cada 10 segundos aproximadamente, e, quanto mais treinamos para sintonizar nossa mente não consciente, mais somos capazes de discernir e

---

[2] Siong Soon, Chun et al. Unconscious Determinants of Free Decisions in the Human Brain. **Nature Neuroscience** 11, n. 5, 2008: 543–45. Libet, Benjamin et al. Time of Conscious Intention to Act in Relation to Onset of Cerebral Activity (Readiness-Potential). In: **Neurophysiology of Consciousness**: Boston Birkhäuser, 199, p. 249-68. Haggard, Patrick. Human Volition: Towards a Neuroscience of Will. **Nature Reviews Neuroscience** 9, n. 12, 2008: 934–46.

A mente interconectada

usar esses sinais para controlar nossas reações. Talvez você não receba todos os detalhes imediatamente, mas à medida que avança, ao longo do ciclo de 63 dias que aprenderemos na Parte 2, esses sinais aos poucos lhe serão revelados à medida que as informações são constantemente atualizadas. Os 5 Passos vão ajudar você a treinar como sintonizar a mente não consciente.

> Recebemos pacotinhos valiosos de informações na forma de sinais de alerta emocionais e físicos a cada 10 segundos aproximadamente.

Conforme mencionamos antes, em nossos ensaios clínicos analisamos diferentes tipos de dados psicológicos usando um número de escalas tradicionalmente empregadas para diagnosticar e classificar uma pessoa clinicamente deprimida ou ansiosa. Essas escalas mostram como a pessoa estava reagindo naquele momento, mas não como estava funcionando mentalmente no decorrer do tempo. Se, por exemplo, você tiver de internar-se em um hospital para uma cirurgia, com certeza sentirá uma mistura de ansiedade e depressão, mas isso não significa necessariamente que você sofre de ansiedade ou depressão clínica. Ao contrário, sua reação é normal diante de uma circunstância adversa. Seu sofrimento não precisa ser medicado nem a dor precisa ser analisada em laboratório. Você precisa ser ouvido. Ainda assim, essas escalas são usadas para determinar o estado mental de alguém, o que pode ser assustador se considerarmos as implicações de muitos tratamentos atuais, os quais se baseiam predominantemente em drogas com efeitos colaterais de longo prazo e a estigmatização quase sempre associada às classificações de doenças mentais.

No entanto, usando a escala de gerenciamento mental cientificamente comprovada que elaborei, a LMM, bem como

ORGANIZE SUA DESORDEM MENTAL

a narrativa individual e as medidas do EEGq, somos capazes de obter um quadro muito mais claro e mais realista do que se passava na mente dos participantes dos grupos. Em vez de serem classificados como clinicamente deprimidos ou ansiosos, os participantes do estudo aprenderam que o caos mental no nível não consciente da mente estava funcionando como um gatilho não consciente, avançando do nível subconsciente para o nível consciente. Eles aprenderam a sentir esses estímulos da mente não consciente como sinais de alerta emocionais e físicos, dizendo-lhes que estava acontecendo algo que necessitava de atenção.

> Com o gerenciamento mental, podemos começar a entender que a depressão e a ansiedade procedem das reações normais às experiências da vida.

Esses estímulos eram problemas como depressão, ansiedade, medo, frustração, nervosismo, irritabilidade e assim por diante. Eram também reações normais ao que os participantes estavam atravessando. Assim que começaram a lidar com esses problemas, os participantes passaram a *perceber* que a depressão e a ansiedade procedem das reações normais às experiências da vida, incluindo eventos traumáticos e reprimidos, tais como o abuso na infância. No 21º dia, a depressão, a ansiedade etc. desapareceram dramaticamente no grupo experimental, aquele que estava usando os 5 Passos do gerenciamento mental. Os participantes sentiram como se estivessem conectados novamente, vivendo melhor no trabalho e nos relacionamentos, dormindo melhor e assim por diante. Essa melhora foi sustentada e intensificada no 63º dia, indicando que os 5 Passos estavam ajudando os participantes a controlarem a desordem mental.

A mente interconectada

Quanto mais você entende a mente não consciente, mais percebe que também possui habilidade de *mudar* sua mente. A mente não consciente tem sido confundida com a mente subconsciente e inconsciente e relegada a uma espécie de depósito requintado para programas de estilo mecanicista que executam nossas ações conscientes. Contudo, a mente não consciente é bem mais que isso. É uma agregação organizada e turbulenta de energia, faminta por mudança, crescimento, aprendizado e ordem, e repleta de sabedoria. Quando você pensa nisso, sabe com o que é capaz de lidar, e essa é a sabedoria de sua mente não consciente. No fundo, você é a *sabedoria*. A mente não consciente odeia trabalhar no caos e no desequilíbrio. Essa casa de força de alta energia trabalha ininterruptamente, e é onde todos os nossos pensamentos são armazenados como massas vivas e vibrantes de energia esperando serem transferidas para a mente consciente a fim de nos fazer entrar em ação.

> Quanto mais você entende a mente não consciente, mais percebe que também possui habilidade de mudar sua mente.

O pensamento inteligente ocorre a cerca de 1 milhão de ações por segundo na mente não consciente. A atividade geral ininterrupta, que faz parte de estarmos vivos, funciona a 1.027. Trata-se de uma velocidade que nos deixa boquiabertos, muito mais rápida que a velocidade da luz. Mas faz sentido, porque a velocidade que a atividade elétrica dispara através dos neurônios no cérebro é muito lenta para explicar a velocidade com que esses pensamentos impactam o cérebro e o corpo, portanto precisamos recorrer à física quântica (que explica a velocidade da energia na mente não consciente) para entender como passar de A para B. É lógico que qualquer coisa que você vivencie na mente será também vivenciada no cérebro e no corpo. Há um grande número de pesquisas feitas há muitos anos sobre a ligação entre mente e corpo; o assunto é até citado em textos antigos. Nossa mente não consciente expressa-se através do cérebro e do corpo, o que pode ser detectado pelas leituras do EEGq.

A mente não consciente é caracterizada por um processo dinâmico e autorregulado que é uma força motriz de alta potência, forte e eficaz, por trás de nossa comunicação e comportamento; ou seja, é tudo o que dizemos ou fazemos, misturando e combinando nossas crenças, opiniões e experiências (memórias dentro dos pensamentos) com novas experiências para ajudar a dar sentido ao mundo. Ela está sempre conectada, trabalhando com a mente consciente quando estamos acordados. É aquela percepção, aquela suposição, aquelas tendências implícitas, aquela maneira de ver o mundo; está envolvida em suprir as informações de que necessitamos quando tomamos decisões; está em toda parte e em tudo, o tempo todo. Está na conversa constante com a mente subconsciente e consciente, trabalhando para proporcionar equilíbrio e organizar nossa desordem mental.

Essas conversas aparecem em nossos sonhos, naqueles sentimentos de ansiedade e medo pairando no ar, ou nos sinais de depressão, felicidade e raiva que sentimos. E não é somente o negativo que a mente não consciente deseja empurrar para dentro da mente consciente a fim de ser classificado e restabelecer o equilíbrio. A mente não consciente está mais focada em coisas boas, como felicidade, entusiasmo, alegria e paixão. Quando temos esses sentimentos subconscientemente, devemos detectá-los e focá-los, porque eles colocam o cérebro em um estado resiliente, permitindo que ocorram níveis mais altos de aprendizado, e podemos funcionar de modo sensato. Humor, empatia e gratidão também ajudam — todos esses bons valores

A mente interconectada

são como ingredientes de sabedoria e resiliência em nossa mente não consciente e estão à espera de ser usados para nos ajudar a funcionar em um nível mais alto.

É por esse motivo que a mente não consciente é sempre vista como nosso nível "espiritual" e é a parte da mente mais extensa e poderosa. Está sintonizada para manter saudáveis nossa mente e nosso corpo; assim, quando temos pensamentos tóxicos, os quais chegam com grande carga de energia tóxica ligada a eles que perturba o equilíbrio na mente não consciente, ela nos envia sinais de alerta como depressão e ansiedade ou aquela sensação irritante de que algo está errado.

Bem semelhantes a uma criança pequena que foi mantida dentro de casa por muito tempo e quando sai é como uma bola de energia sendo liberada, esses sinais confinados podem manifestar-se muitas vezes em sintomas físicos como tensão muscular, descargas de adrenalina, dores de cabeça e sintomas gastrointestinais. Tão logo esses sinais de alerta físicos e emocionais entram na mente subconsciente, estimulam-nos a ouvir, dizendo: *Há um problema de pensamento ocorrendo aqui que necessita de atenção consciente!* Precisamos aprender a ouvir e entender esses sinais, entrando em contato com a mente não consciente, porque ela tem o poder de organizar nosso espaço mental.

A mente não consciente também monitora o equilíbrio emocional em nosso espaço mental e físico, sempre lutando por coerência entre as diferentes partes da mente. Como já mencionei, ela faz isso estimulando a mente consciente, enviando pensamentos saudáveis de alta energia ou pensamentos tóxicos à mente subconsciente. Quando passamos a pensar de modo deliberado, intencional e autorregulado, entramos em sintonia com a mente subconsciente, o que nos leva mais fundo até a mente não consciente. É assim que descartamos nossos hábitos

ORGANIZE SUA DESORDEM MENTAL

tóxicos problemáticos e traumas que drenam nossa energia física e mental, o que é o primeiro passo para lidar com eles. Equilibramos a energia tóxica com a energia positiva quando aceitamos, processamos e reconceituamos nossos pensamentos.

É importante lembrar que em todo esse processo a energia nunca é perdida, mas sempre transferida — essa é a lei básica da física. A energia tóxica cria uma agitação confusa no cérebro, cuja consequência é um desequilíbrio na mente não consciente. Isso, por sua vez, cria um desequilíbrio no cérebro que será detectado por um EEGq (lembra-se dos mapas da cabeça vermelhos e azuis?) Essa energia tóxica acumula-se se não for tratada e, com o tempo, acaba por explodir, afetando nossa mente em ação de forma violenta e descontrolada.

> Quando passamos a pensar de modo deliberado, intencional e autorregulado, entramos em sintonia com a mente subconsciente, o que nos leva mais fundo até a mente não consciente.

A energia tóxica precisa ser transferida da mente não consciente para o subconsciente e depois para a mente consciente. Tenho certeza de que você já sentiu isso de alguma forma. Por exemplo, você fica tão zangado e tão cansado por causa do comportamento de alguém a ponto de dizer ou fazer coisas muito negativas: você desmorona e não consegue lidar mais com isso. As explosões violentas podem ser sentidas em forma de prostração, ansiedade extrema, depressão, comportamento obsessivo-compulsivo, estresse pós-traumático, surtos psicóticos, frustração crescente, sensação de tristeza que não desaparece, doença física ou uma mistura de tudo isso, que é chamada de *comorbidade*. Todos nós sentimos essas explosões em diferentes formas e em diferentes períodos de tempo,

A mente interconectada

porque nossas experiências e a maneira como as vivenciamos são únicas. A boa notícia é que, quando aceitamos esses sinais da mente não consciente, podemos fazer algo a respeito deles antes que causem mais problemas físicos e mentais.

Lidar com nossos pensamentos tóxicos e traumas significa que toda essa energia turbulenta, caótica e tóxica precisa ser transferida do pensamento negativo para o pensamento saudável e reconceituado, a fim de restaurar a mente ao equilíbrio e à coerência. Em essência, nossa mente não consciente se assemelha a uma governanta de primeira classe: está sempre à procura de distúrbios tóxicos, arrancando-os pela raiz e dando dicas à mente subconsciente por meio de sinais de alerta emocionais e físicos.

Os pensamentos tóxicos são então transferidos para a mente consciente, onde reunimos informações a respeito deles. Isso significa que quem reuniu as informações (você) precisa atrair o pensamento tóxico para a mente consciente. Assim que ele se instala na mente consciente, a neuroplasticidade direcionada entra em ação, e as ramificações das proteínas que retêm as informações da memória em frequência vibracional enfraquecem. É então que o pensamento se encontra no ponto mais fraco e pode ser reconceituado, e é por esse motivo que continuo a falar sobre *aceitar nossos problemas*: precisamos enfrentá-los e tomar conhecimento deles — isto é, nos conscientizar deles — reunindo informações dos sinais em nossa mente subconsciente. Tão logo fazemos isso, podemos tirar o elemento tóxico da mente não consciente e levá-lo à mente consciente, onde ele fica enfraquecido e maleável. Só então podemos processar e reconceituar essa mentalidade e seguir em frente. É difícil e às vezes muito doloroso, mas podemos encontrar força em nossa fraqueza.

ORGANIZE SUA DESORDEM MENTAL

É importante também lembrar que descartar pensamentos tóxicos não é a única virtude da mente não consciente. É também onde encontramos *insights* inteligentes (aqueles momentos do *ah! ah!*), temos discernimento e somos capazes de ser prudentes e lógicos a respeito de qualquer situação. É a origem de nosso raciocínio lógico, presciência e percepção tardia. Assim, quando sintonizamos a mente não consciente, podemos fazer uso de todos esses bons elementos.

Há ainda outra parte no nosso relacionamento com a mente não consciente. Nela, podemos ter acesso a bons pensamentos e usá-los de múltiplas maneiras, como recordar bons momentos passados com uma pessoa querida para nos acalmar ou para lidar com sofrimento, recordar um tempo em que vencemos o desafio e criamos coragem para seguir em frente e lembrar-nos de informações vitais para uma prova depois de estudar muito. Todos os pensamentos com suas memórias informativas e emocionais podem ser reconsolidados quando nos conscientizamos deles; isto é, quando nos lembramos deles a partir da mente não consciente. E, quando as memórias voltam para a mente não consciente, são sempre mais complexas que antes, como passar uma camada de tinta sobre a pintura. Você simplesmente não acrescenta informações ao pensamento nem tenta cancelá-lo com outro pensamento. Ao contrário, você reformula as memórias no pensamento para serem menos dolorosas e mais manejáveis. Sua história está incluída na nova memória, mas em uma versão *kintsugi*.

> Por meio da mente não consciente, podemos ter acesso a bons pensamentos e também a pensamentos tóxicos.

[*Kintsugi* significa] marcenaria dourada; refere-se à arte japonesa de restaurar peças de cerâmica quebradas emendando as partes

A mente interconectada

com verniz pulverizado ou misturado com pó de ouro, prata ou platina. Como filosofia, trata a quebra e a restauração como parte da história de um objeto em vez de algo a ser disfarçado.[3]

Em minha pesquisa, chamo isso de "reconceituação criativa".[4] Quando você domina o poder que está em sua mente não consciente, é capaz de fazer progressos mentais e emocionais na vida. Dessa forma, você pode recriar pensamentos ativamente e reformular o pensamento todo no interior de sua mente.

Amo o fato de que, aconteça o que acontecer, podemos usar nossa mente para mudar nossa mente. Ser capaz de recriar significa poder. Significa que podemos sempre refazer. Amo também o fato de que temos essa habilidade de nos relacionar com outras pessoas por meio da mente. Na verdade, trata-se de uma grande responsabilidade, porque espelhamos literalmente as emoções e experiências das outras pessoas se prestarmos atenção nelas. Se os outros estiverem deprimidos, por exemplo, e focarmos nisso, nosso cérebro refletirá a depressão. E, se passarmos um bom tempo com essas pessoas, haverá boas chances de ficarmos deprimidos também se não protegermos nossa mente, escolhendo processar e desviar a depressão de modo deliberado e consciente.

Isso não significa que não devemos ter empatia. De fato, nossa empatia aumenta porque, ao notar o efeito que o humor de uma pessoa tem sobre nós, estamos nos sintonizando com ela, e, quando desviamos esse humor, mantemo-nos fortes o suficiente para ajudá-la. Não podemos ajudar ninguém se

---

[3] Kintsugi. **Wikipedia**. Disponível em: <https://en.wikipedia.org/wiki/Kintsugi>. Acesso em: 20 ago. 2020.

[4] Leaf, Caroline. The Mind Mapping Approach: A Model and Framework for Geodesic Learning. Tese de doutorado não publicada. Pretória, África do Sul: University of Pretoria, 1997.

ORGANIZE SUA DESORDEM MENTAL

estivermos sobrecarregados. Da mesma maneira, se passarmos tempo com pessoas felizes, nosso cérebro refletirá as expressões e ações delas, e nosso humor melhorará!

Tudo aquilo em que você mais pensa é o que mais cresce

O que quer que tenha mais energia em sua mente não consciente reflete naquilo em que passamos mais tempo pensando. *Tudo aquilo em que mais pensamos é o que mais cresce porque lhe destinamos mais energia.* Assim como uma planta necessita de água para crescer, o pensamento necessita de energia para crescer.

Os pensamentos são reais. E, como todas as coisas reais, geram energia: pacotinhos de energia chamados *fótons*, que são as partículas fundamentais da luz. Albert Einstein descobriu essa lei (efeito fotoelétrico) e ganhou o Prêmio Nobel de física em 1921 por esse trabalho.

Apesar de todos nós sermos afetados pelos fótons de várias maneiras, talvez você nunca tenha pensado neles em relação a seus pensamentos, de modo que vou lhe dar um exemplo. Você vê alguém agredindo outras pessoas e de repente dá um passo para trás sem perceber e sente-se perturbado. É como se o pensamento do agressor estivesse atirando algo em sua direção. Seja o que for que você sinta, é a energia tóxica do pensamento daquela pessoa — e é real.

> Tudo aquilo em que mais pensamos é o que mais cresce porque lhe destinamos mais energia.

A energia mental suga o pensamento dos outros. Pense em conviver com uma pessoa que está constantemente deprimida ou com sentimentos negativos e imagine como

A mente interconectada

você se sente quando está perto dela. O medo multiplica o medo. A mente medrosa produz probabilidades de medo. A mente deprimida gera possibilidades de depressão. E o mesmo pode ser dito em relação ao lado positivo. A mente entusiasmada produz possibilidades de entusiasmo. A mente alegre gera possibilidades de alegria. E por aí vai. Somos o que pensamos, e aquilo em que mais pensamos é o que mais cresce.

É por isso que precisamos discernir com quem devemos conviver e a quem devemos ouvir. Podemos melhorar ou prejudicar literalmente uns aos outros. Quando permitimos inadvertidamente que outra pessoa preencha nossa mente com seus pensamentos, colocamo-nos nas mãos dela. A energia dos pensamentos dela é real, e precisamos nos proteger se essa energia for negativa ou agarrá-la com as duas mãos se for positiva. Os pensamentos e as ideias dos outros, incluindo o que ouvimos, lemos e observamos, têm o poder de exercer influência controladora em nosso pensamento, sentimento e escolha — se assim permitirmos.

No entanto, é interessante notar que as memórias formadas a partir de experiências compartilhadas diminuem dentro de 24 a 48 horas porque as proteínas das quais elas são feitas se tornam voláteis. Isso significa, em essência, que se transformam em energia de calor, o que é ótimo para experiências negativas, mas, para manter e sustentar um embate positivo, precisamos focar nisso por longos períodos de tempo a fim de conservar o benefício.

Da mesma forma, o que fazemos com nossa mente, palavras, atitudes ou crenças afeta as pessoas ao nosso redor. Alguém já lhe disse que há uma nuvem negra pairando sobre sua cabeça e que foi afetado por isso? Ou que você está produzindo um ambiente

ORGANIZE SUA DESORDEM MENTAL

tóxico de trabalho por permitir que seu estresse afete todos os outros funcionários? Há uma energia verdadeira emitida por seus pensamentos, e ela afeta os outros ao redor.

> *Dra. Leaf, preciso lhe contar uma coisa: fiquei muito zangada hoje depois de ter enfrentado um problema insignificante comigo mesma. A princípio, agi com raiva, mas depois me sentei e usei os 5 Passos para analisar por que fiquei tão zangada. Acalmei-me e consegui reconceituar e resolver a situação antes que piorasse. E não guardei raiva dentro de mim!*
>
> SANDRA

Você não pode derrotar a escuridão se fugir dela nem pode vencer seus demônios interiores se os esconder do mundo. Para derrotar a escuridão, você precisa trazê-la à luz.

SETH ADAM SMITH

PARTE 2

A APLICAÇÃO PRÁTICA DO NEUROCICLO

CAPÍTULO 8

Os 5 Passos do Neurociclo

*Na era da tecnologia, há acesso constante a uma
quantidade imensa de informações. O cesto está transbordando;
as pessoas se sentem sobrecarregadas; o olho do furacão não
está em grande parte no que se passa no mundo, mas no
modo confuso como pensamos, sentimos, digerimos
e reagimos diante do que está acontecendo.*

CRISS JAMI

Quadro geral

- O gerenciamento mental, quando feito de modo correto, ajuda a facilitar a "conversa" entre a mente consciente, subconsciente e não consciente.

- Não somos prisioneiros do conteúdo de nossa mente, não importa se venha na forma de um pensamento ansioso, de uma sensação de depressão e/ou de uma lembrança dolorosa.

- O Neurociclo desenvolve a memória de modo eficaz e integrado, ajudando-nos a controlar o conteúdo de nossa mente.

- Os 5 Passos funcionam como uma empresa de entregas, que trabalha sem se importar com o conteúdo da encomenda, de onde vem ou para onde vai. De forma semelhante, os 5 Passos do gerenciamento mental trabalham sem se importar com o tipo de conteúdo, de onde vem ou para onde vai.

ORGANIZE SUA DESORDEM MENTAL

Problemas de saúde, questões de dinheiro, dificuldades nos relacionamentos, síndrome do impostor,[1] excesso de tecnologia, carga pesada de trabalho, cuidado de terceiros, doença na família, pandemia... há muitas coisas que nos deixam ansiosos, deprimidos e estressados. Apesar de termos feito muitos avanços como espécie humana, a vida moderna apresenta pressões e problemas únicos. Como resultado, estilos de vida e longevidade foram afetados.

Essa, porém, não precisa ser a sua história. Com soluções científicas, clinicamente pesquisadas e práticas para o controle preventivo, proativo e estratégico da mente, vou ensiná-lo a desenvolver e cultivar o poder de seus pensamentos e a direcionar mudanças no cérebro. O gerenciamento mental, quando feito de modo correto, ajuda a facilitar a conversa entre a mente consciente, subconsciente e não consciente. Isso, por sua vez, faz as ondas cerebrais fluírem de modo saudável, otimizando a função cerebral. Você define o ambiente para seus telômeros crescerem, aumentando a idade das células. Aprende a controlar a fisiologia de seu corpo e a neurofisiologia de seu cérebro. E adquire controle sobre sua saúde mental.

> O gerenciamento mental, quando feito de modo correto, ajuda a facilitar a conversa entre a mente consciente, subconsciente e não consciente.

Podemos aprender a moldar nossas reações e a organizar nossa desordem mental. Quando nos conscientizamos de nosso poder mental, podemos detectar e controlar pensamentos intrusivos que provocam caos

---

[1] Desordem psicológica em que a pessoa tem dificuldade de reconhecer suas capacidades e estimula a autossabotagem, receosa de que as outras pessoas descubram que ela não é boa o suficiente, não importa em que aspecto da vida. [N. do R.]

em nossa mente, aqueles pensamentos ruminantes, do tipo "roda do *hamster*" que não vão a lugar nenhum e nos fazem sentir piores. Podemos aprender realmente a ouvir e sintonizar o modo como pensamos, sentimos e escolhemos, e como os outros pensam, sentem e escolhem, literalmente desenhando e customizando como reagimos a pessoas e eventos.

De fato, cada momento do dia necessita de gerenciamento mental, porque cada momento ativa o próximo, com repercussões mentais e físicas significativas; com a mente, você pode conduzir o cérebro em uma direção organizada ou desorganizada. O modo como você usa a mente pode reconstruir e fortalecer seu cérebro, mesmo quando você passou por traumas na vida. Você pode manter o cérebro sob controle, seja qual for seu passado e seja qual for seu presente. Pode detectar e controlar pensamentos e reconceituar seu modo de pensar.

O caso da "banheira de hidromassagem"

Temos uma banheira de hidromassagem e gosto de usá-la para fazer uma pausa e cuidar da minha mente. Depois de um longo dia de trabalho pesado e de uma sauna, adoro tomar um banho quente e demorado. Certa noite, enquanto me divertia com as bolhas de sabão a meu redor, percebi que um dos lindos brincos de brilhante que meus filhos me deram de presente no dia de meu aniversário havia caído dentro da água! Eu precisava encontrá-lo antes que ele descesse pelo ralo, que, com o susto, destampei sem querer quando percebi a falta de um dos brincos. O som da água saindo pelo ralo não ajudou a me acalmar. Imaginei o brinco desaparecendo e eu tendo de contar aos meus filhos o que acontecera. Completamente agitada, tateei entre as bolhas de sabão para alcançar o ralo antes que a banheira se

ORGANIZE SUA DESORDEM MENTAL

esvaziasse, e depois tive de esperar que as bolhas de sabão desapareçessem até eu poder ver se o brinco havia descido pelo ralo.

No meio de toda aquela espuma e de minha confusão mental, saí da banheira e gritei chamando Mac, meu marido, para que ele "destruísse aquelas bolhas de sabão idiotas" e fui ficando cada vez mais frustrada enquanto esperava enxergar alguma coisa. Escorreguei no piso molhado, que agora estava coberto de espuma, e machuquei o joelho. Acabei gritando com Mac como se todo aquele problema fosse culpa dele. *Por que ele não me lembrou de tirar os brincos antes de eu entrar na banheira?*

Quando conseguimos controlar a espuma, nós dois seguramos a respiração enquanto procurávamos encontrar o brinco na água. Mac viu primeiro e agarrou o brinco. Suspiramos de alívio — eu por ter encontrado o precioso presente dado por meus filhos, e Mac porque meu acesso de raiva terminara e ele poderia voltar para ver o fim do filme *Coração valente* pela 30ª vez.

Eu me dei conta de muitas coisas naquela aventura com as bolhas de sabão. Primeiro, eu poderia ter perdido o brinco com facilidade, porque não percebi imediatamente que ele havia caído e que eu precisava **reunir** informações relevantes. Segundo, ao **refletir**, a sensação de pânico foi uma reação normal naquelas circunstâncias — a raiz do pânico foi o medo de perder algo especial. Para resolver o problema, eu precisava ter um plano, fazer alguma coisa — precisava de atitudes claras e lógicas. Em seguida, minha cabeça entrou em uma espécie de modo **escrever**, criando um plano de ação que me fizesse sair do modo medo congelante. Quando fiz isso, tive de **verificar** se meu plano daria certo, porque o momento exigia mais tempo e esforço do que o esperado para destruir sozinha aquela montanha de bolhas de sabão. Decidi **tomar uma atitude** e pedir ajuda a meu marido (embora eu tenha ficado um pouco frustrada no início!).

Portanto, enquanto procurava por meu brinco, segui estes 5 Passos:

1. Reunir
2. Refletir
3. Escrever
4. Verificar
5. Tomar uma atitude

Trata-se de um exemplo bobo, eu sei. Mas é uma forma útil de entender como os 5 Passos funcionam. É claro que *esses passos* não são bobos, e compartilho esta história simples para lhe mostrar como a neuroplasticidade pode ser autodirecionada.

Não somos prisioneiros do conteúdo de nossa mente, não importa se ele vem na forma de um pensamento ansioso, uma sensação de depressão ou uma lembrança dolorosa. O gerenciamento mental nos liberta. Embora esses 5 Passos requeiram um pouco de tempo e esforço, no fundo são simples e gratificantes e podem ser dominados com o tempo. Na verdade, quanto mais você os utiliza, mais fácil eles se tornam e mais você se adapta à questão de gerenciar sua mente e estilo de vida.

A maioria de nós conhece os fundamentos de um bom estilo de vida. Precisamos adquirir bons hábitos, como interagir com os outros de maneira profunda e significativa, ingerir alimentos naturais, exercitar-nos regularmente e controlar o estresse para ter saúde. Então, onde os 5 Passos se encaixam no bom estilo de vida? Tenho certeza de que você sabe. Uma coisa é saber o que fazer, outra, totalmente diferente, é fazer. Os 5 Passos são, no fundo, um *sistema de entrega*. Eles entregam a encomenda do conhecimento ao seu cérebro e corpo de forma que, em vez de você saber que alguma coisa é boa para você, pode, de fato, ter uma vida boa.

ORGANIZE SUA DESORDEM MENTAL

Isso significa que você pode aprender a usar sua mente para disciplinar sua mente (seu pensamento, sentimento e escolha), ou seja, em vez de *saber* quais são as boas decisões para seu estilo de vida, você passa realmente a *tomar* boas decisões para seu estilo de vida.

O Neurociclo apresenta uma forma de *acessar e direcionar a mente por trás do modo de pensar*. Isso significa que podemos aprender a gerenciar a mente por trás de nossas lutas diárias, das coisas que nos cegam, de nossos traumas, da alimentação, do plano de exercícios físicos e assim por diante. Se sua mente não estiver certa, nada mais estará certo, porque sua mente está por trás de tudo o que você faz. Lembre-se: você não pode passar nem sequer três segundos sem pensar!

Os princípios fundamentais do Neurociclo

Conforme já mencionei, os 5 Passos se assemelham a fazer uma cirurgia em nosso próprio cérebro. Quando você direciona sua mente em ação, muda para melhor seu cérebro e seu espaço mental, liberta-se dos pensamentos tóxicos e cultiva pensamentos e hábitos bons e saudáveis.

Os princípios fundamentais dessa ferramenta para gerenciamento mental, o Neurociclo, são aceitar, processar e reconceituar. E os 5 Passos são os "instrumentos cirúrgicos" para fazer isso.

- O Passo 1 (Reunir) envolve **aceitar** o pensamento tóxico, o hábito ou o trauma (*fazer uma incisão com o bisturi*).
- Os Passos 2 e 3 (Refletir e Escrever) dizem respeito a **processar** (*realizar a cirurgia*).
- Os Passos 4 e 5 (Verificar e Tomar uma atitude) correspondem a **reconceituar** (*concluir e curar*).

Aceitar significa reconhecer, enfrentar, concordar e reunir, com boa vontade e cautela, informações dos sinais de alerta físicos e emocionais que o cérebro e o corpo enviam a você.

Processar é a parte da "autópsia mental" da cirurgia mental e exige pensamento profundo, intencional e focado, que força a ligação entre a mente consciente e a mente não consciente.

Reconceituar significa redesenhar o pensamento, o sentimento e a escolha por trás dos pensamentos, aprendendo com as lições do passado. Ao reconceituar um pensamento, você examina as informações, emoções e escolhas que provocaram aquele pensamento. Fazendo isso, você vê o que aconteceu ou algo em que estava pensando por um novo ângulo, por outra perspectiva que torna o problema administrável, para que você não se sinta mais paralisado pela dor — o nível do distresse emocional muda.

A reconceituação ajuda a criar um pensamento substituto que tem as lições do pensamento tóxico como seu fundamento. Ela literalmente redesenha seu modo de pensar e seu cérebro, capacitando você a seguir em frente. Tenho certeza de que você já teve essa experiência muitas vezes na vida, mas talvez não conheça as ações ou a ciência por trás disso. Pense em uma ocasião em que você passou por um grande problema, conseguiu vencer e então, quase instintivamente, sentiu a necessidade de contar sua história para ajudar outras pessoas, porque seu processo de reconceituação transformou grandemente sua vida.

Quando penso em reconceituação, lembro-me de uma jovem que conheci, cujo marido havia morrido em um furacão. Ela viu a cabeça dele ser separada do corpo por escombros arrastados pelo vento. Trata-se de um trauma inimaginável, do qual nunca conseguimos nos recuperar. No entanto, em meio à dor e ao sofrimento, ela escolheu reconceituar essa experiência ao aceitar que jamais se recuperaria desse trauma terrível, mas sabia que precisava encontrar uma forma de transformá-lo em algo com que pudesse lidar. Decidiu dedicar toda a sua energia para ajudar outras pessoas a lidarem com o sofrimento.

A reconceituação pode aplicar-se a traumas sérios como esse, bem como às lutas do dia a dia. Segue um exemplo de algo que não é tão extremo. Meu marido, Mac, e eu trabalhamos juntos, o que significa que estamos juntos o tempo todo. Tive de me autorregular e usar os 5 Passos para passar pelo processo de reconceituação no que se refere às reuniões, porque ele tem a mania de me interromper. Eu ficava realmente irritada e mal-humorada, mas reconceituei da seguinte forma. Em vez de pensar: *Ele não ouve e fica me interrompendo*, passei a pensar: *É melhor dar atenção ao que ele está perguntando, ouvir o que precisa ser ouvido e pedir-lhe, com delicadeza, que não me interrompa*. Alterei o modo como eu via o que ele estava fazendo e passei a ouvi-lo de forma diferente, e isso mudou tudo a respeito de nossas discussões, e para melhor. Mac passou a ser muito atencioso. Espera eu terminar meu pensamento antes de fazer perguntas. E eu respondo com paciência e bondade. Foi uma pequena mudança que produziu ótimos resultados. Mas, para funcionar, tive de usar o Neurociclo durante 63 dias. Agora se tornou um hábito.

Ao longo deste livro, há testemunhos de pessoas que tiveram a vida mudada de várias maneiras depois de usarem os 5 Passos. Leia-os para se sentir encorajado, principalmente em tempos difíceis. Da mesma forma que essas pessoas, você conseguirá vencer o sofrimento! Na verdade, sempre que receber bons conselhos ou dicas de um amigo, um conselheiro ou uma pessoa querida, inclua-os nos 5 Passos, para que você possa aprender a usá-los em sua vida, não apenas ouvi-los e dizer: "Ah, que maravilha! Preciso seguir esses passos". É o que faço o tempo todo!

Aceitar, processar e reconceituar

Assim, ao usar o Passo 1 (Reunir), você **aceita** o sentimento de ansiedade ou depressão como um sinal de alerta emocional de que algo está acontecendo. Também entra em sintonia com os sinais de alerta físico de estresse, como palpitação, dor de cabeça ou dor de estômago. Você aceita as informações vinculadas às emoções. E faz isso celebrando, não por estar feliz com as lembranças dolorosas, mas porque agora você se conscientizou delas, o que significa que pode mudá-las. A celebração é pela mudança!

Aceitar é uma das tarefas mais difíceis porque exige admitir que estamos em luta para enfrentar a questão, o pensamento ou o sentimento. Nosso ego é desafiado, e nosso senso de conforto e segurança é ameaçado. É nesse ponto que muitas pessoas correm na direção contrária, por medo, culpa ou vergonha decorrente da prática incorreta de permitir que as emoções façam parte de sua identidade. No entanto, é exatamente essa conscientização que instrui o corpo a liberar substâncias químicas específicas e ligar e desligar genes, direcionando melhor o fluxo de frequências de energia diferentes do cérebro. Isso chega a aumentar o fluxo de sangue e oxigênio para a parte frontal do cérebro, ajudando a restaurar o estrago da intensidade emocional do trauma e do estresse crônico não controlados. A seguir, algumas dicas simples para tornar a aceitação um pouco mais palatável.

1. Admita que as emoções, pensamentos, traumas e experiências do passado não são sua identidade. Por exemplo, você está desafiando os *sentimentos* de vergonha, não dizendo que você *é* uma vergonha.

ORGANIZE SUA DESORDEM MENTAL

2. Aceite que o sofrimento não é negociável durante o processo de cura. Diga a si mesmo que um dia ele terminará, mesmo que você não sinta isso no momento.

3. Lembre-se de que você nunca está sozinho nesta jornada e que merece o amor e o apoio que pessoas queridas lhe dão quando você pede ajuda.

4. Lembre-se de experiências difíceis no passado que você superou, apesar do medo ou da incerteza.

5. Tenha em mente que essa parte dolorosa não vai durar para sempre e que, quanto mais cedo você aprender a aceitá-la, mais cedo sairá dela.

6. E o melhor de tudo — assim que você aceita a situação, o pensamento enfraquece e entra em processo de mudança —, mesmo que você não sinta. Nosso sistema nervoso e nosso sistema não consciente mudam antes de termos consciência dessa mudança e de a experimentarmos na vida.

O fato de você não aceitar seus sentimentos não os faz desaparecer. Se eles não forem aceitos, entrarão em seu corpo, células, DNA e mente e um dia explodirão de forma violenta — não há nenhuma chance de isso não acontecer. Negar a existência das emoções ou pensamentos é um mecanismo de defesa que pode ajudar você a evitar desconforto por uns tempos, mas não promove cura e, um dia, o levará a perder o controle.

Depois de aceitar, você passa para o estágio de **processar**, que diz respeito aos Passos 2 e 3 (Refletir e Escrever). Esse estágio envolve refletir profundamente usando as clássicas perguntas: quem, o que, quando, onde, por que e como. O ato de escrever esses pensamentos desempenha um papel fundamental na organização de seu modo de pensar, a fim de identificar a perspectiva e encontrar a raiz, a origem do pensamento, do sentimento e da escolha por trás deles. Essa reflexão profunda e o registro no papel são boas oportunidades de usar muitas das técnicas da neuroplasticidade direcionada sobre a qual falaremos no Capítulo 9.

O estágio de processamento é também um esforço emocional intenso, principalmente quando lidamos com traumas. Portanto, tenha cuidado para não comparar seu processamento com o de outra pessoa ou definir um prazo final para que ele se encerre. Por exemplo, talvez você necessite de várias sequências de ciclos de 63 dias para resolver as cicatrizes mentais profundas que tem evitado há algum tempo. Não pense que é obrigatório lidar com seus problemas dentro de um ciclo de 63 dias ou de um limite que você impôs a si mesmo, porque isso o levará ao fracasso.

Depois de processar, você passa a **reconceituar** esse pensamento, que inclui o Passo 4 (Verificar) e o Passo 5 (Tomar uma atitude). Para fazer isso, você deve avaliar o que escreveu, que é uma forma de examinar seu comportamento e comunicação: que efeito tiveram sobre sua vida, de onde vieram e de que outras maneiras você pode percebê-los, para que o impacto em sua vida seja neutralizado.

É importante lembrar que *você* controla esse processo. Na verdade, você o direciona, porque essa é a sua experiência de vida. Use as técnicas da neuroplasticidade direcionada mencionadas aqui para facilitar o processo. O objetivo da reconceituação é iluminar a mudança e honrar o processo de ser humano e de viver. *Não* é um esparadrapo aplicado em cima de uma ferida profunda, não se assemelha ao processo de remover uma tatuagem, não é a criação de um pensamento competitivo "correto" que, se for lembrado com frequência, terá precedência sobre o pensamento tóxico. Reconceituar o reconhecer e remover as correntes que o amarram ao passado é o julgamento tornando-se testemunho.

É incorporar sua história, que agora está redesenhada (com o sofrimento aceito e neutralizado); é não ignorar ou reprimir aquilo pelo qual você passou, mas honrar o passado pelo amadurecimento que ele trouxe à sua vida e incorporar essa mudança ao seu cotidiano. Isso transforma suas falhas, seus erros e seu sofrimento em uma arma secreta — algo valioso que você conquistou ao amadurecer e aprender a amar sua história.

Os japoneses têm um conceito brilhante que define o significado de reconceituação, chamado *kintsugi*, mencionado antes. É a arte de restaurar peças de cerâmica quebradas com verniz pulverizado ou misturado ao pó de ouro, prata ou platina. Uma peça de cerâmica quebrada é restaurada em vez de ser descartada e transforma-se em um belo objeto sem igual — as rachaduras são emendadas com uma camada de ouro formando desenhos maravilhosos que destacam a peça em vez de escondê-la.

Um terapeuta, líder espiritual, conselheiro ou *coach* não sabe o que é melhor para você, embora possa ajudá-lo a descobrir sozinho. Mas somente você conhece verdadeiramente sua experiência. Você é o especialista quando se trata da sua vida. A maneira mais eficiente de utilizar algo como a terapia é encará--la como um meio para solucionar um problema com a ajuda de um parceiro — emendar as rachaduras do vaso de cerâmica com uma camada de ouro, que foi o que fiz com meus pacientes em meus vinte e cinco anos de prática clínica. No entanto, agora é possível usar os 5 Passos, que ensinam como *você* pode controlar sua mente o dia inteiro. É o que você faz entre a terapia, o *coaching* ou as conversas com um amigo ou pessoa querida, e é como enfrenta seu dia.

A melhor maneira de extrair o máximo de sua mente é usar o Neurociclo diariamente. Em minha prática e meus ensaios clínicos, os pacientes ou participantes que **puseram em prática** esses 5 Passos de modo rigoroso e consistente durante períodos de 63 dias foram os mais beneficiados em termos de redução da ansiedade e depressão, questões de aprendizado e assim por diante. Os 5 Passos os ajudaram a sentir-se mais preparados para enfrentar os desafios e lidar com os problemas.

Aprofundando-se nos 5 Passos do Neurociclo

O Neurociclo é um processo científico de 5 Passos que ajuda você a usar sua mente e seu cérebro de uma forma que direcione a neuroplasticidade em seu benefício e, por conseguinte, melhore a saúde de sua mente, de seu cérebro e de seu corpo.

Os 5 Passos direcionam a neuroplasticidade do cérebro. São as etapas pelas quais a mente passa, porque ajudam a formar e desintoxicar pensamentos, o que muda a estrutura do cérebro. São, portanto, a ciência do pensamento traduzida em um processo muito simplificado. Cada um desses passos se baseia em pesquisa neurocientífica sobre como formamos os pensamentos e as memórias, que são coisas reais, no cérebro. Percorrer esses passos sequencialmente é um processo que chamo de *neurociclagem*.

Quando você deve usá-lo? O tempo todo, porque você está sempre usando a mente! Você não consegue passar três segundos sem pensar: o Neurociclo o ajuda a dominar a mente em ação e ser o chefe de seu cérebro. É uma forma de dominar o poder do pensamento.

A maneira mais fácil de entender os 5 Passos é voltar ao Capítulo 7, no qual apresento a árvore do pensamento, representada por uma imagem. Observe os galhos e depois o tronco da árvore e as raízes. No Passo 1, você reúne as informações dos galhos e folhas, que são seus comportamentos e as emoções a eles vinculadas. No Passo 2, você foca a árvore inteira para tentar encontrar sentido — os galhos, o tronco e as raízes ou o detalhe de seus comportamentos e emoções, qual perspectiva eles trazem e de onde se originam.

No Passo 3, você escreve. Esse é o processo revelador de trazer as memórias dos pensamentos à tona e à mente consciente. O Passo 4 envolve o processo de podar e enxertar com base nas descobertas feitas nos passos 1 e 2, semelhante ao processo *kintsugi* mencionado anteriormente. O Passo 5 inclui estabilizar e consolidar, e nele você permite que a nova planta se acomode antes de trabalhar nela e espera que as rachaduras sequem antes de aplicar mais uma camada de verniz com pó de ouro.

Agora vamos olhar um pouco mais detalhadamente para esses 5 Passos. O primeiro deles é **Reunir**. Significa escolher prestar atenção nos seus comportamentos (o que você diz e faz) e aumentar seu conhecimento consciente. Esse conhecimento passa a ser uma força direcionadora que instrui o cérebro a reagir em um nível químico, energético e genético. Você está literalmente empurrando a árvore do pensamento para a mente consciente a fim de poder lidar com ela, ao reunir informações sobre o que está acontecendo. Você somente pode mudar alguma coisa quando tem consciência dela — é por isso que a mente não consciente tenta chamar sua atenção enviando sinais de alerta físicos e emocionais por meio da mente subconsciente. Nunca menospreze esses estímulos, por mais que eles aborreçam você ou outra pessoa. Eles contêm uma riqueza de informações.

Os 5 Passos do Neurociclo

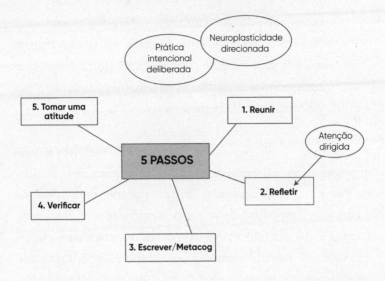

Com o Passo 1 – **Reunir**, você aceita as memórias físicas, emocionais e informativas interligadas dentro de seus pensamentos — começa a "puxar" os galhos, folhas, tronco e raízes da árvore. Esse passo força você a sintonizar os estímulos da mente não consciente. O objetivo é escolher prestar atenção e concentrar-se em seus comportamentos, particularmente nos sinais vindos da mente não consciente. Perguntas que podem ser feitas nesse passo incluem:

1. O que você está experimentando nesses cinco sentidos? Reúna informações desses sinais de alerta físicos que emergem de seu corpo.
2. Quais são as informações que estão borbulhando da mente não consciente para a mente consciente neste exato momento? Reúna essas informações, observando quantos pensamentos existem e no que consistem.
3. Que sentimentos estão ligados às informações contidas no pensamento? Em cada pensamento, há emoções que

fazem parte de sua estrutura — elas estão armazenadas na mente não consciente. Quando os pensamentos se movem para a mente consciente, sentimos as emoções correspondentes. Reúna as informações dos sentimentos vinculados a cada pensamento.

O Passo 2 do Neurociclo consiste em **Refletir**. É nele que você *pergunta*, *responde* e *discute* as informações reunidas no Passo 1 com as perguntas "o que, quando, onde, por que e como". O propósito desse passo é entender seus comportamentos e sua comunicação e como eles se relacionam com o que você está pensando, sentindo, escolhendo e experimentando para encontrar a origem, a raiz daquilo que você está sentindo.

Esse passo tem a finalidade de mudar seu foco dos comportamentos para o pensamento que motivou esses comportamentos, depois para a perspectiva e depois para a causa raiz. Isso desafia seu cérebro a mover-se em ritmo mais intenso, que é para isso que ele existe: para pensar de modo profundo e intelectual. Esse passo reflexivo torna o pensamento suscetível à mudança porque ativa as ondas theta, delta e gama de energia e enfraquece suas conexões na mente. À medida que seu *insight* aumenta a respeito do que está acontecendo, você pode começar a direcionar o fluxo de energia no cérebro que diz ao cérebro e ao corpo quais substâncias químicas devem ser liberadas, quais genes devem ser ativados e desativados, para onde as substâncias químicas devem fluir e, por fim, quais mudanças estruturais neuroplásticas, químicas e energéticas devem ocorrer no cérebro.

Outra maneira de executar o Passo 2, Refletir, é usar a técnica dos "5 por quês" criada por Sakichi Toyoda, o japonês inventor, industrial e fundador da Toyota. O método é simples: você pergunta a si mesmo "por que" 5 vezes como forma de aprofundar a reflexão até a causa raiz. No entanto, se você sentir a necessidade de usar mais de 5 vezes todas as perguntas "o que, quando, onde, por que e como", não haverá problema — não importa a ferramenta que você usar.

Para complementar, nesse passo você questiona o pensamento ou a emoção, perguntando a si mesmo: *Isto se baseia em fato ou em suposição? O que estou pensando é falso ou verdadeiro?* É comum causarmos a nós mesmos mais distresse mental do que o necessário, porque não paramos de questionar nossos pensamentos. Essas perguntas verdadeiramente liberam os pensamentos no cérebro, facilitando a reconceituação. Há outras perguntas para orientá-lo neste passo:

1. O que estou sentindo fisicamente quando reflito sobre meu pensamento? Tente descrever a sensação com todos os detalhes possíveis.
2. Qual é a informação contida em meu pensamento? Tente descrever com todos os detalhes possíveis respondendo às perguntas: o que, quando, onde, por que e como.
3. Que sentimentos estão vinculados às informações em meu pensamento? Tente descrever com todos os detalhes possíveis.

O Passo 3 consiste em **Escrever**. O cérebro produz ou "escreve" proteínas quando os genes são ligados ao pensamento, ao sentimento e à escolha. Quando você escreve o que pensou no Passo 2, a escrita consolida a memória e acrescenta clareza ao que você está pensando, permitindo-lhe identificar a área que precisa ser desintoxicada ou qual pensamento que precisa ser formado. Em essência, esse passo permite que você visualize seus pensamentos, trazendo à tona os pensamentos reprimidos do não consciente para serem reconceituados.

ORGANIZE SUA DESORDEM MENTAL

A escrita traz ordem ao caos porque "coloca seu cérebro no papel". Se não trouxermos à tona os pensamentos reprimidos, eles permanecerão enraizados na mente, causando dano mental e físico. Os pensamentos tóxicos possuem proteínas entrelaçadas incorretamente e um fluxo eletromagnético e químico desequilibrado com menos oxigênio e menos fluxo sanguíneo. São prejudiciais à saúde e podem provocar inflamação no cérebro, causando todos os tipos de problemas.

Uma pesquisa mostra que o ato de escrever é capaz até de melhorar a função do sistema imunológico![2] Vimos isso em nossos ensaios clínicos com o grupo experimental que utilizou todos os 5 Passos. Quando os participantes chegaram ao fim do Passo 3, sentiram uma queda estatisticamente significativa nos níveis de cortisol e homocisteína, um prenúncio de sistema imunológico saudável. Quando você escreve, estimula o fluxo de neurotransmissores do cérebro que ajudam a clarear seu modo de pensar. Você ativa uma área do cérebro composta pelos chamados gânglios basais (ou gânglios da base), que permitem a fluência cognitiva. Isso melhora a fluidez e o discernimento do raciocínio, e você começa a ver e entender coisas que não via nem entendia antes. A escrita pode ser feita em papel, no celular ou até em gravação de voz. Também pode ser realizada utilizando um processo chamado Metacog, uma forma incrivelmente eficaz de penetrar na mente não consciente e descobrir a causa raiz. Consulte o Apêndice B para saber mais sobre o Metacog.

O Passo 4 consiste em **Verificar** o que você escreveu. Trata-se de um *processo de edição* (podar e enxertar a árvore) para checar a precisão e encontrar padrões em seu modo de pensar,

---

[2] HAAS, Susan Biali. Journaling about Trauma and Stress Can Heal Your Body. **Psychology Today**, 7 dez. 2019. Disponível em: <https://www.psychologytoday.com/us/blog/prescriptions-life/201912/journaling-about-trauma-and-stress-can-heal-your-body>.

como se fosse uma autópsia mental. Você muda do "por que, o que" para mais perguntas do "como, quando". Esse processo lhe permite reconceituar o pensamento tóxico e transformá-lo em um hábito de pensamento saudável nos moldes da filosofia *kintsugi*. Nesse passo, você avalia o que escreveu no Passo 3 e considera o novo pensamento saudável que deseja criar. Você também se torna capaz de repensar sua reação às informações, avaliando como o pensamento tóxico está mudando para depois reconceituá-lo — pouco a pouco, dia após dia.

Há algumas perguntas para orientar você nesse passo:

1. O que estou sentindo fisicamente? Existe um padrão recorrente? Como esta experiência está ligada às informações e aos sentimentos de meus pensamentos?
2. Quais são os padrões das informações em meus pensamentos? Como posso reconceituar essas informações?
3. Que sentimentos estão ligados às informações dos pensamentos? Que padrões recorrentes percebo? Como posso reconceituar esses sentimentos?

O Passo 5 consiste em **Tomar uma atitude**. É aí que você *pratica*, *aplica* e *ensina* aquilo em que está trabalhando. Tomar uma atitude é a ação que você realiza durante o dia para pôr em prática o pensamento reconceituado, que se origina do Passo 4, Verificar. Você decide qual é a ação diária enquanto se dedica aos 5 Passos. Ela deve ser simples, rápida, eficiente e fácil de aplicar. Pode ser um exercício de respiração ou uma frase simples que você diz para se lembrar do que aprendeu com os quatro primeiros passos durante aquele dia. Pode ser tão simples como "pratique hoje não dizer *Se ao menos eu tivesse...*".

Você pode repetir o Passo 5, Tomar uma atitude, do dia anterior ou criar um novo; é você quem decide. O Passo 5 é

ORGANIZE SUA DESORDEM MENTAL

essencial porque mudança exige ação, não apenas informação. A aplicação é essencial ao progresso — é prática, e a prática aperfeiçoa.

Há algumas perguntas para orientá-lo nesse passo:

1. Qual é meu gatilho físico?
2. Quais são minhas informações reconceituadas?
3. Quais são meus sentimentos reconceituados?

Experimente agora mesmo criar um Passo 5, Tomar uma atitude, com suas respostas. Por exemplo: "Quando eu sentir o gatilho físico de _____, vou dizer a mim mesmo: _____ e escolher sentir _____".

Vamos encerrar esta parte analisando todas essas informações de maneira diferente: um quadro com os 5 Passos do Neurociclo e as reações correspondentes do cérebro, do corpo e da mente.

> *Amo todas as suas analogias, como as ondas do mar fazendo acordar e como isso se compara à nossa experiência de trauma. Tudo isso me ajudou a entender que eu era uma vítima e está tudo bem — que por muitos anos lutei contra pensamentos suicidas e autoestima baixíssima. Também sofri muito na infância. Quando tive essa visão, ela me ajudou a ser curada e me restaurou. Meu íntimo foi curado. Agradeço do fundo do meu coração.*
>
> Abi

Os 5 Passos do Neurociclo

Tabela 4 – Os 5 Passos do Neurociclo

Passo	Definição	Reação do cérebro	Reação do corpo (sinais físicos)	Reação da mente (sinais emocionais e informativos)
1. Reunir os sinais de alerta físicos, emocionais e informativos.	Conscientizar-se de todos os sinais de alerta físicos, informativos e emocionais que chegam à sua mente vindos do ambiente externo por meio dos cinco sentidos e entender o ambiente interno de sua mente. Esta conscientização autorregulada é o modo como você treina a si mesmo para conscientizar-se das informações contidas no pensamento.	Aumento da ponte alfa e da atividade na amígdala cerebral e no hipocampo. Os circuitos e colunas em torno dos gânglios basais (bem no meio do cérebro) levam o cérebro a um estado de expectativa, preparando-o para criar novas informações que chegam.	Aumento na atividade do eixo HPA; mudanças nos sistemas neuroendócrino, imunológico e cardiovascular. Reações: descarga de adrenalina, palpitações, músculos retesados, língua grudada no céu da boca, dores de cabeça, sintomas gastrointestinais etc.	A mente não consciente envia estímulos por meio da mente subconsciente na forma de sinais de alerta físicos, informativos e emocionais, que são sentidos como se fossem uma percepção flutuante, ansiedade, medo ou uma sensação de desconforto quase consciente, na ponta da língua.
2. Refletir sobre os sinais de alerta físicos, emocionais e informativos.[1]	Pensar profundamente a fim de entender, e ir além dos fatos e respostas estocados para armazenar importantes conceitos reconceituados e pensamentos estratégicos. Quando você reflete, concentra-se especificamente nas informações de um pensamento, nos sinais de alerta emocionais e físicos. Trata-se de um processo intelectual autorregulado, direcionado e profundo e de uma forma disciplinada de pensar que	Aumento da onda beta e explosão das ondas de energia beta alta e gama, predominantemente no centro e na parte frontal do cérebro, que acontece quando focamos nosso pensamento. Há também um aumento na energia alfa e theta à medida que a mente consciente e a mente não consciente são estimuladas a trabalhar juntas para trazer à tona a atividade não consciente – os pensamentos que conduzem você.	Atividade aumentada no eixo HPA, a reação do estresse.	A mente consciente e a mente não consciente trabalham juntas e muito próximas uma da outra enquanto você faz a autópsia mental no pensamento, dissecando suas emoções, informações e impacto físico. Quanto mais profundo for seu pensamento, mais eficiente será a autópsia mental.

[1] Você pode realizar os Passos 2 e 3 simultânea ou separadamente.

ORGANIZE SUA DESORDEM MENTAL

Passo	Definição	Reação do cérebro	Reação do corpo (sinais físicos)	Reação da mente (sinais emocionais e informativos)
	inclui regular a atenção, controlar a raiva e evitar que os pensamentos caóticos se movimentem de modo descontrolado pela mente.	A neuroplasticidade é dominante porque, quando você foca de modo consciente e deliberado o seu pensamento, começa a redesenhar a estrutura de seu cérebro.		
3. Escrever	O ato de escrever no papel (ou no celular/computador) traz clareza porque você está literalmente esvaziando seu cérebro no papel. Inicia-se um fluxo de neurotransmissores em seu cérebro que, na verdade, ajudam a clarear seu pensamento. Você ativa os gânglios basais do cérebro, o que permite fluência cognitiva ou pensamento claro.	Aumento na ponte alfa, portanto pode haver uma conexão perspicaz entre a mente consciente e a mente não consciente.	O ato de escrever permite a transferência de grande quantidade de energia ansiosa do corpo e do cérebro para a caneta ou outro instrumento de escrita.	O ato de escrever aumenta as sensações de autonomia e clareza, e o efeito é cumulativo – todos os dias você terá mais e mais clareza e ordem para organizar sua desordem mental.
4. Verificar os sinais de alerta físicos, emocionais e informativos.	Um processo revelador e empolgante e um passo progressivo de "seguir em frente"; rever onde você está e como está pode promover mudanças; você define quais mudanças deseja e pode planejar seu novo pensamento saudável para substituir o pensamento tóxico. Você vê de forma diferente os pensamentos tóxicos que criaram conflitos	"Cirurgia cerebral" importante que otimiza todas as frequências de energia do cérebro. Ativa especificamente a onda theta, uma onda de cura. Depois de completados, os três primeiros passos estimulam grande atividade neuroplástica, colocando seu cérebro em um estado altamente ativo e dinâmico.	Um passo positivo que aguarda solução. Parece seguro porque você equilibra o sistema nervoso e o cérebro e faze o estresse trabalhar a seu favor, não contra você.	Quando os pensamentos são ativados e trazidos à mente consciente, entram em um estado instável, o que significa que podem ser alterados. Quando uma memória se encontra nesse estado plástico, pode ser modificada, abrandada ou transcrita novamente e reconceituada pela interferência da síntese

204

Os 5 Passos do Neurociclo

Passo	Definição	Reação do cérebro	Reação do corpo (sinais físicos)	Reação da mente (sinais emocionais e informativos)
	internos intensos em sua mente, a ponto de causar desequilíbrios eletroquímicos radicais. Ao verificar, você não somente define como vai lidar com as circunstâncias, mas também pensa em suas reações, avaliando os níveis de toxidade e transcrevendo-os novamente. Embora os passos Reunir, Refletir e Escrever sejam extremamente importantes neste processo, o passo Verificar é um processo autorreflexivo cujo propósito é a libertação dos conflitos internos com o planejamento positivo de chegar ao fim. Trata-se de um passo construtivo e cumulativo que faz você enfrentar e superar o problema.	Este é o estado perfeito para se reconectar. Ao conscientizar-se de seu pensamento, você transcreve novamente, reconceitua e muda suas redes neurais subjacentes.		de proteína, um importante processo molecular na formação do pensamento.
5. Tomar uma atitude	Colocar em prática os pensamentos que acabaram de ser reconceituados e entrar no modo de ensaiar as coisas mentalmente é uma parte importante e diária do gerenciamento mental. Cada vez que você faz isso, muda a força da memória acrescentando energia; e, quanto mais energia houver, mais	A natureza de "fazer" do passo Tomar uma atitude resulta no descolamento dos galhos das árvores do pensamento e na religação de novos galhos. Há grande quantidade de ondas beta e gama enquanto você forma novas redes e à medida que o aprendizado ocorre. Os Passos	O fluxo de neuroquímicos como a oxitocina, que remodela, a dopamina, que aumenta a motivação e o foco, e a serotonina, que faz você se sentir bem. Essas substâncias químicas também enfraquecem os galhos tóxicos. A "cola" começa a afastar-se da árvore tóxica em direção à	A mente consciente trabalha ativamente com a mente não consciente para desenhar as novas árvores do pensamento.

Passo	Definição	Reação do cérebro	Reação do corpo (sinais físicos)	Reação da mente (sinais emocionais e informativos)
	impacto a memória terá em sua vida em termos de sua comunicação e seu comportamento.	1 a 4 afrouxam e enfraquecem os galhos, mas o Passo 5 os destrói literalmente. Veja como: os galhos dendríticos, com todas as informações e emoções neles contidas, estão ligados a um corpo celular com uma proteína semelhante à cola, como galhos enxertados no tronco de uma árvore. Há mais "cola" nos galhos que são mais usados; portanto, quando você desloca a atenção do pensamento tóxico negativo para o pensamento positivo, saudável e recém-substituído, três coisas acontecem. Os sinais eletromagnéticos e quânticos de sua decisão de mudar (1) atacam os galhos dos pensamentos tóxicos, (2) enfraquecem esses pensamentos tóxicos e (3) transferem a energia para o novo pensamento porque os sinais saudáveis são mais poderosos que os pensamentos negativos.	"árvore" do pensamento saudável e reconceituado.	

CAPÍTULO 9

Orientando seu cérebro para a mudança

Quadro geral

- Temos dentro de nós a habilidade de entrar em estado de autoconsciência que nos permite desenvolver um senso de controle harmonioso, um espaço mental necessário para enfrentar e superar as vicissitudes da vida.

- Essencialmente, quando você usa a habilidade de permanecer fora de si mesmo e observar seu próprio pensamento (MPA),[1] seus sentidos podem sintonizar no detalhe o "momento do agora" — uma experiência enriquecedora que ajudará você a se sentir mais feliz e em paz.

- As zonas de desconforto são os sinais de alerta físicos, emocionais e informativos provenientes das memórias físicas, emocionais e informativas contidas em um pensamento. Os sinais de alerta são convites para introspecção. Se você não puder fazer uma pausa para ouvi-los, perderá a oportunidade de obter informações preciosas que o ajudarão na cura.

- Além de poder reconectar nosso cérebro, podemos também regenerá-lo! Mudar nossa mente e nosso cérebro é uma tarefa muito mais fácil de fazer e mais comum do que pensamos — na verdade, nosso cérebro está sempre mudando, e nós podemos direcionar o rumo da mudança.

[1] Em inglês, Multiple Perspectives Advantage (Vantagem das Múltiplas Perspectivas). [N. do T.]

ORGANIZE SUA DESORDEM MENTAL

Para obter o equilíbrio ideal de energia no cérebro, o que facilita o fluxo ideal de sangue e oxigênio, você pode usar algumas práticas específicas e focadas em ajudá-lo a pensar nas coisas com mais clareza à medida que segue os 5 Passos.

Práticas da neuroplasticidade direcionada

As práticas da neuroplasticidade direcionada mostradas a seguir ativam a ponte alfa, ligando a mente consciente à mente não consciente, que é o segredo do gerenciamento mental.

1. Autorregulação

O objetivo abrangente da neurociclagem para gerenciar a mente é desenvolver a autorregulação. A autorregulação se desenvolve quanto mais você a utiliza. Não é uma prática a ser usada de vez em quando. É a filosofia abrangente por trás dos 5 Passos. Nossa mente é autorregulatória por natureza, porque somos capazes de nos autorregular a cada 10 segundos. Nosso cérebro neuroplástico necessita da autorregulação e expande-se com ela.

> A filosofia abrangente do gerenciamento mental é a autorregulação.

Por definição, autorregulação é o entendimento consciente e regulação de:

a) que e como você está pensando, sentindo e escolhendo a qualquer momento;

b) seus pensamentos de longa duração estabelecidos com suas memórias físicas, emocionais e informativas embutidas; e

c) sua comunicação com os outros (o que você diz e faz) e como isso impacta sua vida e as outras pessoas.

Orientando seu cérebro para a mudança

Tudo o que dizemos e fazemos é, em primeiro lugar, um pensamento. Esse pensamento é a coisa real que ocupa o espaço mental. Da mesma forma, um exame detalhado do que dizemos e fazemos nos conduz ao pensamento, que, por sua vez, nos conduz à mente em ação por trás do pensamento. *Autorregulação é estar consciente desse processo e ajustá-lo quando necessário.*

Por exemplo, vamos supor que você diz ou pensa coisas negativas constantemente a respeito de si mesmo — a autorregulação desse comportamento inclui notar o impacto de seus pensamentos, de suas palavras e de seu tom de voz, e antes de tudo perguntar a si mesmo por que você faz isso, o que o ajudará a compreender o pensamento por trás de seu comportamento.

A autorregulação que ocorre no nível consciente chama-se *autorregulação ativa*, e aquilo que ocorre no nível não consciente chama-se *autorregulação dinâmica*. A autorregulação ativa acontece somente quando estamos acordados; a autorregulação dinâmica é ininterrupta. Quando aquietamos a mente por meio de devaneio, leitura e pensamento profundo, permitimos que a autorregulação ativa (mente consciente) e a autorregulação dinâmica (mente não consciente) trabalhem juntas, o que traz equilíbrio e coerência ao cérebro.

Veja como funciona: cerca de 10 segundos antes de você estar totalmente consciente do pensamento e das possíveis maneiras de reagir a ele, sua mente não consciente está trabalhando com incrível rapidez e inteligência, a cerca de 1 milhão de operações por segundo, para organizar os desequilíbrios e instabilidades. É a autorregulação dinâmica. A atividade geral não consciente ocorre ininterruptamente a 1.027 operações por segundo. A mente não consciente está literalmente usando seu cérebro, escaneando-o a velocidades quânticas, para encontrar

ORGANIZE SUA DESORDEM MENTAL

todos os pensamentos associados com suas memórias e sistemas de crenças interligados, a fim de ajudar você a reagir da melhor maneira. Trata-se de um processo integrado, associativo e criativo com o propósito de orientar você a tomar as decisões certas.

Então, por volta de meio segundo antes de você estar totalmente consciente, a mente subconsciente começa a estimulá-lo. Lembre-se: temos explosões conscientes de atividade em torno de 40 vezes por segundo.

A boa notícia é que podemos nos treinar para ficar cada vez mais autoconscientes e autorregulados até o ponto de *sintonizar* essas explosões a cada 10 segundos, ou aproximadamente 6 vezes por minuto. Com treinamento, você pode aprender a autorregular os pensamentos que surgem em sua mente o tempo todo enquanto está acordado: isso significa viver em estado de percepção consciente. É um verdadeiro desafio, mas algo que você pode aprender a fazer usando os 5 Passos.

Hipervigilância

É importante notar, no entanto, que a vigilância associada ao processo de autorregulação pode se tornar hipervigilância — o que fazemos quando entramos no "modo sentinela" à procura de ameaças. Evidentemente, temos períodos na vida em que precisamos estar hipervigilantes para sobreviver, mas não podemos viver ansiosos assim o tempo todo.

Também não queremos mudar para um estado *hipo*vigilante, no qual nos reprimimos demais ou nos tornamos reativos demais. Esses dois estados ocorrem quando não aplicamos corretamente o gerenciamento mental. Seguem alguns sinais de que você está se tornando hiper ou hipovigilante.

Sinais de hipervigilância:

Orientando seu cérebro para a mudança

- Ter uma sensação de ansiedade pairando no ar.
- Não conseguir relaxar mesmo quando está realizando atividades relaxantes.
- Batalhar com o devaneio ou apenas pensar.
- Vigiar as pessoas próximas à procura de sinais de que vão fazer ou dizer algo errado.
- Sensação constante de desassossego.
- Ser muito nervoso.
- Não confiar em ninguém.
- Ver sempre o lado negativo das pessoas e situações e não conseguir aceitar ou alegrar-se quando coisas boas acontecem.
- Lutar para concentrar-se durante as conversas.
- Usar distrações para evitar enfrentar problemas.
- Ter pesadelos e sonhos que parecem muito reais.

Sinais de hipovigilância:

- Reprimir sentimentos com frequência ou por longos períodos de tempo e depois reagir com exagero ou explodir diante de um motivo aparentemente insignificante.
- Não ter filtros nas conversas.
- Não notar o impacto das palavras e ações sobre os outros.
- Não aprender com os erros.

Podemos manter um nível saudável de vigilância quando usamos o Neurociclo. Não há solução rápida, porque precisamos praticar os 5 Passos para transformar em hábito esse comportamento de autorregulação.

Controle harmonioso

Temos dentro de nós a capacidade de alcançar um estado de autoconscientização que nos permite desenvolver um senso de controle harmonioso, apesar do que ocorre à nossa volta, um espaço mental necessário para enfrentar e superar as vicissitudes da vida. É então que a autorregulação ativa trabalha com a autorregulação dinâmica. Esse é o espaço no qual você pode chorar, expressar emoções e até perder o controle, se necessário. Você está processando o que se passa, mas continua em um estado autorregulado, o que significa que tem a sensação de paz mesmo diante de situações aparentemente sem solução.

O Neurociclo nos ajuda a alcançar esse estado, oferecendo-nos uma forma de detectar e controlar aqueles pensamentos confusos que causam caos e desordem mental. Podemos *aprender* a ouvir e a sintonizar nós mesmos e os outros, planejando e customizando o modo como reagimos.

2. A Regra dos 30-90 Segundos – a "zona do arrependimento"

A Regra dos 30-90 Segundos é uma prática de neuroplasticidade direcionada que pode ser usada sempre que necessário. Quando você vivencia algo, seja um evento, seja uma circunstância, seja uma palavra proferida ou outra coisa qualquer, durante os primeiros segundos, seu cérebro e sua mente não consciente estão autorregulando dinamicamente as informações que chegam. Eles se ajustam e as organizam em termos de seus níveis de energia e fisiologia.[2] Esse impulso inicial bioquímico e

---

[2] Taylor, Jill Bolte. **My Stroke of Insight:** A Brain Scientist's Personal Journey. New York: Penguin Random House, 2009. Taylor, Jill Bolte. My Stroke of Insight. **TED Talk**, fev. 2008. Disponível em: <https://www.ted.com/talks/jill_bolte_taylor_my_stroke_of_insight/

Orientando seu cérebro para a mudança

elétrico de qualquer pensamento ou sentimento dura em torno de 30 a 90 segundos, que é um período de ajuste, não a melhor ocasião para reagir ao que você está sentindo.

Em geral, esse é o espaço no qual reagimos impulsivamente e dizemos e fazemos coisas que não gostaríamos de ter dito ou feito — a "zona do arrependimento", como gosto de chamar. Tenho certeza de que você, assim como eu, já fez isso inúmeras vezes. E, se você decidir agir de acordo com a desordem mental que criou ao reagir nesses primeiros segundos, a situação poderá sair rapidamente do controle. Se você continuar nessa posição, muito tempo depois que o período de 30 a 90 segundos passou, essa escolha poderá tornar-se um mau hábito.

> Nunca é uma boa ideia reagir a qualquer coisa imediatamente, porque sua mente e seu cérebro não estão na condição ideal de reagir durante esse período de ajuste.

Nunca é uma boa ideia reagir a qualquer coisa imediatamente, porque sua mente e seu cérebro não estão na condição ideal de reagir durante esse período de ajuste. Se você reagir rápido demais, tente evitar que as emoções tóxicas durem mais que 90 segundos. Para sentir uma emoção, precisamos refletir em um pensamento no qual as memórias emocionais estão armazenadas, o que estimula um circuito emocional no cérebro. Isso, por sua vez, cria uma reação fisiológica em nosso corpo. Se for uma situação tóxica, estressante ou aguda, esses poucos segundos de espera serão inestimáveis. Permitirão que o imenso número de reações neuroquímicas

up-next>. GROSS, James J.; BARRETT, Lisa Feldman. Emotion Generation and Emotion Regulation: One or Two Depends on Your Point of View. **Emotion Review** 3, n. 1, 2011: 8–16. FREDRICKSON, Barbara L. What Good Are Positive Emotions? **Review of General Psychology** 2, n. 3, 1998: 300–19.

ORGANIZE SUA DESORDEM MENTAL

e fisiológicas se acomodem para capacitar você a pensar, sentir e escolher com mais ordem e menos caos.

Se você souber o significado da zona de arrependimento e usá-la como uma ferramenta para "capturar aquele pensamento", poderá controlar suas reações. Ficaremos livres de muito medo, bem como de problemas de relacionamento se evitarmos reações tóxicas e impulsivas que exacerbam uma situação.

O objetivo dessa regra de 30-90 segundos é ajudar você a entrar em um estado mental perspicaz, claro e focado e também aberto a opções, possibilidades e soluções. A seguir, algumas coisas que você pode realizar nesses segundos:

1. Faça algumas respirações abdominais profundas — no mínimo 10 vezes.

2. Dirija-se a um local onde possa gritar a plenos pulmões, tão alto quanto puder e por mais tempo que puder.

3. Faça alguns exercícios físicos como corridas de arrancada, polichinelos, agachamentos ou outros para canalizar o estresse e as emoções intensas.

4. Se não conseguir realizar nenhuma dessas coisas, imagine que a pessoa diante de você está encolhendo até ficar do tamanho de uma formiga.

Lembre-se: mesmo que um pensamento ou emoção pareça urgente e exija uma reação sua, é você quem manda. Você não precisa reagir a cada emoção, palavra ou ação.

Conforme mencionei antes, essa é uma prática de neuroplasticidade direcionada que você pode usar para obter o equilíbrio ideal de energia no cérebro, o que o ajudará a pensar com mais clareza enquanto segue os 5 Passos.

Orientando seu cérebro para a mudança

3. O efeito zeno quântico (EZQ)

Embora pareça um tanto estranho, o EZQ é uma de minhas práticas preferidas de neuroplasticidade direcionada para gerenciamento mental. Em essência, baseia-se no princípio segundo o qual o esforço deliberado, intencional, consciente e repetido permite que o aprendizado ocorra. É uma espécie de ensaio mental e físico que produz mudanças no cérebro. Fazemos isso o dia inteiro, porque estamos sempre formando pensamentos no cérebro neuroplástico em resposta a tudo o que se passa ao nosso redor, então talvez possamos também direcionar o processo!

Tudo aquilo em que você mais pensa é aquilo que mais cresce. Ou você está construindo caos em seu cérebro e fazendo uma desordem mental, o que pode causar danos ao cérebro, ou está construindo ordem no cérebro e organizando a desordem mental, melhorando sua saúde cerebral. O princípio abrangente do EZQ é que tudo aquilo em que você presta atenção recebe energia, portanto cresce em sua mente e cérebro. É semelhante a regar uma planta, de modo que é muito importante fazer o treinamento do EZQ na direção certa! A mudança progressiva se baseia no progresso positivo e gradual — um pequeno passo de cada vez. Depois de algumas semanas de pequenas mudanças, seu cérebro será substancialmente alterado, e, se você mantiver essa disciplina por alguns meses, poderá desenvolver um cérebro que se habituará a trabalhar de determinada maneira. É isso que o Neurociclo de 63 dias poderá ajudar você a alcançar: neuroplasticidade de primeira linha com base em decisões autorreguladas e saudáveis.

> Tudo aquilo em que você mais pensa é aquilo que mais cresce.

ORGANIZE SUA DESORDEM MENTAL

Uma forma fácil e útil de aplicar o EZQ é focar *realmente* o positivo sobre o negativo, na proporção de 3:1.[3] Isso significa que, para cada pensamento ou sentimento negativo que vier à sua mente, rebata-o com três pensamentos positivos. Isso o ajudará a manter o equilíbrio nas ondas de energia (quânticas) no cérebro, para que você possa pensar com clareza, desenvolver resiliência e reconectar as árvores do pensamento saudável.

Por que a proporção 3:1? A pesquisa realizada pela dra. Barbara Fredrickson mostrou que há um ponto de inflexão de pelo menos essa proporção de positividade para negatividade que permite manter o cérebro em equilíbrio.[4] Os estados emocionais tóxicos podem causar energia exagerada de beta alta e gama alta, dando-nos uma sensação terrível, e faz que a energia no cérebro gire violentamente como um *tsunami*, o que vemos como manchas vermelhas, ou focos, nas imagens do EEGq. Para reequilibrar essa energia, a mente não consciente chama nossa atenção por meio de sinais de alerta emocionais e físicos que nos dizem que precisamos reequilibrá-la, e o equilíbrio requer controle do que focamos e pensamos — o EZQ.

Toda vez que você tiver um pensamento negativo, use-o como estímulo para pensar em três coisas positivas que você possui na vida, ou seja, três coisas das quais se orgulha, três coisas pelas quais é grato, três coisas que o fazem sorrir, três coisas que são belas — o que você achar mais conveniente. Você usa essencialmente o pensamento negativo como gatilho do *loop* do

---

[3] FREDRICKSON, Barbara. **Positivity:** Top-Notch Research Reveals the 3-to-1 Ratio That Will Change Your Life. New York: Harmony, 2009. COHN, Michael A. et al. Happiness Unpacked: Positive Emotions Increase Life Satisfaction by Building Resilience. **Emotion** 9, n. 3, 2009: 361. FREDRICKSON, Barbara et al. Open Hearts Build Lives: Positive Emotions, Induced through Loving-Kindness Meditation, Build Consequential Personal Resources. **Journal of Personality and Social Psychology** 95, n. 5, 2008: 1045.

[4] FREDRICKSON, **Positivity**.

Orientando seu cérebro para a mudança

hábito para ajudá-lo a reconhecer o que deve ser mudado, mas "preenche" o negativo com o positivo, o que é mais saudável para o cérebro.

Há uma distinção importante que você deve ter em mente: o pensamento negativo não é necessariamente um pensamento tóxico. Às vezes, pensar no pior cenário por um período de tempo limitado pode nos ajudar a estar preparados para uma situação, de modo que não sejamos pegos desprevenidos, e isso também dá à nossa mente a oportunidade de ser criativa e imaginar soluções — e de ser realista. Há dois elementos importantes para evitar que os pensamentos negativos se tornem pensamentos tóxicos:

1. Acompanhe todos os pensamentos negativos de três pensamentos positivos para evitar que isso se transforme em um ciclo de negatividade.
2. Estabeleça um limite de tempo para focar o negativo. Menos que 5 minutos é o que eu recomendaria.

4. A Vantagem das Múltiplas Perspectivas (MPA)

A MPA é uma prática que pode ajudar a nos acalmar, principalmente em situações difíceis de enfrentar e de grande carga emocional. Quando você está processando uma emoção tóxica, pode sentir que está "passando mal" e moldar os pensamentos com sua negatividade. Precisamos lembrar que os pensamentos podem ficar distorcidos se perdermos a alegria do momento do *agora*. A negatividade ou toxidade cria blocos de energia "*tsunami*" no cérebro, ao passo que a alegria nos acalma até chegarmos a uma onda regular.

Em palavras mais simples, MPA significa afastar-se e observar seu pensamento. Nós, seres humanos, podemos observar o que estamos dizendo, fazendo, pensando, sentindo e escolhendo, bem como observar nossa linguagem corporal e até nossas intenções. Quando fazemos isso, a parte frontal de nosso cérebro é acionada, gerando um fluxo de energia cerebral super-saudável. Mais especificamente, recebemos grande proporção de ondas theta (cura e *insight*) e de gama (criatividade, sabedoria, aprendizado, mudança).

Para controlar seu pensamento, você precisa ativar e usar continuamente o princípio quântico da *superposição*, que é o fundamento da MPA. Superposição é a capacidade de focar as informações que chegam: as externas (o que os outros estão dizendo ou fazendo; o que você lê, ouve ou naquilo que presta atenção; ações ou eventos que você presencia e assim por diante) e as internas (pensamentos que chegam de sua mente não consciente, as memórias de todas as suas experiências de vida, o que você aprendeu, seus sistemas não conscientes de crença, suas suposições e assim por diante). Para organizar a desordem mental, você precisa aprender a analisar essas informações da forma mais objetiva possível *antes* de escolher em que acreditar, o que rejeitar e que decisões devem ser tomadas.

> MPA significa afastar-se e observar seu pensamento.

Como entender a superposição? Imagine-se sentado em uma prancha de surfe. Uma brisa "mágica" sopra pelas redes de sua mente enquanto você pensa, sente e escolhe o modo como deseja inclinar a prancha: pegar a onda naquele momento ou recuar e esperar a próxima. É como se o tempo tivesse congelado por um momento. A brisa torna você consciente de algumas memórias relacionadas à situação atual e a seus pensamentos recorrentes, preparando seu cérebro para formar uma nova memória. Se você pergunta, responde e discute no período da

Orientando seu cérebro para a mudança

superposição, está capturando seus pensamentos. É mais ou menos como se estivesse olhando para si mesmo, tornando-se consciente do que está pensando e sentindo, e então focasse o maior número de detalhes possíveis sobre o momento do *agora* — o presente.

Por exemplo, vamos supor que você tenha recebido de alguém uma mensagem de texto questionando a respeito de sua religião e dizendo que você está errado. Enquanto você lê o texto (as informações que chegam), desenvolve uma série de pensamentos (informações internas) referentes à mensagem, como seu relacionamento com tal pessoa, seus sentimentos de raiva ou irritação e suas crenças. Se você não autorregular seu pensamento, não aplicar a Regra dos 30-90 Segundos e não entrar no modo MPA, haverá grande probabilidade de reagir com frustração e consumir valiosa energia mental, o que o deixará mais aborrecido ainda. No entanto, se você autorregular sua mente e usar a Regra dos 30-90 Segundos e a MPA, conseguirá controlar-se antes de enviar imediatamente uma resposta. Você conseguirá acalmar-se o suficiente para recuar ou visualizar a si mesmo na prancha de surfe, reconhecendo seus sentimentos e decidindo como quer usar sua energia limitada.

Quando você se envolve conscientemente com as informações que chegam a seu cérebro dessa maneira, é capaz de selecionar instintivamente cerca de 15% a 35% daquilo que lê, ouve e vê (é aí que estão os conceitos significativos) enquanto se livra dos 65% a 85% restantes das informações supérfluas. Em essência, quando você usa a MPA, seus sentidos sintonizam em detalhe o momento do *agora* — uma experiência enriquecedora que ajudará você a sentir-se mais feliz e em paz. E, quando você entra no modo superposição usando a MPA, pode escolher aceitar ou substituir um pensamento.

ORGANIZE SUA DESORDEM MENTAL

Lembre-se: você tem o poder de veto sobre seus pensamentos quando entra no modo superposição![5]

A atenção plena, por meio de práticas como meditação, ioga e oração, permite que você desenvolva uma sensação de consciência elevada no momento atual, aceitando as coisas como são, sem julgamento e reatividade emocional. Ao entrar em superposição usando sua MPA e os 5 Passos, você vai *além da atenção plena*. Nesse estado objetivo, você detecta e reconceitua pensamentos tóxicos e caóticos, e forma pensamentos saudáveis e organizados, o que é necessário para estabilizar a atenção e desenvolver hábitos que você pode realmente usar na vida.

Assim, a MPA ajuda você a mudar intencionalmente o foco e a observar sua mente em ação a fim de obter múltiplas perspectivas do problema. Ela permite que você determine seu desempenho em vez de ficar reproduzindo experiências negativas em sua cabeça. Quanto você mais pratica usar a MPA, menos será controlado pelos problemas de outras pessoas.

5. Caixas, janelas, rebobinagem e armadura

Essas técnicas de visualização são práticas da neuroplasticidade direcionada simples e divertidas que você pode usar de várias maneiras no Neurociclo e no transcorrer do dia. Visualizar é como sonhar acordado com um objetivo ou propósito:

a) *A técnica da caixa.* Quando as pessoas aborrecem você, quando são tóxicas ou não respeitam seus limites, imagine colocando-as dentro de uma caixa. Enquanto elas estão dentro da caixa, você não pode vê-las nem ouvir o que

---

[5] LIBET, Benjamin. The Timing of Mental Events: Libet's Experimental Findings and Their Implications. **Consciousness and Cognition** 11, n. 2, jun. 2002: 291–99.

Orientando seu cérebro para a mudança

dizem, embora possa dar uma olhada nelas ou sentar-se ao lado. Essa técnica lhe dá espaço mental para desligar--se das exigências tóxicas ou emocionais das outras pessoas enquanto você respira fundo e decide como reagir.

b) *A técnica das janelas.* Imagine um edifício alto com muitas janelas, quase todas totalmente fechadas. Coloque o pensamento tóxico do momento dentro de uma das janelas. Imagine estar do lado de fora olhando para dentro da janela. É impossível subir até lá, mas você tem poder sobre o que está naquela janela. Você se sente seguro em sua posição, ou seja, do lado de fora — tudo o que estiver naquela janela não pode magoar nem ferir você. Você pode aceitar, processar e reconceituar o que está lá dentro quando estiver preparado. Usando os 5 Passos, você pode visualizar a cena na janela e mudá-la enquanto a reimagina a uma distância segura.

c) *A técnica da rebobinagem.* Essa técnica inclui imaginar que você está se vendo em um filme. Você tem controle de cada cena do filme. Pode rebobinar e editar cada uma delas usando os 5 Passos. Ao fazer uma pausa, você aceita seu problema; quando rebobina, processa o que está acontecendo; quando reproduz, reconceitua o que está pensando.

d) *A técnica da armadura.* Essa técnica de visualização é ótima para bloquear palavras tóxicas que as pessoas negativas lhe dizem. Ela ajuda a criar um limite para manter seguro seu espaço mental. Imagine-se usando uma armadura. Quando as palavras o atingem, batem na armadura e voltam para quem as atirou. Você não precisa processar e aceitar as palavras que os outros dizem. Ao contrário, você as faz desviar de atingi-lo.

ORGANIZE SUA DESORDEM MENTAL

A visualização ajuda a formar o pensamento físico no cérebro antes de você fazer ou dizer qualquer coisa que tenha de fazer ou dizer. Isso significa que, quando se trata de fazer ou dizer algo, você praticou antes, portanto está mais preparado para agir e por consequência mais resiliente e eficiente. Quando você usa a visualização nas técnicas escritas, cria uma cena imaginária que o ajudará a acalmar-se e readquirir o controle de suas emoções.

Todas essas práticas da neuroplasticidade direcionada podem ser usadas em qualquer um dos 5 Passos para você gerenciar com mais facilidade a aceitação, o processamento e a reconceituação.

6. Fechar os olhos e focar o quadro maior antes de tudo

Diante de uma situação altamente emocional, se você focar primeiro o contexto, ou o quadro maior, verá o problema com menos gravidade e terá melhor perspectiva e mais objetividade. Essa técnica pode facilitar o processo e encontrar a raiz do pensamento para reconceituá-lo. Por exemplo, digamos que você esteja apavorado por ter perdido seu ganha-pão. Em vez de ficar parado remexendo nos detalhes de todas as implicações financeiras, feche os olhos e visualize o que você poderia fazer. Olhe para o impacto do que você já conquistou e faça estas perguntas a si mesmo: *Qual é o propósito abrangente do que vou decidir fazer a seguir? Como posso fazer isso de modo escalonável para causar impacto? Até que ponto estou preparado para fazer isso acontecer? O que desejo que aconteça?*

Fechar os olhos pode ajudá-lo a ganhar perspectiva e canalizar sua energia limitada a uma direção mais elevada. Mesmo que você feche os olhos por apenas 1 segundo, poderá entrar no modo MPA de pensar, acalmar-se e ter espaço mental para autorregular seu pensamento e aplicar a Regra dos 30-90 Segundos.

Orientando seu cérebro para a mudança

Por quê? Quando você fecha os olhos, tende a focar mais o quadro maior em primeiro lugar, dando menos atenção aos detalhes. Quando se trata de lidar com um problema tóxico ou desafiador, é desgastante focar conscientemente os detalhes em primeiro lugar, porque isso pode resultar em generalização exacerbada ou transformar o problema em catástrofe. Na verdade, pode causar inflexibilidade cognitiva, ruminação e pensamentos repetitivos; você não consegue ver a floresta em lugar das árvores porque se perdeu nos detalhes. Observamos isso no EEGq como focos vermelhos no alto da cabeça acima de uma área chamada *giro cingulado* (no meio do cérebro), que é ativada de forma organizada quando fazemos uso da flexibilidade cognitiva, mas se torna superativada quando entramos em pânico.

As emoções ativam explosões de energia beta alta e gama no cérebro, bem como a liberação de serotonina, dopamina e acetilcolina, o que fortalece a carga da memória *se* você focar primeiro o detalhe. Isso é bom no caso de um pensamento saudável, mas não tão bom no caso de um pensamento tóxico. Tudo fica confuso em situações tóxicas. No último caso, o enfoque no quadro maior em primeiro lugar pode mover esse processo em uma direção positiva, conforme já mencionei, manipulando a energia, os neuroquímicos e a genética do cérebro para focar o contexto do pensamento. Isso, por sua vez, desbloqueia seu pensamento, gerando flexibilidade cognitiva e trazendo harmonia, *insight* e perspectiva.[6] E, quanto mais você pratica, mais fácil isso se torna.

As zonas de desconforto

Em um pensamento há sinais de alerta físicos, emocionais e informativos procedentes de memórias físicas, emocionais e informativas.

---

[6] DOLCOS, Florin et al. The Impact of Focused Attention on Subsequent Emotional Recollection: A Functional MRI Investigation. **Neuropsychologia** 138, 17 fev. 2020. Disponível em: <https://doi.org/10.1016/j.neuropsychologia.2020.107338>.

ORGANIZE SUA DESORDEM MENTAL

As memórias emitem sinais porque são dinâmicas e vivas. São muito reais e geram energia verdadeira. Os sinais emocionais podem variar desde angústia até alegria: os sinais de alerta físicos podem ser palpitações ou sintomas gastrointestinais, por exemplo; um sinal de alerta informativo é a informação real que surge em sua mente como *flashback*.

Há quatro tipos de zonas de desconforto:

1. *A zona quase consciente* – alertas da mente não consciente para a mente consciente quando você se conscientiza das sensações físicas, sentimentos e informações de um pensamento. Essa é a zona do *Não consigo identificar exatamente o quê, mas há algo que me preocupa*.

2. *A zona da reação ao estresse* – sinais de alerta físicos dizendo que algo em nossa vida precisa ser endereçado. Quando fazemos o estresse trabalhar a favor como um trampolim em ação, o sistema nervoso simpático e parassimpático e o eixo HPA se equilibram. Quando nos sentimos oprimidos pelo estresse, ficamos desequilibrados a ponto de isso nos fazer sentir fisicamente doentes. Essa é a zona do *Sinto uma descarga de adrenalina, e meu coração está batendo muito rápido; algo não está certo*.

3. *A zona das atitudes emocionais do pensamento* – sensações de pensamento que lhe dizem que algo está errado em uma situação. Essa é a zona do *Estou desconfiado e pressionado; não me sinto confortável*.

4. *A zona do prestes a escolher* – em superposição, a manutenção de múltiplos pontos de vista na mente, ao mesmo tempo que se consideram as informações no pensamento. Nessa zona, você pensa: *Muito bem, esta situação*

precisa ser analisada com cuidado. Preciso parar e dedicar um tempo para pensar no assunto. Esta é a decisão que escolhi neste momento e que me deixa confortável, e não vou prosseguir até estar confortável e em paz.

O diagrama simples apresentado a seguir fornece alguns exemplos desses sinais de alerta emocionais, físicos e informativos. Não é pormenorizado, mas lhe dá uma ideia de por onde começar e do que sintonizar. Os sinais apontam para o *pensar*, o qual, por sua vez, aponta para o pensamento, o sentimento e a escolha que criaram o problema com o qual você está lidando.

Os sinais de alerta, nas quatro zonas de desconforto, precisam ser aceitos e processados, não reprimidos. São mensageiros, e você precisa descobrir a mensagem. A solução está na mensagem. Você precisa aceitar o desconforto e gerenciar mentalmente o caminho a seguir, um pequeno passo por vez, sabendo que o cérebro está sempre mudando, não importa o que você faça, de modo que é possível gerenciar a mudança tanto quanto possível.

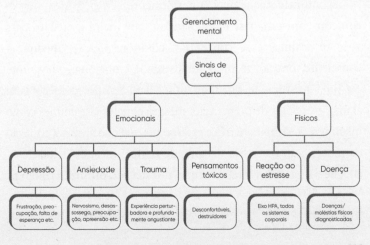

Sinais de alerta emocionais

Os sinais de alerta emocionais são convites à introspecção. Se você não dedica tempo a eles e não os ouve, perderá a oportunidade de obter informações preciosas que o ajudarão na cura.

A seguir, um *guia de sinais de alerta emocionais* para ajudá-lo a avaliar onde você está, em termos de intensidade, à medida que adota o processo dos 5 Passos. Não é uma escala validada; apenas um guia para ajudá-lo a entender o nível de intensidade de tudo aquilo em que você está trabalhando durante o ciclo de 63 dias.

Ressalto mais uma vez que a ansiedade e a depressão são reações humanas normais ao que ocorre em nossa vida. São sinais que nos dizem para prestar atenção em algo que está acontecendo. Não são doenças ou moléstias do cérebro. Entrar em sintonia com suas emoções atuais faz parte do processo de autorregulação que você está desenvolvendo, um processo essencial para que o gerenciamento mental se torne um estilo de vida.

Preparando o cérebro para mudança

Conforme mencionei anteriormente, os 5 Passos devem começar com uma fase de preparação, que inclui exercícios para você se acalmar e se concentrar, como respiração, meditação consciente, oração, técnicas de liberdade emocional, Havening[7] ou uma mistura de qualquer um deles. Sempre começo com alguns exercícios de preparação, mesmo aqueles tão simples como inspirar o ar, contar até três e expirar, porque isso alinha a conexão da mente com o cérebro, facilitando o fluxo ideal de delta, theta, alfa, beta e gama no cérebro, o que, por sua vez, otimiza a fisiologia

---

[7] Técnica para controlar o estresse segundo a qual o toque pode ajudar a apoiar a geração de serotonina no cérebro. [N. do T.]

Orientando seu cérebro para a mudança

e o DNA das células do corpo e redefine o cérebro em seus níveis mais profundos de modo bioquímico e eletromagnético.

Algumas emoções que servem de orientação

Hoje, sinto...

afeição, alegria, alívio, amor, angústia, ansiedade, apatia, arrependimento, asco, autoconfiança, ciúme, confiança, constrangimento, contentamento, coragem, culpa, curiosidade, decepção, depressão, desconfiança, desejo, desespero, deslumbramento, desolação, desprezo, entusiasmo, espanto, esperança, euforia, excitação, êxtase, felicidade, frustração, gratidão, histeria, horror, hostilidade, indiferença, interesse, irritação, luxúria, mágoa, medo, ódio, orgulho, paixão, pânico, pavor, piedade, prazer, preocupação, raiva, remorso, revolta, satisfação, segurança, sofrimento, solidão, surpresa, tédio, terror, timidez, tristeza, vergonha, zelo.

Guia de sinais de alerta emocionais

No 1º dia, no Passo 1, você pode fazer uma verificação rápida do nível de suas emoções, anotá-las em seu diário e acompanhá-las quando começar a seguir os 5 Passos todos os dias. Todos nós passamos por emoções e sentimentos diferentes sob circunstâncias diferentes — eles podem mudar até no espaço de um dia ou uma hora. Lembre-se: não há nada de errado em você sentir que está no nível 7–10 a seguir; você está simplesmente sentindo algo que necessita de atenção.

Hoje, sinto...

1–3 Média. Como um ser humano que vive em um mundo complexo, tenho altos e baixos normais ao longo da vida.

4–6 Paira em mim uma sensação de ansiedade e/ou depressão, preocupação, frustração ou estresse tóxico. Sinto aquele medo irritante de que algo está errado, mas ainda não consigo distinguir bem o que é.

> Entendo que isso persiste porque se origina de coisas que reprimi abaixo da superfície de minha consciência.
>
> **7–10** Uma ansiedade e/ou depressão crescente que ocorre por não enfrentar o problema e lidar com ele. Reconheço que isso costuma explodir em diferentes áreas da vida.

Uma pesquisa recente mostrou que respirar, especificamente exalar, parece ser eficiente. Conforme mencionei antes, meu método favorito é o de Wim Hof, porque é bastante científico e funciona imediatamente.[8] O ciclo regular de respiração faz parte do mecanismo que gera a tomada de decisão consciente e atos de livre-arbítrio. Portanto, quando você faz exercícios respiratórios, não só acalma os sistemas nervosos parassimpático e simpático, mas também desenvolve sua capacidade de tomar decisões. O ponto principal é fazer qualquer coisa que ajude você a manter a mente concentrada no momento e preparar as ondas cerebrais para o aprendizado que ocorre quando você usa os 5 Passos. Esse estágio de preparação aumenta exponencialmente os benefícios do Neurociclo. Também ativa os neurotransmissores, redefine o eixo HPA e prepara os genes para reagirem de modo mais resiliente, o que ajuda você a desenvolver uma mente mais clara e mais resistente.

É também importante notar que muitas coisas invisíveis, porém incríveis, do cérebro, da genética, do sistema neuroendócrino, da psiconeuroimunologia (sistema imunológico mente-cérebro) e da relação intestino-cérebro acontecem enquanto preparamos nosso cérebro para o pensamento profundo e

---

[8] The Science behind the Wim Hof Method. Disponível em: <https://www.wimhof method.com/science>. Acesso em: 20 ago. 2020.

Orientando seu cérebro para a mudança

o aprendizado deliberado. E, com o tempo, esses exercícios repetidos criam hábitos; portanto, se praticarmos o suficiente, poderemos chegar a um ponto no qual será possível ativar essas memórias de respiração quando quisermos.

Você pode realizar qualquer uma dessas estratégias de preparação a qualquer momento e por quanto tempo desejar, mas, no preparo do Neurociclo, eu manteria a preparação em um período entre 30 segundos e 3 minutos. Em meu aplicativo, oriento a respeito dos exercícios de preparação.

> *Li vários livros seus e completei os 5 Passos, e eles mudaram minha vida para sempre. Seu trabalho é revigorante, prático, aplicável e benéfico. Restaura a alma e a mente. Faz-me sentir como se eu tivesse alguma responsabilidade sobre meu destino porque sou responsável por aquilo que sou capaz. Obrigada, dra. Leaf.*
>
> Vivian

CAPÍTULO 10

Por que são necessários 63 dias de neurociclagem para formar um hábito?

Quadro geral

- Transformar em hábitos pensamentos úteis de longa duração e desintoxicar pensamentos tóxicos e traumas por meio da neuroplasticidade direcionada exige tempo e muito trabalho, além de ser uma tarefa que precisa ser feita regularmente, como um processo contínuo. Quando você termina de trabalhar em um problema, começa a trabalhar no seguinte. Desintoxicar a mente é um estilo de vida.

- Limite o tempo que você passa desintoxicando hábitos tóxicos e traumas, que deve ser por volta de 7 a 30 minutos por dia, por causa da carga que esse processo pode ter sobre você em termos emocionais, mentais e físicos.

- Para ter saúde mental, você precisa ser um aprendiz todos os dias.

- Não precisamos levar cativos os nossos pensamentos; ao contrário, podemos "capturá-los"!

- Qualquer coisa que você vivenciar na mente será vivenciada também no cérebro e no corpo. A energia tóxica dos pensamentos tóxicos se acumula se não for tratada e, com o tempo, explodirá de forma violenta e descontrolada.

Por que são necessários 63 dias de neurociclagem para formar um hábito?

- Lidar com nossos traumas e pensamentos tóxicos significa que toda aquela energia turbulenta, caótica e tóxica precisa ser transferida do pensamento negativo para o pensamento saudável e reconceituado a fim de devolver equilíbrio e coerência à mente.

Quando falo em neuroplasticidade, estou falando sobre como a mente muda o cérebro em energia, espaço e tempo. Já discutimos como a mente muda as frequências do cérebro (*energia*) e como muda a estrutura do cérebro (*espaço*). A mente cria até certo ponto a matéria; isto é, uma nova estrutura de pensamento que muda o cérebro em termos de espaço. Há um aspecto que ainda não abordamos: como a mente muda o cérebro com o passar do *tempo* e como essa mudança se relaciona à ciência do pensamento, ao Neurociclo, ao desenvolvimento do cérebro, à desintoxicação de traumas, à interrupção de maus hábitos e à formação de bons hábitos.

Não vou mentir para você; transformar pensamentos úteis de longa duração em hábitos e desintoxicar pensamentos tóxicos e traumas por meio da neuroplasticidade direcionada exige *tempo* e muito trabalho, e é uma tarefa que precisa ser feita regularmente, como um estilo de vida. Para que ocorra uma mudança verdadeira, sustentável e de longa duração, precisamos fazer algo *mais* que ler ou ouvir 1 ou 2 vezes a respeito de alguma coisa ou apenas trabalhar em um problema durante alguns dias.

Minha pesquisa ao longo de três décadas, incluindo nosso ensaio clínico recente, mostra que há um intervalo de tempo para a neuroplasticidade direcionada pela mente, que podemos usar para nos guiar e motivar enquanto *passamos* por uma situação e aprendemos outras informações. Conforme já vimos,

ORGANIZE SUA DESORDEM MENTAL

são necessários 21 dias para formar um pensamento de longa duração com suas memórias embutidas e 63 dias para transformar esse pensamento em hábito. Ao longo do caminho há pontos específicos de tempo (7º, 14º, 21º 42º e 63º dias) nos quais notamos a ocorrência de mudanças, que podem nos motivar e nos ajudar a detectar cada pensamento que estamos desintoxicando ou formando no decorrer do ciclo de 63 dias. São essas pequenas mudanças diárias, direcionadas e organizadas, que, cumulativamente, fazem a maior diferença.

Portanto, quando chegar o momento de desintoxicação dos traumas (Capítulo 12), eliminar maus hábitos e formar bons hábitos (Capítulo 13), os 5 Passos devem ser realizados em sequência diariamente, do 1º ao 21º dia. Do 22º ao 63º dia, você deverá dedicar-se somente ao Passo 5, Tomar uma atitude. Dessa forma, nos primeiros 21 dias você realiza o trabalho ativo e nos outros 42 dias põe em prática as mudanças que promoveu. Para facilitar, você pode incluir o pensamento recém-conceituado em sua agenda do celular, anotá-lo em papel ou encontrar outra maneira que for mais conveniente. Você deve apenas lê-lo para treinar esse novo modo de pensar, o que leva apenas alguns segundos. O importante é lembrar-se dele todos os dias, de forma consciente e deliberada. Para que a mudança seja realmente eficaz, siga o Passo 5, Tomar uma atitude, pelo menos 7 vezes por dia até o 63º.

> São necessários 21 dias para formar um pensamento de longa duração com suas memórias embutidas e 63 dias para transformar esse pensamento em hábito.

Nos primeiros 21 dias, recomendo separar cerca de 7 a 30 minutos por dia para realizar todos os 5 Passos ou dedicar um período de 1,5 minuto a 5 minutos para cada um deles.

Por que são necessários 63 dias de neurociclagem para formar um hábito?

Funciona mais ou menos assim:

No 1º dia
Reunir: 1,5—5 minutos
Refletir: 1,5—5 minutos
Escrever: 1,5—5 minutos
Verificar: 1,5—5 minutos
Tomar uma atitude: 1,5—5 minutos

Do 2º ao 21º dia: igual ao 1º dia

Do 22º ao 63º dia: cerca de 1 a 7 minutos por dia

Às vezes, você poderá achar que necessita de alguns ciclos de 63 dias — tudo vai depender daquilo a que está se dedicando, qual é o tamanho do problema e o que está tentando mudar. Lembre-se: em cada pensamento está embutido um número enorme de memórias emocionais, físicas e informativas, portanto os pensamentos são muito complexos, entrelaçados e interligados.

Pode parecer que você está se ocupando de pensamentos múltiplos, mas, na verdade, está se ocupando de um único pensamento problemático. Dentro daquele pensamento há múltiplas memórias, portanto você terá grande quantidade de memórias na mente enquanto se ocupa desse pensamento. Lembre-se da analogia da árvore: há muitos galhos representando o que você está dizendo, fazendo e sentindo, todos procedentes da raiz. Em essência, nos 21 dias você identificará o pensamento com suas memórias e raízes e o reconceituará — não o substituirá, porque isso não funciona. *Reconceituar* significa encontrar a fonte/raiz/causa; identificar a mente em ação que provocou aquele pensamento; e mudar isso para incluir sua história de

ORGANIZE SUA DESORDEM MENTAL

forma que você seja capaz de gerenciá-la (com o "ferrão" removido ou neutralizado), além da nova maneira que você deseja pensar sobre a situação e que lhe traz paz. Você então pratica conscientemente a nova maneira de pensar em um período de 3 a 7 minutos por dia (aproximadamente o tempo que leva para ler os 7 lembretes do Passo 5, Tomar uma atitude, para conduzi-lo à percepção consciente e aplicá-lo) nos 42 dias seguintes. E você pode começar, ao mesmo tempo, outro ciclo de 21 dias sobre o novo pensamento tóxico. Desintoxicar a mente não é um evento isolado; é um estilo de vida.

Algumas sugestões úteis para mantê-lo motivado durante os 63 dias:

1. Lembre-se sempre de que há um período de tempo *definido e limitado*: 7 a 30 minutos no máximo por dia.
2. Encontre um parceiro para o qual você prestará contas.
3. Pratique autocompaixão e paciência. Não tente passar dos limites em um único dia!
4. Divirta-se. Inclua pequenas recompensas a cada dia.
5. Lembre-se dos benefícios *físicos* provenientes do trabalho mental.
6. Reveja meu ensaio clínico para lembrar todos os benefícios dos 5 Passos.
7. Essa pode ser uma boa ferramenta para usar com seu terapeuta, se você tiver um.

É importante limitar o tempo que você gasta para desintoxicar hábitos tóxicos e traumas a cerca de 7 a 30 minutos por dia em razão do impacto negativo que esse processo terá sobre você em termos emocionais, mentais e físicos. Você não precisa desgastar-se com seus problemas; se passar tempo demais pensando neles,

Por que são necessários 63 dias de neurociclagem para formar um hábito?

poderá ficar atolado na areia movediça das emoções tóxicas e não será capaz de realizar corretamente suas atividades no restante do dia. Os 5 Passos foram elaborados para oferecer exercícios mentais/cerebrais estruturados, focados e *com tempo limitado*, a serem executados todos os dias — e então você vai parar de pensar na toxicidade pelo resto do dia, exceto no Passo 5 (Tomar uma atitude), que apresenta giros positivos para uma frase ou ação simples e consumirá apenas 1 minuto de seu tempo para ser completado. Os giros são facílimos, mas incrivelmente eficazes. O Passo 5, Tomar uma atitude, foi elaborado para ajudá-lo a controlar seu pensamento e limitar o respingo emocional em seu dia, o que pode ocorrer quando você se esforça demais.

No entanto, quando você estiver fortalecendo o cérebro (Capítulo 11), o tempo de 7 a 30 minutos por dia não é o limite — gaste o tempo que desejar nessa atividade! Normalmente, tento gastar no mínimo 2 horas por dia descobrindo e fortalecendo meu cérebro (veja como faço isso no plano diário de gerenciamento mental no Capítulo 14). O processo de fortalecimento do cérebro também funciona em ciclos de 63 dias. No entanto, no que se refere a saúde mental, resiliência geral e fortalecimento da inteligência, há uma pequena diferença. Os 5 Passos do Neurociclo devem ser praticados todos os dias por no mínimo 30 minutos, mas você poderá prolongá-los quanto quiser. Nesses 30 minutos ou mais, você seguirá os 5 Passos para cada bloco de informações, que se compõe mais ou menos de um parágrafo. Portanto, se a parte de informações que você está aprendendo (construindo como memórias em seu cérebro) tiver 10 parágrafos,

> Quando você estiver fortalecendo seu cérebro, não se limite a 7 a 30 minutos por dia — gaste o tempo que desejar nessa atividade!

ORGANIZE SUA DESORDEM MENTAL

você deve executar cerca de 10 neurociclos nessa tarefa. Se você estiver estudando para uma prova, deve fazer a neurociclagem todos os dias para se preparar. (Descrevo esses últimos processos em meu livro *Pense, aprenda e tenha sucesso*.[1])

Durante esse processo de fortalecimento do cérebro, é importante lembrar que a saúde mental e cerebral depende de pensamentos fortes e saudáveis. Quando paramos de aprender e de pensar de modo profundo, prejudicamos a saúde do cérebro, acumulando lixo tóxico. Portanto, o fortalecimento do cérebro ajuda você na tarefa mais difícil de desintoxicação. Da mesma forma que não escovar os dentes afeta a saúde dental, quando não aprendemos, podemos danificar o cérebro, provocando uma série de consequências. Para ter saúde mental, você precisa ser um aprendiz todos os dias.

> São as pequenas mudanças diárias que, cumulativamente, fazem a maior diferença.

Enquanto você fortalece o cérebro e organiza sua desordem mental, é também importante focar outros aspectos de seu estilo de vida. Vou lhe mostrar como a alimentação, o exercício físico, a identidade, a conexão e o sono podem ser endereçados com os 5 Passos do gerenciamento mental. E, ao segui-los diariamente durante 63 dias, você reconectará o cérebro na direção que deseja.

Dias determinantes no ciclo de 63 dias

Ao longo do processo de 63 dias, há dias determinantes que podem motivar e ajudar você a realizar a tarefa de desintoxicar ou fortalecer o pensamento. Esses dias são o 7º, o 14º,

---

[1] Brasília: Chara, 2018. [N. do T.]

Por que são necessários 63 dias de neurociclagem para formar um hábito?

o 21º e 63º dias. Se você conhecer um pouco mais a respeito desses dias e o que acontece em seu cérebro a cada um deles, terá mais facilidade de atravessar os tempos difíceis e realizar a mudança verdadeira e duradoura em sua vida enquanto segue os 5 Passos, da mesma forma que, ao ver a diferença em seu corpo depois de um rigoroso regime de treinamento, você se sente motivado a prosseguir.

No **1º dia**, você vai sentir uma espécie de entusiasmo apreensivo à medida que a percepção consciente se desenvolve com autorregulação e conscientização. A princípio, o córtex pré-frontal (função executiva) controla as explosões de energia da onda beta alta quando você começa a focar, e há um bom padrão da onda beta baixa à medida que sua conscientização aumenta. A amígdala cerebral (percepções emocionais) e o hipocampo (conversão da memória) contêm grande quantidade de energia beta baixa, e há explosões coerentes de beta alta, theta e gama à medida que os pensamentos com as memórias embutidas são lembrados — até a onda delta se eleva quando os pensamentos reprimidos são ativados. Então, enquanto o processamento ocorre, a onda gama aumenta até chegar ao pico, o que significa que o aprendizado começa a acontecer um pouco por dia (as mudanças neuroplásticas ocorrendo no cérebro). Você está começando a afetar positivamente a arquitetura do cérebro — está começando a empurrar as mudanças estruturais em seu cérebro na direção que deseja.

No **4º dia**, o aumento da conscientização do trabalho que você está realizando em seus pensamentos, o que é no mínimo muito desafiador, aumenta seu senso de autonomia, o que pode também aumentar os níveis de estresse porque você está começando a enfrentar problemas potencialmente complexos.

ORGANIZE SUA DESORDEM MENTAL

Isso é compreensível porque você está literalmente extraindo do não consciente os pensamentos ali instalados e suas respectivas memórias informativas e emocionais embutidas, e esse é um trabalho difícil — até um pouco assustador. Mas tenha certeza de que sua mente não consciente sabe muito bem até que ponto você pode lidar com isso. É também por esse motivo que você passa apenas 30 minutos por dia, no máximo, dedicando-se à tarefa de desintoxicação. No 4º dia, há um aumento nas ondas alfa, theta e delta no cérebro porque você está se sentindo um pouco ansioso e até amedrontado, uma vez que essa é uma tarefa difícil, mas volto a lembrar que você tem conhecimento suficiente para saber até que ponto é capaz de lidar com o problema.

No **7º dia**, você terá um senso de discernimento e satisfação e uma sensação como *Isto está caminhando para algum lugar*. Começará a perceber que há esperança e que você tem senso de controle. Também se sentirá empoderado e até entusiasmado, o que aumenta as ondas alfa e gama. Bem no fundo do cérebro, há incríveis mudanças estruturais acontecendo — você desenvolverá pequenas saliências em seus dendritos, semelhantes àquelas pequenas saliências que aparecem quando as folhas se formam nos galhos das árvores. Isso significa que suas memórias estão sendo processadas e reconceituadas — há uma mudança acontecendo! Veja a imagem do dendrito a seguir; no galho que possui três formas, observe a saliência circular — é isso que está acontecendo com centenas, talvez milhares, de seus dendritos.

Por que são necessários 63 dias de neurociclagem para formar um hábito?

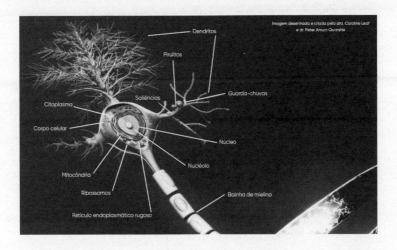

No **14º dia**, você terá um senso definitivo de realização, aquela sensação de *Consegui!* Mas tome cuidado. Em geral, isso ocorre quando as pessoas interrompem o processo por pensarem que já completaram o trabalho uma vez que a situação parece estar sob controle. Mas você não pode parar nesse ponto! É importante usar esse senso de realização como incentivo para prosseguir, não para descansar após uma vitória. Lembre-se: a complacência tolhe o crescimento e o progresso. As saliências nos dendritos mudam para formatos de pirulito, demonstrando a neuroplasticidade do cérebro, e as ondas delta, theta, alfa, beta e gama estão fluindo em um padrão belo e regulado, o que contribui para o senso de realização. Olhe de novo para a imagem do dendrito e veja o pirulito ao lado da saliência.

No **21º dia**, você sentirá um forte senso de resolução, compromisso e determinação do tipo: *Está difícil, mas vou conseguir. Agora entendo que as emoções tóxicas não são assustadoras, mas se tornaram um caminho para a liberdade. Não é errado ter dias maus, porque se trata de uma reação humana normal diante dos desafios da vida. Agora sei o que fazer com esses sinais.* Você e os

ORGANIZE SUA DESORDEM MENTAL

outros verão e sentirão as mudanças na sua vida, o que é realmente motivador. No cérebro, haverá uma mistura de todas as frequências, com explosões de beta alta, que refletem um pouco de ansiedade controlada. Há também picos de gama, mostrando as mudanças neuroplásticas que resultaram no pensamento recém-reconceituado. Nos dendritos, os pirulitos adquirem a forma de cogumelos à medida que as proteínas se tornam autossustentáveis, o que significa que estão fortes o suficiente para manter a energia das memórias do pensamento por longo prazo. Olhe de novo para a imagem e veja a forma de cogumelo ao lado do pirulito.

Do 22º ao 63º dia, você terá uma sensação de paz e uma percepção amadurecida de que a depressão e a ansiedade são sinais que devem ser usados em seu benefício para você descobrir e mudar suas reações. A atividade das ondas theta e delta aumentam durante a formação do hábito. No 63º dia, quando a automatização acontece (o pensamento se move para a mente não consciente como um hábito e trabalha para influenciar seu comportamento), você tem a sensação de empoderamento e bem-estar geral ao perceber que não pode controlar os eventos e as circunstâncias que provocaram sentimento de frustração, ou outro sintoma qualquer, mas pode aprender a aceitá-los a fim de mudar e controlar suas reações.

Ao longo de cada ciclo de 63 dias, os 5 Passos aumentarão seu senso de autonomia e sensação de controle. Isso, por sua vez, produzirá maior conscientização de seus pensamentos tóxicos e maior capacidade para lidar com eles, o que o ajudará a controlar o estresse tóxico e mudará sua perspectiva sobre como você olha para o mundo. Você começará a ver mudanças e barreiras como oportunidades, a sentir-se mais no controle e a ter mais satisfação na vida em geral. Os 5 Passos do gerenciamento mental proporcionam literalmente um caminho para o empoderamento.

Por que são necessários 63 dias de neurociclagem para formar um hábito?

Se você deseja realmente ter paz mental, precisa lidar com os traumas do passado ou com os hábitos de pensamento tóxico. Precisa autorregular-se de modo estratégico, proativo, deliberado e intencional à maneira como você pensa, sente e escolhe, formando pensamentos saudáveis enquanto desintoxica os pensamentos nocivos. Se considerarmos que os pensamentos nocivos prejudicam o cérebro, não lhe parece que essa busca vale a pena?

A ciência por trás do uso do Neurociclo durante 63 dias

No momento em que você acorda de manhã, a mente consciente entra em ação, como pode ser visto pelo aumento da atividade beta nas tomografias do cérebro. E, à medida que você passa para o processo de "despertar a neuroplasticidade" — pensar, sentir e escolher formar pensamentos —, a estrutura de seu cérebro muda com muita rapidez. Se considerarmos que você está sempre pensando (mesmo enquanto você dorme, sua mente está selecionando os pensamentos que foram formados durante o dia) e que o cérebro está *sempre* mudando por ser neuroplástico, você também pode assumir o controle desse processo de modo proativo e estratégico e conduzir a neuroplasticidade na direção que deseja.

À medida que você passa pelas experiências da vida, a estrutura do DNA reage e muda, como uma massa de brinquedo. Isso significa que os genes que estavam ocultos se tornam expostos. É assim que a atividade dos genes é regulada e as proteínas são feitas e se formam em galhos dendríticos e a árvore do pensamento cresce no cérebro.[2] Se for uma experiência saudável, haverá atividade saudável dos genes; se a

---

[2] CHOPRA, Deepak; TANZI, Rudolph E. **Super Genes**. New York: Random House, 2015. CHOPRA, Deepak; TANZI, Rudolph E. **The Healing Self:** A Revolutionary New Plan to Supercharge Your Immunity and Stay Well for Life. New York: Harmony, 2020.

experiência for negativa, haverá a mutação de um gene e os galhos dendríticos serão tóxicos. Este é o paradoxo plástico: o cérebro e o corpo podem mudar, tanto na direção negativa quanto na direção positiva. A boa notícia é que você pode sempre transformar os negativos em positivos.

Lembre-se: a mudança neuroplástica, seja na direção negativa, seja na direção positiva, também acompanha uma linha do tempo definida. Nunca é demais repetir: o pensamento de longa duração leva 21 dias para ser formado e mais 42 dias para ser automatizado. É o pensamento automatizado que impacta seu comportamento, portanto podemos dizer que é um hábito. É por isso que o hábito demora 63 dias para ser formado.

Quando você pensa, sente e escolhe ao reagir às experiências da vida (o que está fazendo o dia inteiro — você nunca para nem sequer por três segundos), as ondas quânticas de atividade energética inundam o cérebro. Sua mente em ação impõe a forma, a intensidade e o impacto dessas ondas (que podemos visualizar em um EEGq), o que, por sua vez, influencia a bioquímica do cérebro e do corpo.

Essas ondas de energia estimulam a atividade computacional nos corpos celulares dos neurônios (veja a imagem a seguir), como em um computador. A força da conexão (sináptica) entre os neurônios aumenta quanto mais focados e profundos forem o seu pensamento, sentimento e escolha, porque isso causa disparos repetidos das sinapses, ou seja, estimulação de alta frequência e muito zumbido nas sinapses. Isso se chama potenciação de longa duração (LTP),[3] que é a memória de curta

> A mudança neuroplástica, seja na direção negativa, seja na direção positiva, também acompanha uma linha do tempo definida.

[3] Em inglês, Long-Term Potentiation. [N. do T.]

duração com *potencial* para se tornar memória de longa duração se você focar repetidamente as informações por no mínimo 21 dias. Se você não fizer isso, a memória de curta duração durará apenas de 24 a 48 horas aproximadamente. Por exemplo, digamos que você leu um ótimo artigo sobre um assunto interessante; três dias ou uma semana depois, você lembrará que leu o artigo e qual era a ideia geral, mas descobrirá que esqueceu a maioria dos detalhes.

No entanto, se você fizer algo com esse pensamento, como pensar com mais profundidade e de modo mais deliberado, ativará e regulará positivamente a atividade dos genes e fará os dendritos (no topo dos neurônios — ver imagem anterior) crescerem, que é onde os pensamentos se configuram em pensamentos de longa duração com memórias embutidas à medida que as vibrações quânticas em "computadores quânticos" de pequenas proteínas, chamadas *tubulinas*, se formam da atividade aumentada dos genes. São necessários pelo menos 21 dias de trabalho diário até formar energia suficiente para criar memória de longa duração. Quanto mais você pratica o pensamento deliberado e autorregulatório usando o processo de gerenciamento mental como os 5 Passos, mais energia dá ao pensamento — como regar uma planta. Lembre-se: tudo aquilo em que você mais pensa é o que mais cresce.

Se você pensar regular diariamente dessa forma deliberada, profunda e focada durante 21 dias, alimentará a energia dos dendritos e eles começarão a desenvolver saliências, chamadas espículas, por volta do 7º dia, o que significa que o pensamento está se fortalecendo.[4] Isso se assemelha aos nós de um

[4] ROSENZWEIG, Mark R.; BENNETT, Edward L.; DIAMOND, Marian Cleeves. Brain Changes in Response to Experience. **Scientific American** 226, n. 2, 1972: 22–29. CLARE KELLY, A. M.; GARAVAN, Hugh. Human Functional Neuroimaging of Brain Changes Associated with Practice. **Cerebral Cortex** 15, n. 8, 2004: 1089–102. DIAMOND, M.

ORGANIZE SUA DESORDEM MENTAL

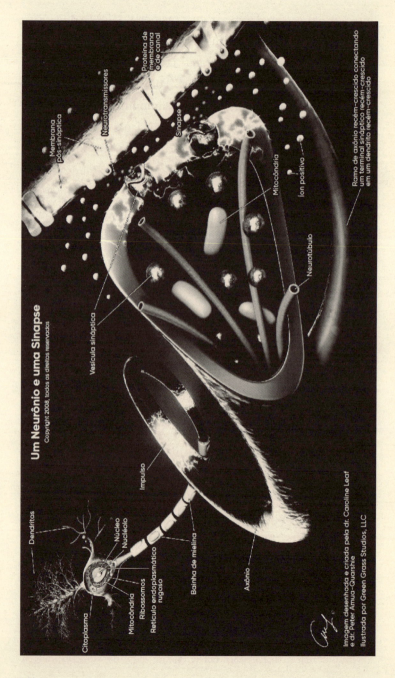

Por que são necessários 63 dias de neurociclagem para formar um hábito?

galho de árvore quando um novo galho se forma (veja a imagem do dendrito). Esse tipo de ação mental focada inclui conscientizar-se de como você está se sentindo mental e fisicamente, recuando e observando seu pensamento, capturando esses pensamentos e os processando e reconceituando.

Com o tempo, as saliências nos dendritos mudam de forma ao reagirem ao pensamento *diário, profundo e deliberado*. A saliência significa que a memória continua bem fraca e vulnerável. No entanto, à medida que você pensa e foca diariamente o pensamento de forma regular e deliberada, a saliência adquire a forma de um pirulito no dendrito por volta do 14º dia, o que significa que o pensamento está se fortalecendo.

- À medida que você continua a realizar o trabalho mental diário, o formato de pirulito muda para o formato de cogumelo no dendrito por volta do 21º dia, tornando-se mais autossustentável com proteínas e energia mais fortes, o que dá longevidade ao pensamento. Portanto, o pensamento de longa duração com suas memórias embutidas (emocionais, informativas e físicas) torna-se cada vez mais parecido com espículas na forma de cogumelos nos dendritos. Os pensamentos de longa duração, *não os hábitos*, formam-se por volta da marca do 21º dia. A energia gerada por esse processo inclui ondas beta e theta, com picos de gama fluindo

C. The Significance of Enrichment. **Enriching Heredity**. New York: Free Press, 1988. Diamond, M. C. The Brain... Use it or Lose It. **Mindshift Connection** 1, n. 1, 1996: 1. Diamond, Marion; Hopson, Janet. **Magic Trees of the Mind**: How to Nurture Your Child's Intelligence, Creativity, and Healthy Emotions from Birth through Adolescence. New York: Penguin, 1999. Zhou, Qiang; Homma, Koichi J.; Poo, Mu-ming. Shrinkage of Dendritic Spines Associated with Long-term Depression of Hippocampal Synapses. **Neuron** 44, n. 5, 2004: 749–57.

ORGANIZE SUA DESORDEM MENTAL

da parte frontal até a parte posterior do cérebro a 40 vezes por segundo.[5] Vimos isso acontecer com os participantes de nosso estudo de pesquisa entre o 7º e o 21º dia durante o processo de aceitação, processamento e reconceituação do estresse tóxico.

- Do 22º ao 63º dia, a mente precisa ser mais trabalhada para transformar o pensamento de longa duração em hábito.[6] Os hábitos são, basicamente, pensamentos acessíveis e usáveis e que se manifestam como mudanças no que você diz e faz. Um exemplo simples é aprender a dirigir um carro — à medida que aprende, você forma os pensamentos. Com o tempo, já sabe dirigir depois de ter aprendido o básico, e então pratica usando o que aprendeu. Um dia, você entra no carro e dirige, aparentemente sem pensar. Como? Você está dirigindo por meio de árvores de pensamento úteis que desenvolveu no cérebro como hábito (uma memória útil e acessível). Os dendritos formados ao longo dos 21 dias precisam de mais energia para se fortalecerem a fim de causar

---

[5] LLINÁS, Rodolfo R. Intrinsic Electrical Properties of Mammalian Neurons and CNS Function: A Historical Perspective. **Frontiers in Cellular Neuroscience** 8, 2014: 320.

[6] SHEFFIELD, Mark E. J.; DOMBECK, Daniel A. Calcium Transient Prevalence across the Dendritic Arbour Predicts Place Field Properties. **Nature** 517, n. 7533, 2015: 200–04. POIRAZI, Panayiota; MEL, Bartlett W. Impact of Active Dendrites and Structural Plasticity on the Memory Capacity of Neural Tissue. **Neuron** 29, n. 3, 2001: 779–96. FRANKFURT, Maya; LUINE, Victoria. The Evolving Role of Dendritic Spines and Memory: Interaction(s) with Estradiol. **Hormones and Behavior** 74, 2015: 28–36. LALLY, Phillippa et al. How Are Habits Formed: Modelling Habit Formation in the Real World. **European Journal of Social Psychology** 40, n. 6, 2010: 998–1009. NEAL, David T. et al. The Pull of the Past: When Do Habits Persist Despite Conflict with Motives? **Personality and Social Psychology Bulletin** 37, n. 11, 2011: 1428–37. GARDNER, Benjamin. A Review and Analysis of the Use of "Habit" in Understanding, Predicting and Influencing Health-Related Behaviour. **Health Psychology Review** 9, n. 3, 2015: 277–95. NEAL, David T.; WOOD, Wendy; DROLET, Aimee. How Do People Adhere to Goals When Willpower Is Low? The Profits (and Pitfalls) of Strong Habits. **Journal of Personality and Social Psychology** 104, n. 6, 2013: 959.

Por que são necessários 63 dias de neurociclagem para formar um hábito?

impacto em seu comportamento — precisam ser alimentados com energia (prática) para se transformarem em pensamentos acessíveis e úteis (hábitos). Os picos extras de gama ocorrem no 21º dia e novamente no 42º dia, o que é necessário para a formação dos hábitos — sem os picos extras, os hábitos não se formam e o pensamento de longa duração com suas memórias embutidas não se torna acessível. O conhecimento de que você precisa não será acessível, e as mudanças que tenta fazer não serão vistas nem sentidas. A energia necessária para tornar uma memória acessível e útil provém da mente e pela prática da nova maneira de pensar — exatamente como você pratica uma nova habilidade, como dirigir carro. Repetindo, durante 21 dias você *forma* um novo pensamento, e nos outros 42 dias você *pratica* usando o que formou. Esse tipo de pensamento útil e acessível dá aquela vantagem que capacita você, por exemplo, a falar inteligentemente a respeito de um artigo que acabou de ler ou de um *podcast* que acabou de ouvir, a lembrar aqueles fatos durante uma reunião de negócios, um debate, uma prova ou — dirigir um carro!

Então, o que é *esquecer*? O esquecimento pode ocorrer em qualquer ponto do ciclo de 63 dias. Se você não pensar com profundidade ou regularmente a respeito de alguma coisa, ou se parar completamente de pensar a respeito disso, a sinapse perderá energia e força. Como resultado, as proteínas ao redor da sinapse sensitiva desaparecerão, causando um decréscimo nas espículas dendríticas e nos dendritos; as pequenas proteínas que mantêm as memórias vão desnaturar (morrer), e você se esquecerá daquilo. Seus pensamentos literalmente evaporarão!

Isso significa que não haverá mudança em sua vida, e você se sentirá frustrado porque começa a mudar, mas não chega ao fim — 63 dias no mínimo. É extraordinariamente importante lembrar que o armazenamento ou não das informações nos dendritos dependerá de *quão intencionalmente você vai pensar a respeito de algo*; isto é, quanto tempo e esforço gastará pensando nisso.

É esse o treinamento que você recebe dos 5 Passos. Você pode pensar desta maneira a respeito do gerenciamento mental que ocorre por meio da neurociclagem: você imagina estar *alimentando* a memória, e esse alimento é prejudicial à saúde, o que produz grande confusão, ou é alimento saudável que nutre e lhe dá clareza. Aquilo que lembramos, aprendemos e mudamos está em nossas mãos. Esse é um pensamento muito poderoso.

Significa também que, se você parar de alimentar o pensamento e suas memórias embutidas, esquecerá a maior parte dele. Isso é ótimo se for um pensamento mau, porém será nocivo se for um pensamento bom. Você precisa perseverar até que o pensamento seja automatizado. A automatização ocorre quando a energia se estabiliza e se torna útil para você. Se você parar em qualquer ponto do ciclo de 63 dias, deixará de alimentar o pensamento. Sem alimento não há energia, o que significa que o pensamento desaparece, e você volta ao ponto de partida, repetindo os mesmos maus hábitos e atolando nos mesmos padrões tóxicos. Da mesma forma, você pode alimentar um *pensamento tóxico* e torná-lo mais tóxico ainda no decorrer dos 63 dias — e consequentemente formar um hábito tóxico. Como já mencionei, isso se chama *paradoxo plástico*, porque agora você

Por que são necessários 63 dias de neurociclagem para formar um hábito?

usa a neuroplasticidade para tornar seus pensamentos mais tóxicos ainda. Você precisa se esforçar para alcançar o nível mais alto de pensamento, que inclui enfrentar e vencer a adversidade e, assim, canalizar sua energia. Esse tipo de pensamento forma dendritos fortes com espículas em forma de cogumelo, que são as memórias de longa duração coerentes com as ondas theta e gama equilibradas e trabalhando em sincronia.

○ ○ ○ ○ ○

Em resumo, para ser *usável*, a memória necessita de grandes quantidades de energia. Ela recebe muitos pacotinhos de energia (*quanta*) quando você pensa repetidamente na memória diariamente, por meio do processo disciplinado de seguir, de modo muito sistemático, todos os 5 Passos do gerenciamento mental nos primeiros 21 dias, o que facilita as mudanças neuroquímicas e estruturais no cérebro necessárias para transformar essa memória em um pensamento usável e útil. Então, durante os 42 dias seguintes, você pratica conscientemente usar o novo pensamento, o que permite a formação de um *hábito* útil. Quando se torna acessível, o pensamento informa sua próxima decisão, como saber a resposta certa em uma prova ou o que dizer à pessoa que o ofendeu. Se, contudo, você não automatizar a memória, ela não será acessível e, portanto, não lhe será útil.

Infelizmente, na primeira semana, a maioria das pessoas desiste de aprender ou de tentar mudar um pensamento tóxico ou de vencer um trauma. Como resultado, elas precisam começar tudo de novo, o que não é apenas tedioso e desanimador, mas também cria ciclos de *feedback* negativo no cérebro e no corpo. Soluções rápidas e truques de memória são ilusões — não ser permita ser enganado. Confie na ciência!

ORGANIZE SUA DESORDEM MENTAL

o o o o o

Lembre-se: o Neurociclo é uma forma de dominar a força do pensamento; qualquer tarefa que exija pensar pode ser beneficiada, o que significa toda e qualquer tarefa — porque você está sempre pensando! Nos capítulos seguintes, vamos discutir como usar os 5 Passos para gerenciar a mente, não importa o que estejamos fazendo ou mudando. Mas, antes de mergulhar no assunto, quero explicar rapidamente como organizei o restante do livro.

Primeiro, você aprenderá a usar os 5 Passos para fortalecer o cérebro e desenvolver a capacidade mental e a saúde do cérebro. Trata-se de uma tarefa contínua e diária para organizar sua desordem mental, muito semelhante à nossa rotina diária de deixar limpo o lugar onde vivemos. A seguir, você aprenderá a usar o Neurociclo para desintoxicar traumas contidos em sua mente e em seu cérebro. É mais ou menos como uma grande faxina em casa, como quando arrastamos os móveis para limpar o pó ou tirar o bolor dos azulejos do boxe do banheiro.

Depois, você aprenderá a desfazer-se dos maus hábitos e a formar bons hábitos de estilo de vida. É como uma limpeza de fim do ano, quando você se livra de coisas velhas e compra coisas novas para dar um novo visual à sua casa — ou, neste caso, à sua mente. Também incluí algumas dicas práticas do Neurociclo para ajudar você a lidar com as situações básicas e cotidianas, incluindo como lidar com pessoas tóxicas ou como agradar às pessoas.

A Parte 2 termina com um plano diário de gerenciamento mental, que é minha rotina segura para manter a mente regulada e o cérebro limpo. Esse plano junta todas as pontas e ajuda você a adaptar o processo de 5 Passos a seu estilo de vida.

Por que são necessários 63 dias de neurociclagem para formar um hábito?

Dra. Leaf! Estou muito, muito entusiasmada por saber que estou voltando a encontrar meu "pensador". Com o uso das técnicas de controle mental, estou trabalhando no que chamo de "construir pontes" entre os buracos negros de minha mente (os lugares onde há um branco em meus pensamentos. As imagens de ressonância magnética de meu cérebro mostram déficits múltiplos de substância branca... que chamo de "buracos negros" porque posso sentir literalmente quando entro em confusão cognitiva em uma dessas áreas). Aprendi a conviver com esses déficits e tento seguir a vida com essas deficiências cognitivas. Mas agora acredito de verdade que aprendi a usar ferramentas que ajudam a reconstruir meu cérebro e a reconstruir minha memória, e talvez, um dia, voltarei a ter confiança em minhas habilidades cognitivas.

KELLY

CAPÍTULO 11

Neurociclagem para fortalecer o cérebro e desenvolver a resistência mental

A mente é semelhante a um músculo — quanto mais você a exercita, mais forte ela se torna e mais se expande.

Idowu Koyenikan

O cérebro é apaixonado pela mente. Quando você pensa, está usando a mente para mudar a estrutura microscópica do cérebro. A cada experiência, a mente produz mudanças químicas e estruturais no cérebro em tempo real. A mente muda a matéria de modo literal e instantâneo. Como você leu na parte relacionada à neuroplasticidade, o cérebro não é um amontoado fixo de matéria transmitindo ao corpo instruções geneticamente pré-programadas. Ao contrário, o cérebro é um sistema de células extremamente sensível e de grande complexidade, em constante mudança, e *nós*, quando usamos a mente, somos a causa dessas mudanças. O cérebro anseia por essas mudanças e *necessita* delas. Na verdade, o cérebro *não* pode mudar — e, como bem sabemos, quando nossa mente se desorganiza por qualquer motivo que a vida apresenta, as mudanças no cérebro podem dar errado rapidamente. No entanto, há algo que podemos

Neurociclagem para fortalecer o cérebro e desenvolver a resistência mental

fazer para ajudar o cérebro a funcionar bem e tornar-se resiliente diante das mudanças da vida: *fortalecer* o cérebro. Precisamos usar a mente para fortalecer ou alimentar o cérebro com regularidade, da mesma forma que precisamos nos alimentar com regularidade. O fortalecimento do cérebro é semelhante a uma dieta saudável. É um processo de "alimentar" o cérebro regularmente com informações novas e desafiadoras (alimento saudável) que sejam de "fácil digestão", ou seja, totalmente entendidas.

O processo de fortalecimento do cérebro é rápido. Os genes são ativados em poucos minutos, e um único neurônio pode receber milhares de novos galhos dendríticos em curto espaço de tempo.

De fato, o fortalecimento do cérebro é tão importante que é um dos primeiros treinamentos que dou aos meus pacientes, sejam quais forem as necessidades deles. É uma ferramenta poderosa; minha pesquisa inicial mostrou até 75% de melhora nas funções acadêmicas, cognitivas, sociais, emocionais e intelectuais quando as pessoas aprenderam a fortalecer o cérebro e a dominar o pensamento profundo e intelectual. Quando você fortalece o cérebro, fortalece também sua resiliência e inteligência. Isso muda o modo como essa energia flui no cérebro, otimizando sua função e flexibilidade cognitiva. O fortalecimento do cérebro também usa os milhares de novas células nervosas que nascem quando acordamos todas as manhãs, um processo chamado *neurogênese*. Se não usarmos essas novas células recém-nascidas e não fortalecermos o cérebro, haverá acúmulo de lixo tóxico que afetará nosso humor e sono e diminuirá a resiliência do cérebro, aumentando nossa vulnerabilidade a problemas físicos e mentais.

Fortaleço meu cérebro todos os dias, sem exceção, ao mesmo tempo que desintoxico meus pensamentos. Uso o exercício de fortalecimento do cérebro para ajudar a me acalmar e a redirecionar minha mente no meio de um ataque de pânico ou ansiedade ou quando estou preocupada com alguma coisa. O fortalecimento do cérebro é, acredito eu, uma das ferramentas mais poderosas para adquirir resiliência e fortalecimento mental, mas completamente subestimado pela indústria do bem-estar.

Não me entenda mal: "consertar" pensamentos tóxicos acompanhados de emoções embutidas é uma tarefa imensa, e vou ajudá-lo a lidar com esse assunto no capítulo seguinte. No entanto, pouco se menciona que necessitamos de um cérebro forte e na melhor condição possível e também de uma mente clara que funcione de modo inteligente para realizarmos esse "conserto". Por meio do fortalecimento do cérebro, você pode conseguir isso, e por esse motivo essa é uma parte enorme do processo do gerenciamento mental.

Talvez o fortalecimento do cérebro não receba atenção suficiente porque não é tão "glamoroso" quanto um comprimido ou um novo exercício físico da moda. Além disso, o fortalecimento do cérebro é muito demorado, e os resultados não são vistos imediatamente. Ainda assim, sem um cérebro forte não podemos melhorar nossa saúde física e mental de modo sustentável, da mesma forma que um carro velho e maltratado não pode rodar mais depressa ou ter melhor desempenho mesmo sendo abastecido com combustível da melhor qualidade.

> O fortalecimento do cérebro é uma das ferramentas mais poderosas para adquirir resiliência e fortalecimento mental.

Para fortalecer o cérebro, é necessário apenas usar os 5 Passos de forma organizada para aprender informações novas — neuroplasticidade direcionada da melhor maneira possível! Pode ser qualquer informação que atraia seu

Neurociclagem para fortalecer o cérebro e desenvolver a resistência mental

interesse ou que você precise dominar na escola ou no trabalho. As informações devem ser aprendidas com o objetivo de entendê-las com a maior profundidade possível, a fim de que a pessoa seja capaz de ensiná-las em uma sala de aula, ter uma discussão inteligente sobre o assunto ou ser submetido a um teste na escola (preferivelmente todas as opções). Esse exercício não apenas aumentará o poder de seu cérebro e inteligência, mas também ativará a resiliência de sua mente e de seu cérebro, o que capacitará você a gerenciar suas emoções e pensar melhor e com mais clareza.

Como prêmio durante tempos difíceis, você terá tempo para acalmar-se quando estiver agitado. Como mencionei antes, essa era a primeira coisa que eu fazia com meus pacientes. Começávamos o fortalecimento do cérebro com seus trabalhos escolares ou o estudo de um artigo no qual estavam interessados — e somente quando eles se sentiam fortes o suficiente é que lidávamos com seus "problemas difíceis". Não se trata de distrair a pessoa para ela não ter de lidar com os problemas difíceis; trata-se de prepará-la para ficar o mais desconfortável possível para mudar.

Há outro grande benefício do fortalecimento do cérebro: é um sistema movido pela neuroplasticidade que mantém o cérebro organizado e limpo. Ele ajuda a transferir a energia mental e caótica desorganizada para a energia mental organizada, de modo semelhante a quando passamos o aspirador de pó na casa para limpá-la e deixá-la em ordem.

Quando você fortalece o cérebro, introduz um pouco de controle, o que o ajuda a sentir esperança de novo. Talvez seja apenas um vislumbre de esperança no início, mas ela está ali! Agora as caixas estão cuidadosamente embaladas em seu armário; estão cheias de coisas que ainda precisam ser organizadas, mas pelo menos não estão espalhadas no chão! Você deu prioridade a elas e criou um pouco de ordem.

ORGANIZE SUA DESORDEM MENTAL

Fortalecer o cérebro é também uma ótima forma de reduzir os problemas de sono. Se você tem dificuldade para dormir ou acordar por causa de pensamentos ansiosos, talvez tenha um grande "acúmulo tóxico" no cérebro em razão de neurônios não utilizados. Ao fortalecer o cérebro, você utiliza esses neurônios de forma saudável ao longo do dia, portanto à noite eles não surgem com força total, implorando para serem usados e ouvidos.

Esse é um motivo a mais para explicar por que o fortalecimento do cérebro é tão maravilhoso e tão vital: pode ajudá-lo a "desatolar" de qualquer área da vida, como um emprego, um relacionamento ou um projeto. Quando você se sentir atolado, tente os seguintes estimuladores para fortalecer seu cérebro:

> O fortalecimento do cérebro é um sistema movido pela neuroplasticidade que mantém o cérebro organizado e limpo.

1. Questione sobre o seu nível de originalidade. Tenha em mente que não existe nada novo, apenas novas maneira de dizer as coisas. À medida que você lê e aprende, percebe que há mensagens comuns por toda parte; as pessoas apenas comunicam essas mensagens de modo diferente e único.

2. Tenha uma mentalidade *experimental*, o que significa investigar, testar, analisar resultados, mudar se não funcionar e repetir.

3. Seja um aprendiz constante. Leia ficção *e* não ficção (a ficção é ótima para estimular a criatividade e a capacidade de resolver problemas), ouça *podcasts*, participe de conversas complexas, viaje.

4. Seja receptivo a qualquer e a todas as oportunidades. *Seja receptivo ao sim.* Se algo lhe parecer remotamente interessante, vá atrás.

Neurociclagem para fortalecer o cérebro e desenvolver a resistência mental

5. Não caia na armadilha de precisar ser ótimo em alguma coisa nem tente fazê-lo. Aceite as oportunidades para aprender. Lembre-se: todo atleta famoso não era famoso no início e teve de aprender.

6. Esteja preparado para aquelas conversas difíceis — você poderá aprender muito com elas. Sinta-se confortável ao concordar em discordar.

Usando o Neurociclo para fortalecer o cérebro

Este é um quadro sinótico sobre como usar os 5 Passos do Neurociclo para fortalecer seu cérebro. Se você deseja realmente entrar no âmago da questão de como usar o fortalecimento do cérebro em um nível totalmente diferente para melhorar suas notas e ser vitorioso no trabalho e na vida, recomendo ler meu livro _Pense, aprenda e tenha sucesso_.

1. **Reunir.** O objetivo desse passo é simples: entender o que você está ouvindo, lendo e experimentando, e enviar as informações ao cérebro adequadamente. Durante esse passo, é importante lembrar que somos seres pensantes; pensamos o dia inteiro.

    Escolha as informações com as quais você vai praticar o fortalecimento do cérebro. Pode ser este livro, um artigo de revista, algo em seu _feed_ de notícias, um vídeo no YouTube, um audiolivro ou um _podcast_ — qualquer coisa que contenha informações desafiadoras ou que lhe causem interesse. Agora, leia um parágrafo ou uma pequena parte de duas ou três sentenças, ou ouça o áudio por cerca de 1 minuto. Pare e vá para o Passo 2.

2. **Refletir.** O objetivo desse passo do pensamento focado é aprender a pensar com profundidade e intenção, o

ORGANIZE SUA DESORDEM MENTAL

que desenvolverá sua capacidade fenomenal de fortalecer memória eficaz e de longa duração nos dendritos. A regra de ouro dos 5 Passos é *pensar para entender* a informação que você está tentando lembrar, o que inclui três etapas: perguntar, responder e discutir.

- *Pergunte* a si mesmo o que você leu ou ouviu — quem, o que, quando, onde, por que e como.
- *Responda* revisando o que você acabou de ler ou ouvir. Releia o conjunto de informações em voz alta e faça um círculo em volta de 15 a 35% dos conceitos, ou reveja/ouça de novo o vídeo/áudio e anote de 15 a 35% do que lê ou ouve. Não sublinhe nem destaque as palavras — são ações passivas e não requerem que você pense, analise ou entenda. Fazer um círculo e pensar em cada trecho é mais ativo.
- *Discuta* esse trecho de informações com você mesmo enquanto continua a examinar o material. Explique-as a si mesmo várias vezes com suas próprias palavras até entender. Se você não descobrir o significado, peça ajuda a alguém ou faça uma anotação para pesquisar depois. É necessário haver uma interação verdadeira com o material. Para adquirir esse hábito, faça perguntas a si mesmo sobre as informações, responda a si mesmo parafraseando o que leu ou ouviu, e discuta com você mesmo. Essa interação permite que as células nervosas ativem o gene que faz as memórias fortes e de longa duração crescerem nos galhos dendríticos.

3. **Escrever**. Esse passo inclui anotar as informações que você selecionou no passo do pensamento analítico descrito anteriormente. Recomendo que você use o

modo de escrever "amigo do cérebro" que criei, chamado Metacog (veja o Apêndice B). É realmente importante anotar os conceitos durante o processo em que você pergunta/responde/discute, porque isso reforça o crescimento de dendritos saudáveis e obriga você a refletir sobre o seu pensamento. Lembre-se: o cérebro trabalha como um computador quântico. Quando você pensa (Passo 2), cria sinais em seu cérebro; quando anota as palavras no formato "amigo do cérebro", reforça e fortalece esses sinais quânticos e o que acabou de desenvolver nos dendritos. Você exerce influência literalmente em sua expressão genética e no crescimento de seu cérebro.

4. **Verificar.** Esse passo ajuda a fortalecer a memória útil de longo prazo nos dendritos. É um processo muito simples, mas extremamente poderoso. Tudo o que você precisa fazer é rever de modo deliberado e intencional o que escreveu, seja em seu diário, seja em seu Metacog, para ver se faz sentido e se ali estão registradas todas as informações necessárias. É desnecessário dizer que você não é capaz de aprender algo que não lhe faz sentido, e o Passo 4, Verificar, o ajuda nessa tarefa, pois inclui uma avaliação cruzada do conteúdo do que você escreveu.

Como seguir esse passo:

1. Certifique-se de ter entendido o que você escreveu. Classifique as informações para entendê-las e depois compare-as com o conteúdo original para confirmar a exatidão.

2. Tenha certeza de que você está satisfeito com as informações selecionadas, que estarão registradas na forma de conceito.

ORGANIZE SUA DESORDEM MENTAL

3. Veja se você tem muitas ou poucas informações, usando o guia 15-35%.

4. Pergunte a si mesmo se o Metacog faz sentido. Se não fizer, edite-o até que faça.

5. Confira se você organizou as informações de maneira lógica.

6. Confira se há ligações cruzadas de informações.

7. Confira se você pode tornar os conceitos mais fáceis de serem lembrados, acrescentando mais ilustrações, símbolos ou cores, ou talvez eliminando algumas palavras ou imagens.

8. Repita os Passos 1 a 4 até assimilar as informações que você está aprendendo. Esse processo pode ser feito durante alguns dias antes de você chegar ao Passo 5, que ocorrerá assim que você terminar uma parte — o vídeo, *podcast*, capítulo do livro que está lendo etc.

5. **Tomar uma atitude**. Nesse passo, você faz o papel de "professor" e, em sequência, volta a ensinar todas as informações que estão em seu Metacog. Ensine-as a seu cão, a seu gato ou a quem quiser ouvi-lo! Você pode voltar a ensinar a si mesmo no espelho. Explique em voz alta o que você está aprendendo. O uso de todos os seus sentidos fará seu cérebro trabalhar com mais intensidade e fortalecerá a memória de modo mais eficaz. Faça um teste com você mesmo; por exemplo, crie algumas perguntas que, em sua opinião, podem ser feitas por seu chefe ou professor. Pergunte a si mesmo o que o ajudará a aplicar as informações à sua vida de forma real e tangível.

Neurociclagem para fortalecer o cérebro e desenvolver a resistência mental

A prática mental que ocorre nesse estágio ativo fortalece a existência de novos dendritos e aumenta as espículas no exterior dos dendritos.

Como seguir esse passo:

- Volte a ensinar as informações de uma forma que você gostaria que elas tivessem sido explicadas a você, ou como se você estivesse explicando-as em outra língua. Isso inclui explicar cuidadosamente o que você aprendeu, de múltiplas maneiras e em detalhes, complementando com exemplos extras.

- Imagine isso como se você estivesse assistindo a um filme a respeito do que está aprendendo. Se você pintar um quadro das informações em sua mente, elas se tornarão mais vivas. Uma pesquisa mostra que a imaginação produz mudanças físicas na memória.

- Procure palavras-chave, frases ou imagens que tragam à sua mente trechos inteiros de informações.

- Pergunte a si mesmo o que o autor está tentando lhe dizer a fim de entender o significado por trás do que você está lendo.

Quero agradecer-lhe por ter me ajudado a mudar minha vida, minha mente, meu cérebro, e agora minha capacidade de ajudar outros terapeutas em nossa prática de coaching!

AMY

CAPÍTULO 12

Neurociclagem para desintoxicar traumas

A maioria do povo está traumatizada. É nossa epidemia secreta e não reconhecida. O trauma se estende além dos "grandes" eventos. No fundo, é a desconexão do verdadeiro eu. Apresenta-se como depressão, solidão profunda e ansiedade. Todos nós temos algo a ser curado. Todos nós precisamos conduzir uns os outros ao lar — de volta à conexão mental, corporal e espiritual que tínhamos ao nascer. "Quebrado" é a ilusão criada pelo trauma. "Inteiro" é a verdade.

DRA. NICOLE LEPERA

Quadro geral

- Quando você perceber que está ficando na defensiva ou desfocando sua atenção, concentre-se no que está tentando evitar. Pode ser algo feio e confuso, mas, se você não o enfrentar, isso continuará feio e confuso.

- O trauma tóxico inclui algum acontecimento que estava fora de controle e quase sempre resulta em uma sensação generalizada de ameaça. Inclui fatos como experiências adversas na infância, experiências traumáticas em qualquer idade, traumas de guerra e todas as formas de abuso, até agressão racial e opressão socioeconômica.

- O trauma é provavelmente o pensamento recorrente mais difícil de ser tratado, por isso muitos terapeutas e conselheiros passam anos lidando com o trauma de

> seus clientes. O trauma tóxico requer grandes doses de empenho, tempo, misericórdia e autocompaixão, porque envolve aceitar, processar e reconceituar coisas que geralmente são incrivelmente dolorosas e perturbadoras.
>
> - Uma situação aguda é um evento imprevisto e indesejado que pode nos cegar; é quase sempre traumático e faz nosso cérebro e nosso corpo entrarem em crise.
>
> - O Neurociclo não foi criado para eliminar todo o nosso sofrimento. Ao contrário, ele nos ajuda a reconceituá-lo, o que significa ver uma memória por um novo ângulo, para deixarmos de sofrer quando pensamos em algo que um dia nos causou distresse emocional.
>
> - Você pode *pré-treinar* sua mente para aceitar o pânico e a ansiedade que as situações lhe trazem e lidar com eles.
>
> - Fazer alguma coisa por impulso sob tais condições geralmente piora a situação, produzindo mais ansiedade e o enfraquecimento de quaisquer ações que sejam, de fato, apropriadas para lidarmos com a verdadeira ameaça.
>
> - Temos o poder de controlar nossas reações nesse momento quando recorremos à sabedoria da mente não consciente para controlar uma crise.

Este capítulo abrange como usar a Neurociclagem para desintoxicar traumas. O trauma se apresenta de três formas: trauma agudo, trauma com "T" maiúsculo e trauma com "t" minúsculo.

Trauma agudo

O trauma agudo é repentino e inesperado como são doenças, pandemias, guerras, morte, crise financeira, perda de emprego, acidente de carro, condições climáticas extremas, ataques carregados de preconceito racial ou problemas familiares.

As situações agudas colocam nosso corpo em alto estado de alerta a fim de lidar com a súbita mudança. Isso pode ser bom para nós, pois prepara o corpo para agir diante do perigo. No entanto, se não controlarmos a situação, pode transformar-se em estresse tóxico com repercussões físicas e mentais negativas. Por exemplo, quando estamos em um estado de estresse tóxico, os vasos sanguíneos ao redor do coração se contraem, levando menos sangue e oxigênio para o cérebro e colocando o cérebro e o coração em risco de um derrame ou infarto.

Já passei pela experiência de trauma agudo quando Jeffrey, meu filho, foi violentamente agredido na época em que participava de um programa de estudo em Roma. Ele estava conversando comigo por telefone no momento da agressão (eu estava fazendo uma palestra em Washington, D.C.) — e de repente o telefone ficou mudo. Só ficamos sabendo que ele estava vivo duas horas depois.

No momento, o choque me deu a sensação de estar morrendo. Eu precisava tomar algumas decisões rápidas e extremas para protegê-lo, e minha mente precisava estar forte o suficiente para agir naquele instante. Depois de seguir os 5 Passos de gerenciamento mental, consegui parar, respirar e ligar para meu marido e para vários amigos que moravam na Itália e na Europa. Um deles tinha contato com a polícia italiana.

O trauma agudo é, em geral, breve, embora as repercussões possam durar muito tempo. Coloca nosso cérebro e corpo em um estado de crise que, se controlado com o Neurociclo, pode trabalhar a nosso favor mesmo que continue a ser extremamente doloroso e traumático. O trauma agudo não controlado pode acelerar o estresse pós-traumático e provocar maior risco de depressão e ansiedade — e tomadas de decisão erradas no pior momento possível.

Neurociclagem para desintoxicar traumas

É por isso que precisamos ser *proativos* para treinar e preparar nossa mente e nosso cérebro, porque nunca sabemos quando uma crise ocorrerá. Embora não possamos controlar os eventos e as circunstâncias que conduzem a uma situação aguda, podemos assumir o controle de nossas reações. Nesse caso, os 5 Passos atuam como um seguro. Garanto que, quando

> **O trauma agudo é, em geral, breve e coloca nosso cérebro e corpo em estado de crise.**

a crise chegar, você ficará feliz por ter um plano infalível para ajudá-lo em uma ocasião estressante e também controlá-la posteriormente, evitando ter de lidar com a formação de hábitos tóxicos. Você está pré-treinando seu cérebro e aumentando sua resiliência.

Quando meu filho estava sendo agredido em Roma, chorei e me senti aterrorizada e com medo. Mas comecei imediatamente a fazer o que estava a meu alcance.

1. **Fiz minha *preparação*.** Usei o método da respiração quadrada[1] para acalmar a mente: inspirei o ar e contei até 4; segurei o ar nos pulmões e contei até 4; soltei a respiração e contei até 4; com os pulmões vazios, contei até 4. Repeti essa sequência 3 ou 4 vezes.

   Você pode também tentar este útil exercício, que o ajudará a centrar sua mente quando a situação se mostrar opressora e estressante:
   1. Identifique 5 coisas que você vê ao redor.
   2. Identifique 4 coisas ao redor que você pode tocar.
   3. Identifique 3 coisas que você pode ouvir.
   4. Identifique 2 coisas que você pode cheirar.
   5. Identifique 1 coisa que você pode provar.

---

[1] Conhecido também como *box breathing*. [N. do R.]

ORGANIZE SUA DESORDEM MENTAL

2. Comecei usando os *5 Passos do Neurociclo*

1. *Reunir*. Reuni informações de meus pensamentos acelerados e reações de estresse físico.

2. *Refletir*. Refleti sobre como estava perdendo o controle e passando a dizer palavras negativas e como isso bloqueava minha capacidade de decidir o que fazer. Refleti sobre o fato de ter ficado paralisada no lugar, chorando e em pânico. Fechei os olhos e comecei a focar o quadro maior e disse a mim mesma e à minha filha, que estava comigo, que os amigos de meu filho o ajudariam, que os professores o encontrariam ou que alguém o socorreria. Orei pedindo proteção para ele, baseando-me em meu conhecimento de física quântica e de espiritualidade.

3. *Escrever*. Agarrei mentalmente aqueles pensamentos negativos que me paralisavam. Recusei-me a permitir que a neuroplasticidade de meu cérebro seguisse naquela direção e forcei-me a dizer três frases positivas para cada frase negativa que me chegava à mente — em voz alta.

4. *Verificar*. Reconceituei o pensamento tóxico *Será que ele morreu?* que me paralisava em uma frase que aprendi na infância: *Ele vai viver, não vai morrer*. Repeti essa frase várias vezes enquanto inspirava e exalava o ar, contando ritmicamente até 3 para acalmar o eixo HPA.

5. *Tomar uma atitude*. Transformei o pânico em ação e liguei para meu marido, Mac, que telefonou imediatamente para um amigo que trabalhava no ramo de segurança e tinha ligações com o mundo inteiro. Um ciclo inteiro de eventos foi posto em ação

Neurociclagem para desintoxicar traumas

para encontrar e salvar meu filho. Nesse ínterim, ligamos para familiares e amigos íntimos, e cada um começou a agir para tentar solucionar o problema — incluindo rastrear o celular de Jeffrey, orar, ligar para contatos em Roma, falar com a polícia local e encontrar em Roma o responsável pelo programa de estudos no exterior.

Tive de usar o Neurociclo repetidas vezes com objetivos diferentes enquanto aguardávamos em grande agonia as notícias. Mantive-me focada e capaz de agir com eficiência em meio ao pânico.

Finalmente, duas horas depois, Jeffrey ligou. Com voz entrecortada, contou-nos que havia conseguido rastejar até uma cafeteria. O pessoal de lá chamou a polícia, e ele foi levado ao pronto-socorro de um hospital para um exame detalhado antes de ser conduzido de volta à escola.

Então, a longa estrada rumo à cura começou quando lidamos imediatamente com o trauma agudo e o pós-trauma, que foram traumas com "T" maiúsculo: os pesadelos, os medos e a ansiedade. Jeffrey, meus outros três filhos, meu marido e eu tivemos de aceitar, processar e reconceituar juntos o trauma durante os meses seguintes. Enfrentar o sofrimento e seguir em frente com as pessoas que amamos e em quem confiamos é a única maneira de vencer — não fomos feitos para lutar sozinhos!

A sensação de estar fora de controle é o pulso do trauma agudo e, sem sombra de dúvida, extremamente perturbadora. É natural querermos nos proteger e proteger nossos entes queridos. Tudo parece *exagerado*, e é por isso que precisamos gerenciar a mente para não nos afogar. Quando tudo ao nosso

Trauma com "T" maiúsculo e trauma com "t" minúsculo

O trauma tóxico envolve algo que aconteceu conosco e estava fora de nosso controle, e quase sempre resulta em um sentimento generalizado de ameaça. Inclui situações como experiências negativas na infância, experiências traumáticas em qualquer idade, traumas de guerra e todas as formas de abuso, até mesmo agressão racial e opressão socioeconômica. A experiência do trauma varia muito de pessoa para pessoa, e o processo de cura é diferente também. Não existe solução mágica capaz de ajudar a todos, e há necessidade de empenho, trabalho e disposição para enfrentar situações desconfortáveis até que a cura verdadeira ocorra, por mais difícil que seja. Felizmente, não há prazo determinado quando se trata de vencer o trauma — você pode fazer isso da maneira que lhe convier.

O trauma tem um padrão diferente daquele que o hábito tóxico provoca na mente e no cérebro, o qual vamos aprender a seguir. É involuntário e pode ocorrer com qualquer pessoa, deixando-a sentir-se exposta emocional e fisicamente, exausta e temerosa. O trauma é provavelmente o pensamento recorrente mais difícil de tratar, por isso muitos terapeutas e conselheiros passam anos trabalhando com seus clientes para vencerem o trauma. O trauma tóxico exige muito empenho, tempo, misericórdia e compaixão, pois inclui aceitar, processar e reconceituar coisas que, em geral, são extremamente dolorosas e perturbadoras.

Todos nós temos algum nível de trauma para superar, seja um trauma com "T" maiúsculo de algo profundamente perturbador,

Neurociclagem para desintoxicar traumas

como guerra ou estupro, seja algo mais comum, porém ainda muito sério, como *bullying* ou a tentativa de ajudar uma pessoa querida durante um período doloroso de doença. Todos os traumas necessitam de atenção, seja qual for a raiz, porque o trauma, pela própria natureza, é difuso e destrutivo para nosso senso mental de paz e felicidade e prejudica o cérebro e o corpo.

> **Todos nós temos algum nível de trauma para superar.**

O trauma é terrível porque significa que precisamos lidar com as consequências de experiências indesejadas, injustas e terríveis, difíceis de entender e processar. Na verdade, em geral o sofrimento e a confusão são tão massacrantes que o instinto de proteção em nossa mente é o de reprimi-los, porém isso afeta nossa saúde mental e cerebral. Em muitos casos, provavelmente nunca saberemos o *porquê* por trás de um evento; parte do processo de cura significa sentir-se confortável por não ter a pergunta respondida, portanto é muito difícil lidar com isso. Em vez de focar muito tempo e gastar muita energia mental na tentativa de descobrir o *porquê*, é muito mais útil e terapêutico concentrar-se em usar os 5 Passos para a cura.

Lembre-se: a mente trabalha por meio do cérebro, e o cérebro reage à mente. Isso significa que os traumas reprimidos afetam o cérebro e o corpo. Vimos isso em nosso ensaio clínico: tudo o que acontece na mente não consciente é refletido no cérebro. Em nível consciente, podemos pensar que afastamos tudo para bem longe e até nos iludimos por algum tempo imaginando que o trauma desapareceu, mas não é o caso. O cérebro não está preparado para lidar com estruturas tóxicas, e a mente não consciente é totalmente voltada a equilibrar energia; portanto, se não lidarmos com o trauma, pode haver colapsos em nossa mente e/ou no corpo e cérebro, e esses colapsos tendem a ser por natureza violentos pelo fato de terem sido reprimidos.

Lidar com traumas inclui lidar com traumas com "t" minúsculo. Embora não sejam eventos traumáticos fortes, eles destroem nossa psique e necessitam de atenção. Alguns exemplos desse tipo de trauma podem ser conflito interpessoal, infidelidade, problemas legais ou trauma secundário que resulta da exposição indireta ao trauma quando recebemos o relato ou a narrativa de um evento traumático ou quando ajudamos uma pessoa querida que está enfrentando um trauma ou com ideias suicidas. Em geral, o trauma secundário produz *fadiga por compaixão*. Os socorristas ou profissionais de saúde correm grande risco de trauma secundário, mas os familiares, parentes e outras pessoas próximas também podem correr esse risco. Por exemplo, você pode estar sofrendo de trauma secundário se foi a pessoa que ajudou a levar um irmão ou uma irmã ao hospital após uma tentativa de suicídio. Embora você não tenha sofrido o trauma principal, sentiu o trauma secundário — e suas experiências estressantes são válidas também e necessitam de tratamento.

Os traumas com "t" minúsculo são quase sempre negligenciados porque os racionalizamos como sendo comuns, não tão sérios ou não tão óbvios quanto os "grandes" traumas, e assim não lidamos com eles. Ressalto que qualquer tipo de trauma ou experiência adversa é algo que precisa ser tratado, *não* reprimido. Não permita que a vergonha ou a culpa impeçam você de ser curado.

Quando se trata de trauma, vários fatores são importantes: o impacto, a causa e o contexto, os quais trabalham juntos. É muito importante lidar com eles porque os traumas não tratados (de todos os tipos) podem tornar-se filtros através dos quais você vê o mundo e interage com as pessoas. O *impacto* é

Neurociclagem para desintoxicar traumas

como esse filtro ocorre em sua vida em termos de como você se vê ou vê seus relacionamentos; a *causa* e o *contexto* trabalham juntos e abrangem o que aconteceu, sua reação e como você administrou a situação na época. Esses fatores constroem um *pensamento recorrente* e memórias embutidas em seu cérebro, em sua mente e em seu corpo. Portanto, ao tomar conhecimento do impacto (*aceitar*), você pode então descobrir a causa e o contexto (*processar*, autópsia mental) e depois mudar esse impacto por meio da reconfiguração (*reconceituar*). Você faz isso usando os 5 Passos.

Ao lidar com a recuperação de um trauma, recomendo fortemente que você conte com um profissional de saúde mental ou uma pessoa querida, porque é bom não se sentir sozinho enquanto organiza emoções e pensamentos intensos. Se você não tem condições de submeter-se à terapia tradicional ou não há nenhum profissional de saúde mental por perto, existem aplicativos incríveis de terapia *on-line* que funcionam ininterruptamente no mundo inteiro e oferecem planos acessíveis. Isso não significa que a neurociclagem não vai funcionar para você; ao contrário, tornará a terapia mais eficaz e lhe dará ferramentas para enfrentar os intervalos entre as sessões diariamente.

Veja o que você deve fazer:

- Siga os 5 Passos em blocos de 7 a 30 minutos no máximo, diariamente, durante 21 dias. Essa é a autópsia mental, que ajudará você a descobrir e criar o pensamento reconceituado.
- Nos 42 dias seguintes, gaste de 5 a 7 minutos diariamente, espalhados ao longo do dia, *pondo em prática* seu novo pensamento reconceituado.

ORGANIZE SUA DESORDEM MENTAL

- Dedique-se a um só pensamento durante o ciclo inteiro de 63 dias, o que ajudará você a manter-se focado. Lembre-se: um pensamento é o grande conceito — a árvore inteira com todos os galhos, folhas e raízes. Os galhos e as folhas são as memórias (informações e emoções) das quais procedem seus pensamentos e sua comunicação; isto é, o que você está pensando, dizendo e fazendo conscientemente. O tronco da árvore representa sua perspectiva experimentada por meio de sinais de felicidade, alegria, entusiasmo, sofrimento, depressão ansiedade etc. As raízes são a causa ou as memórias da história original, que consistem em sinais informativos, emocionais e físicos. Há muitas coisas contidas em um só pensamento, e é por isso que você se dedica a um de cada vez para não ficar sobrecarregado.

- Siga o processo: olhe primeiro para seus comportamentos — os galhos e as folhas da árvore. Depois olhe para a perspectiva ligada a esses comportamentos — o tronco da árvore. Em seguida, rastreie isso até o histórico da origem (a causa) — as raízes. Você terá um pouco mais de *insights* a cada dia. No 1º dia, talvez veja um comportamento e uma emoção e uma espécie de perspectiva embaçada, e no 4º dia poderá começar a ver outros comportamentos e uma perspectiva mais clara e terá um vislumbre da origem. Continue a neurociclagem nos próximos 21 dias.

- Enquanto trabalha nisso, todos os tipos de memórias virão à tona, mas não seja dominado por elas. Selecione-as e anote-as brevemente à medida que faz a neurociclagem. Se elas estiverem associadas ao pensamento no qual você está trabalhando, olhe para o *insight* que trazem;

se fizerem parte de outro pensamento, anote para desintoxicá-las durante um ciclo posterior de 63 dias. Não se esqueça de fazer essas anotações em algum lugar, porque elas tiveram origem em sua mente não consciente e são relevantes de alguma forma para seu trauma.

Para que isso funcione realmente, você precisa ver a neurociclagem como um estilo de vida, o que significa que, quando dominar um trauma tóxico, você talvez queira fazer uma pequena pausa para trabalhar depois com o próximo trauma. Alguns são realmente grandes e complicados e demoram mais para serem vencidos; outros não são tão grandes assim. É importante lembrar que o trauma reprimido na mente não consciente pode causar dano mental à sua psique e prejudicar seu cérebro. Mas lembre-se também: tudo isso pode ser curado graças ao poder de sua mente e à neuroplasticidade.

Recomendo manter um diário para você acompanhar o que decidiu fazer e quando. Você é o único que pode tomar essas decisões, pois só você sabe realmente o que e quanto é capaz de administrar. Talvez no início seja necessário conversar com alguém nessa tarefa — um bom terapeuta, *coach* ou conselheiro saberá como ajudá-lo a descobrir isso, facilitando sua jornada de cura. Também recomendo fortemente o uso de meu aplicativo junto com este livro para ajudá-lo a lidar com o trauma, porque ouvir e ver alguém capaz de orientá-lo nessa tarefa é algo incrivelmente poderoso.

Tempo

Como já mencionei, lidar com traumas exige tempo. Recomendo separar em torno de 7 a 30 minutos por dia para todos os 5 Passos, ou seja, em torno de 1,5 a 5 minutos para cada um. Se você tentar solucionar um pensamento de trauma de uma só vez, não vai funcionar. Você pode usar também os 5 Passos para o trauma como um rápido lembrete depois de se sentir à vontade com o Neurociclo, se for incentivado por algo ou por alguém.

Preparação

Inicie cada Neurociclo com um exercício que lhe dê *calma e um novo foco*. Pode ser respiração, meditação, tapotagem, meditação consciente, oração, Havening — o que funcionar para você. Esse exercício alinha a conexão entre a mente e o cérebro e facilita o fluxo correto das ondas delta, theta, alfa, beta e gama no cérebro, o que, por sua vez, otimiza a fisiologia e o DNA das células do corpo. Conforme mencionei na primeira parte deste livro, muitas coisas invisíveis, porém incríveis, do cérebro, da genética, do sistema neuroendócrino, da psiconeuroimunologia (sistema imunológico mente-cérebro) e do sistema intestino- -cérebro reagem nessa fase. Com o tempo, a repetição dos exercícios criará redes neurais (árvores do pensamento) que serão ativadas à vontade. Gasto entre 30 segundos e 5 a 10 minutos na preparação, dependendo do problema com o qual estou lidando.

Usando o Neurociclo para gerenciar traumas com a mente

Agora, vamos aplicar os 5 Passos ao trauma com outro exemplo extraído de minha vida.

1. **Reunir**. Reúna informações do(s) sinal(is) de alerta emocional(is) e do(s) sinal(is) de alerta físico(s). Gaste de

Neurociclagem para desintoxicar traumas

1 a 5 minutos neste passo diariamente durante 21 dias. Seja o mais clínico e analítico que puder. Para ser vitorioso ao lidar com traumas, use as seguintes práticas da neuroplasticidade (veja o Capítulo 9):

- *Autorregulação.* Ao lidar com traumas, você pode sentir que não tem controle sobre seus pensamentos. Mas, na verdade, você tem — e pode aprender a controlá-los a cada 10 segundos exatamente. Isso significa que pode aprender a estar no controle em grande parte do tempo.
- *A Vantagem das Múltiplas Perspectivas.* Elas ajudam você a distanciar-se do sofrimento de suas emoções.
- *A Regra dos 30-90 Segundos.* Não é uma boa ideia reagir imediatamente diante de algum problema. Isso é especialmente verdadeiro quando se trata de traumas, porque sua mente ou seu cérebro não se encontram em estado ideal para reagir no período de ajuste de 30 a 90 segundos enquanto você se conscientiza do que está por trás de tudo aquilo com que está lidando.

Depois que meu filho foi agredido em Roma, iniciei o processo de cura cerca de três semanas mais tarde. Logo após a agressão, gastei tempo e energia para ajudar meu filho a lidar com o trauma. A cada dia, eu me tornava mais consciente de cada emoção e informação — o *insight* não foi total no 1º dia.

2. **Refletir**. Selecione o pensamento e reflita nele. Por exemplo, ao focar a ansiedade irritante e que pairava no ar da qual eu havia tomado consciência, percebi que não havia lidado com o verdadeiro choque de meu filho ter

sido agredido, o que foi escrito em meu cérebro e corpo no momento da agressão e estava no fundo de minha mente. Visualize agarrar o pensamento com a mente e encontrar sentido na informação. O MPA vai ajudá-lo a separar as memórias emocionais, físicas e informativas e a controlar a força emocional que a lembrança do trauma lhe traz. O tempo limitado de 3 a 5 minutos também controla a quantidade de exposição emocional que você tem diante do trauma, tornando-o mais digerível.

3. **Escrever**. Anote tudo de suas reflexões, mesmo que elas estejam confusas. Basta colocar sua mente e seu cérebro no papel para começar a ver realmente a desordem mental e como organizá-la. Gaste cerca de 5 minutos por dia nessa tarefa. Escrevi todos os meus sentimentos e reações físicas em meu Metacog. Logo em seguida, comecei a ver como os traumas se separavam no tempo e como cada evento tinha suas próprias reações informativas, emocionais e físicas.

4. **Verificar**. Esse é o passo da autópsia mental, no qual descobrimos como "consertar o cérebro" depois da "cirurgia" mental que fizemos nos passos anteriores. Esse passo também deve ser realizado de 3 a 5 minutos diariamente durante 21 dias. Um detalhe a ser realmente focado no Passo 4, Verificar, é o perdão. Perdoar é restabelecer o vínculo com a pessoa (ou pessoas) que o ofendeu(ram). Como? Uma pesquisa mostra que os detalhes de uma ofensa, que pode nos prender como um torniquete, são mais suscetíveis à reconceituação e podem até ser esquecidos quando perdoamos. A falta de perdão fortalece e dá poder à árvore do pensamento em seu

Neurociclagem para desintoxicar traumas

cérebro, impedindo a cura, porque o evento continua "ligado à fonte". Isso ocorre em razão da lei do emaranhamento na física quântica, que mantém tudo em um relacionamento — tóxico ou não — emaranhado, afetando cada componente. Quando perdoamos, desenvolvemos, de fato, uma parte de nosso cérebro chamada sulco temporal superior anterior (aSTS);[2] quanto mais desenvolvemos essa área, mais fácil se torna gerenciar a dor do trauma.[3]

Tive de transferir a "energia da dor" do que aconteceu para a "energia da recuperação", e foi o que fiz no Passo 4, Verificar. Retirei o "ferrão" da história — continua a ser emocional, mas é uma *emoção controlada*. Foi nesse ponto que comecei a focar minha realidade: "Meu filho sobreviveu e não sofreu nenhum dano cerebral, embora tenha batido a cabeça dele no chão enquanto o esmurravam repetidas vezes, o que foi um milagre. Ele tem uma família, amigos e professores extraordinários que o apoiam ininterruptamente. Podemos falar e chorar de dor, mas também com alegria. Ele terminou os estudos no exterior e graduou-se com louvor. E está ajudando outras pessoas com traumas". Depois do pânico e do choro, passei a pensar nas possibilidades. Fui guiada pelo princípio *kintsugi*.

5. **Tomar uma atitude.** Pronuncie em voz alta o pensamento reconceituado, o que forçará você focá-lo, não o trauma. Esse exercício leva de alguns segundos a 2 minutos, repetido ao longo do dia, por isso é um passo

---

[2] Do inglês, Anterior Superior Temporal Sulcus. [N. do R.]

[3] PATIL, Indrajeet et al. Neuroanatomical Correlates of Forgiving Unintentional Harms. **Scientific Reports** 7, n. 1, 2017: 1–10.

realmente fácil de ser aplicado. Por que ele é necessário? Você deseja eliminar a energia do pensamento; isto é, parar de regar a árvore do pensamento tóxico para que ela "morra", transferindo a energia à árvore do pensamento saudável que substitui a árvore do pensamento tóxico. Seja, portanto, muito intencional em não permitir que sua mente resgate o trauma. Isso mudará os padrões de energia do cérebro, aumentando o padrão alfa-gama, o que tornará sua mente mais forte e mais resiliente. "Capture" o pensamento quando ele chegar à sua cabeça, lembrando-se de que, se você está consciente de algo, é capaz de controlá-lo.

Em meu exemplo, todas as vezes que me senti mal fisicamente por pensar no que aconteceu a meu filho, "capturei" rapidamente o pensamento, identifiquei-o e o substituí com o Passo 5, Tomar uma atitude, usando frases como "Jeff está vivo e bem! Lembro-me do primeiro abraço quando o vi algumas semanas depois na Grécia!". Ao agir assim, fiz a energia potencial descer em espiral negativa e a substituí pela situação atual, tudo com muita gratidão. Isso aumentou minha resiliência cognitiva e direcionou minha neuroplasticidade a ponto de eu poder contar essa história hoje com as emoções controladas — é uma história apavorante, mas estou no controle.

Quatro técnicas úteis do Passo 5: Tomar uma atitude para processar o trauma

À medida que você avança no tempo para vencer o choque de um trauma agudo — uma hora depois, um dia depois e assim por diante —, estas são as quatro técnicas úteis para você praticar no Passo 5, Tomar uma atitude:

Neurociclagem para desintoxicar traumas

1. *Adote uma mentalidade de possibilidades.* Tente encontrar algumas opções ou modos diferentes de ver a situação. Há muitas possibilidades de que uma situação acabará se resolvendo por si mesma. Existem possibilidades até nas piores situações. Em meio à situação crítica de nossa família com Jeffrey, meu filho, todos nós dizíamos o tempo todo algo como: "Talvez alguém já o tenha ajudado", "Talvez a polícia esteja lá", *talvez, talvez, talvez.* Mantivemos ativa a esperança imaginando essas possibilidades. No dia seguinte, conversamos com os professores responsáveis pelo programa a respeito da possibilidade de melhorar o treinamento de segurança e as instruções oferecidas aos alunos e professores estrangeiros. Depois de uma semana, os novos protocolos de treinamento foram postos em prática. Uma das possibilidades produziu bons frutos e, como resultado, o programa está mais seguro. Vale a pena repetir que tendemos a ficar paralisados e perder a flexibilidade cognitiva em situações críticas, o que nos leva inevitavelmente a tomar decisões erradas. Adotar uma mentalidade de possibilidades ajuda a mudar esse "obstáculo", mas somente se você praticar em tempos tranquilos. Você não pode colocar um esparadrapo em uma ferida aberta apenas com palavras positivas. Precisa acreditar que essas possibilidades existem realmente, o que exige tempo e esforço.

2. *Pratique a distância temporal.* Isso basicamente significa focar o longo prazo, o que ampliará sua perspectiva e poderá ajudar a aliviar a pressão emocional do momento. Portanto, imagine estar uma hora, um dia,

ORGANIZE SUA DESORDEM MENTAL

uma semana ou um ano adiante na linha do tempo. Como a situação lhe parece? O que está diferente? O que você aprendeu? Como você mudou? Que conselho daria a alguém em situação semelhante depois de fazer uma retrospectiva do evento? Fiz isso quando meu filho foi agredido. Eu me imaginei encontrando-o na Grécia, como estávamos planejando fazer dentro de algumas semanas, e agarrei-me àquela visão.

3. *Coloque a situação em um contexto histórico.* Situe o estresse agudo em um contexto histórico em termos pessoais (*Passei por uma situação terrível na família vários anos atrás; posso passar por esta*) ou em termos gerais (*Passamos pela gripe de 1918, pela SARS,*[4] *pela MERS;*[5] e *vamos passar pela COVID-19*). A ideia é dizer a você que outras pessoas passaram por tempos como esses, e você também passará. Você vai sair dessa situação, talvez não ileso, mas chegará ao outro lado. Isso muda sua perspectiva e lhe dá esperança.

4. *Pense em um filme ou espetáculo que você viu ou em um livro que leu que pode fazê-lo lembrar-se da situação.* Às vezes, isso é tão simples quanto um meme ou uma frase confortadora que ajuda você a processar o que está enfrentando.

> ### Dicas práticas do Neurociclo para pôr um fim à espiral da preocupação
>
> O trauma não tratado pode produzir uma espiral de preocupação. Se você já passou por uma situação traumática, como um acidente de carro, todas as vezes que entra

---

[4] Sigla em inglês para Síndrome Respiratória Aguda Grave. [N. do T.]
[5] Sigla em inglês para Síndrome Respiratória do Oriente Médio. [N. do T.]

Neurociclagem para desintoxicar traumas

em um carro sente-se preocupado, imaginando que pode acontecer de novo; eventos horríveis podem moldar o modo como vemos o mundo e interagimos com ele. Isso faz parte do ciclo total de estresse pós-traumático, portanto seguem as dicas dos 5 Passos para você controlar as preocupações no momento e concentrar-se em lidar com o pensamento raiz.

1. **Reunir**. Reúna as informações a respeito do que está lhe causando preocupação. Entre no modo MPA enquanto procura sinais de alerta físicos, emocionais e informativos de seus pensamentos. Ao observar as sensações emocionais e físicas de preocupação, reconheça-as e comece a conscientizar-se de como você se sente objetivamente, como se as emoções estivessem dentro de uma caixa ou atrás da janela de um edifício (veja o Capítulo 9).

2. **Refletir**. Imagine-se tirando de sua cabeça as memórias emocionais e informativas das preocupações e colocando-as dentro de uma caixa. A ideia é colocar a preocupação tóxica na caixa ou na janela; você está do lado de fora, olhando para dentro. Você não pode alcançar a janela ou a caixa (está completamente inacessíveis), mas tem o poder sobre o que está ali dentro.

   Agora pergunte, responda e discuta com você mesmo se o que o preocupa vai acontecer realmente. Essa preocupação se baseia em fatos ou suposições? O que você pode controlar nesta situação? Pode elaborar um plano para lidar mais tarde com a preocupação? No passado, a preocupação com alguma coisa ajudou você a resolver a situação?

3. **Escrever**. Anote as respostas às suas perguntas em um diário, no celular ou em outro dispositivo, ou diga as respostas em voz alta para si mesmo. O ato de falar com você mesmo cria uma memória temporária no cérebro, o que lhe dá uma sensação de controle e ajuda a organizar seus pensamentos.

ORGANIZE SUA DESORDEM MENTAL

4. **Verificar.** Visualize rapidamente o pior cenário possível e depois passe para o modo solução: Como você lidaria com a situação se a preocupação se concretizasse? Qual seria sua estratégia?

Não gaste muito tempo nesse passo – apenas alguns segundos. Que medidas você tomaria para resolver a pior coisa que poderia acontecer? Certifique-se de passar mais tempo na solução do que imaginando o pior cenário possível, caso contrário você aumentará sua preocupação!

Depois de ter feito isso, volte a pensar no resultado que você gostaria de alcançar. Ofereça a si mesmo alguns cenários como opções e adote o que chamo de "mentalidade de possibilidades".

5. **Tomar uma atitude.** Se for possível, converse com alguém para ter perspectiva e clareza com relação àquilo que você trabalhou no Passo 4, Verificar. Digite as possíveis soluções em seu celular ou outro dispositivo, diário ou o que lhe for mais conveniente. Você poderá então recorrer a essas soluções quantas vezes forem necessárias se sentir que a preocupação está voltando!

Ninguém é capaz de entender o trauma de outra pessoa; você não pode ser especialista na experiência de ninguém mais, não importa quantos diplomas possua. E nenhum trauma deve ser julgado ou minimizado. Nossas experiências devem ser sempre ouvidas e validadas e jamais classificadas como doença cerebral, o que desumaniza a experiência da pessoa. O cérebro será impactado porque a mente trabalha através do cérebro, afetando sua energia e corrente sanguínea, e isso cria ciclos de *feedback* negativo entre a mente e o cérebro, a menos que as memórias sejam gerenciadas. Entendo que a repressão é o principal mecanismo de sobrevivência e que pode proteger você e sua mente no momento,

282

talvez até por pouco tempo depois, até que você se sinta pronto para enfrentar o problema. No entanto, no decorrer do tempo, a repressão causará estragos em sua mente, em seu cérebro e em seu corpo. Certamente o trabalho árduo é assustador e exige muita coragem e esforço para processar e reconceituar, mas sua mente é incrível — e você também é.

> *Dra. Leaf, tenho certeza de que a senhora recebe mensagens deste tipo o tempo todo. Ficaria surpreso se não as recebesse. Quero apenas homenageá-la por seu trabalho duro. Minha mente está mudando! Tive uma experiência traumática bastante significativa em fevereiro deste ano e, como resultado, estou à procura de uma nova perspectiva. Ao escolher graça e perdão, passei a sentir muita paz. Obrigado por levar esperança e alegria às pessoas por intermédio do seu trabalho! Com amor e gratidão!*
>
> PETER

CAPÍTULO 13

Neurociclagem para eliminar maus hábitos e criar bons hábitos de vida

Não é o estresse que nos mata; é nossa reação a ele.
HANS SELYE

Quadro geral

- Se você passa o dia estressado e não tem tempo de organizar seus pensamentos e reconectar seu cérebro, seu sono durante a noite poderá ser afetado.

- Quando se trata de dieta, não existe "uma só maneira" de comer. Cada ser humano é único. Ao longo de minha pesquisa, descobri apenas uma regra geral para comer: *ingerir comida verdadeira intencionalmente*. Quando compreendemos os princípios fundamentais do ato de comer, isto é, a relação completamente entrelaçada entre pensamento e alimentação e entre nossa alimentação e o mundo ao redor, podemos mudar a escolha do que comemos.

- Exercícios físicos podem melhorar todas as áreas da função cognitiva, inclusive humor, modo de pensar, aprendizado e memória, principalmente no decorrer dos anos.

Este capítulo abrange o uso do Neurociclo para eliminar maus hábitos e adquirir bons hábitos de vida. Maus hábitos incluem, por exemplo, a insistência em querer agradar aos outros, distúrbios de sono, má alimentação e falta de exercícios físicos. Esses maus hábitos e o modo de pensar afetam nossa saúde mental e física.

Hábitos tóxicos

Hábitos tóxicos são padrões negativos de comportamento que estabelecemos durante a vida, como nos irritar com o trânsito congestionado, tratar uma pessoa querida com grosseria ou "cair na toca do coelho" pelo fato de sempre ver o lado negativo das coisas. Com o tempo, desenvolvemos hábitos mentais tóxicos e os repetimos com frequência, sentindo que eles passaram a fazer parte de nós. Isso não é verdade, porque não fomos criados para ser tóxicos. Os hábitos tóxicos são destrutivos e podem causar grande quantidade de estresse tóxico em nosso cérebro e corpo, bem como nos relacionamentos e na vida. Eles precisam ser identificados, extirpados e reconceituados em hábitos construtivos.

Usando o Neurociclo para controlar hábitos tóxicos com o gerenciamento mental

Um pensamento estabelecido é um pensamento que passou pelo ciclo de ser construído na memória de longa duração e automatizado com o tempo, o que ocorre durante um período de cerca de 63 dias. Na maior parte do tempo, não temos consciência de que estamos transformando pensamentos tóxicos em hábitos tóxicos — até começarmos a agir sob a influência deles e descobrirmos que estão afetando nossa saúde mental e física e nossos relacionamentos.

Nesta parte do livro, refiro-me especificamente àqueles hábitos tóxicos irritantes que nos preocupam e preocupam os que nos rodeiam. Eles precisam ser dissecados e examinados com

ORGANIZE SUA DESORDEM MENTAL

autorregulação — mas você só pode fazer isso se estiver realmente disposto a mudar. Você é a única pessoa que pode chegar ao ponto de querer mudar e também a única pessoa capaz de implementar a mudança.

Estas são algumas dicas para alertar você a respeito de um hábito tóxico:

1. Você ouve repetidas vezes a mesma crítica das pessoas com quem convive.
2. Você sente que precisa ser mais defensivo a respeito de alguma coisa que fez ou disse.
3. Você demonstra a mesma insegurança que notou em outra pessoa e tentou ajudá-la a eliminar.
4. Enquanto desenvolve habilidades autorregulatórias por meio dos 5 Passos, você se conscientiza dos hábitos tóxicos que desenvolveu.
5. Você nota que várias pessoas reagem negativamente ao que você diz ou faz.
6. Você observa um comportamento recorrente quando começa a escrever um diário ou anotar seus pensamentos.

Ninguém gosta de investigar deliberadamente seus maus comportamentos ou maus hábitos porque isso vai contra nossos instintos de autoproteção. No entanto, se negligenciarmos essa tarefa, eles vão aumentar e nos fazer sentir piores mental e fisicamente. Portanto, quando você perceber que está na defensiva ou tentando distrair sua consciência, *concentre-se naquilo que pode estar tentando evitar*. A tarefa é desagradável e confusa, mas, se você não a enfrentar, ela continuará desagradável e confusa.

A seguir, há um exemplo de como você pode usar os 5 Passos para lidar com hábitos tóxicos estabelecidos.

Em primeiro lugar: tempo e preparação

Como já mencionamos, lidar com hábitos tóxicos exige tempo. E lembre-se: sempre comece qualquer atividade dos 5 Passos com um exercício que lhe *dê calma e um novo foco*, cuja duração é você quem vai determinar.

A respiração abdominal é fácil de fazer e muito relaxante. Tente este exercício básico sempre que precisar relaxar ou aliviar o estresse.

1. Sente-se ou deite-se com o corpo esticado em uma posição confortável.
2. Coloque uma das mãos na barriga, logo abaixo das costelas, e a outra sobre o peito.
3. Respire fundo pelo nariz e sinta, com a mão, a barriga se movimentar. O peito deve permanecer imóvel.
4. Expire o ar com os lábios enrugados, como se estivesse assobiando. Sinta a mão em sua barriga afundar e use-a para expelir todo o ar.
5. Faça esse exercício de 3 a 10 vezes. Faça uma pausa entre cada respiração.
6. Observe como você se sente ao final do exercício.

Também faço exercícios semelhantes descritos em meu aplicativo Neurociclo. Agora vamos enfrentar um hábito tóxico com os 5 Passos.

1. **Reunir**. Reúna as informações do impacto que seu comportamento costuma ter sobre outras pessoas. Seja totalmente com você mesmo, porque esta é a única maneira de começar a mudar seus hábitos. Lembre-se:

tudo o que é tóxico pode prejudicar o cérebro. Nenhum hábito tóxico é inofensivo.

Você tem algum hábito que irrite, aborreça ou perturbe uma pessoa querida, um familiar ou um colega de trabalho? Existe alguma coisa que você continua fazendo contra a vontade e que está afetando sua saúde mental? Existe alguma coisa que você sabe que não devia fazer, mas continua fazendo? Que sinais de alerta informativos, emocionais e físicos sua mente não consciente está enviando quando você pensa nesse hábito tóxico, ou quando você se torna consciente dele e nota que está aborrecendo os outros ou a si mesmo?

Por exemplo, mantive um hábito realmente tóxico de pensamento durante alguns anos. *Se ao menos eu tivesse feito de outra maneira... Se ao menos eu tivesse dito aquilo... Eu deveria ter pensado antes...* Eu gastava muito tempo ruminando e imaginando como tudo teria sido diferente e muito melhor "se ao menos". Esse hábito roubava minha alegria do momento e prejudicava meu relacionamento familiar. Um dia, meu marido me disse que eu precisava fazer uma desintoxicação de 21 dias do meu hábito do "se ao menos", porque estava frustrando todo mundo. A princípio, não gostei, mas depois aceitei o conselho. Realizei os 5 Passos durante 63 dias — e fiquei admirada ao perceber quanto meu hábito tóxico havia prejudicado minha alegria e paz interior. Quando nos conscientizamos do problema, é muito difícil querer voltar aos maus hábitos.

2. **Refletir**. Reflita sobre esse hábito usando a prática da Vantagem das Múltiplas Perspectivas (MPA). Pare e

observe a si mesmo, o que o ajudará a separar-se do que está fazendo. Isso evitará que você fique estagnado na vergonha, condenação ou vitimização, o que pode acontecer quando enfrentamos hábitos tóxicos desenvolvidos ao longo do tempo.

Você acha que seu hábito tóxico é um denominador comum que atrapalha seus relacionamentos? Que efeito ele tem sobre você? A necessidade de mudá-lo é visível? Por quê? Há algo que estimule o hábito tóxico? Ele irrita, aborrece ou perturba os outros? Há alguma coisa que você costuma fazer e que está prejudicando sua saúde mental, alguma coisa que você não deveria fazer, mas continua a fazer?

Usando meu exemplo do "se ao menos", na época não percebi que fazia aquilo com tanta frequência, nem quanto isso me atormentava e exauria meu tempo. Levei 21 dias seguindo os 5 Passos diariamente para ser capaz de admitir que tinha aquele hábito e ver o mal que ele fazia. Você tem mais que um mau hábito? (Geralmente temos.) Priorize seus hábitos tóxicos e selecione o mais dominante para enfrentar primeiro.

3. **Escrever**. Anote suas respostas às perguntas mencionadas no item 2. Não importa se elas não estiverem organizadas; apenas transfira a informação de seu cérebro para o papel. Por exemplo, se mais de um hábito tóxico lhe veio à mente, anote-os depressa em algum lugar se quiser lidar com eles depois. É nesse ponto que o Metacog é útil (leia meu livro *Pense, aprenda e tenha sucesso* para mais informações sobre o Metacog).

Em meu exemplo, as anotações no papel me ajudaram a ver com mais profundidade meus pensamentos recorrentes e a ter mais discernimento. O uso

ORGANIZE SUA DESORDEM MENTAL

do Metacog realmente me ajudou a integrar o impacto de meu comportamento "se ao menos" e enxergar o que estava acontecendo comigo e com minha família.

4. **Verificar**. Leia o que você escreveu. Pense no que pode fazer em vez de pensar no hábito tóxico. Essa é uma autópsia mental, portanto arranque mentalmente o hábito tóxico e veja como pode mudar seu comportamento. Você é capaz de lembrar como ele se originou? Em meu exemplo do "se ao menos", durante os 21 dias vi que tinha um forte desejo de que nada desse errado e tudo fosse perfeito o tempo todo, e aquilo estava me dando uma falsa sensação de valor e mérito.

Agora use o guia de sinais de alerta emocionais mencionado na página 227 para classificar a intensidade da emoção que você está sentindo e verificar quanto ela mudou do Passo 1, Reunir, até o Passo 4, Verificar. Essa tarefa deve levar alguns segundos. Use esse passo para encontrar gatilhos, padrões, temas comuns e até mesmo reações comuns.

5. **Tomar uma atitude**. Elabore a tomada de atitude, completando estas três frases:

Meu gatilho físico é _____

Minhas informações reconceituadas são _____

Meus sentimentos reconceituados são _____

Agora crie uma tomada de atitude que preencha estes três espaços em branco:

Quando sentir o gatilho físico de _____, *vou dizer a mim mesmo* _____ *e escolher sentir* _____.

Ou prepare uma tomada de atitude ainda mais simples, como:

Quando eu começar a sentir _____,
vou realizar a técnica da respiração abdominal.

Empenhe-se para conectar o novo hábito saudável e reconceituado em seu cérebro nos próximos 63 dias, acrescentando-o aos lembretes em seu celular ou no aplicativo Neurociclo, ou colocando um adesivo na porta da geladeira ou em outro lugar de sua conveniência. Cada um deles será um lembrete consciente para você praticar o novo hábito de pensamento. Enquanto faz isso, você provavelmente deparará com outros hábitos tóxicos; então, os acrescente à lista e lide com eles depois de tratar o primeiro.

Em meu exemplo do "se ao menos", percebi a necessidade de adotar uma mentalidade que me permitisse aceitar e apreciar o momento por aquilo que ele significa e então reconceituar os pensamentos "se ao menos" em possibilidades para o futuro em contraposição aos fracassos do presente. Portanto, minhas frases de tomada de atitude foram estas: "Está certo analisar o que fiz de errado, mas somente se eu aceitar a lição — e qual é a lição?" e "Lembre-se de não ver os 'se ao menos' como o lado negativo do que eu não fiz, mas como possibilidades do que pode ser feito no futuro". Isso me libertou da ansiedade e da perda de alegria que eu sentia todos os dias. Outra frase de tomada de atitude que usei e que foi muito útil — e ainda me ajuda quando me vejo no momento extremamente negativo do "se ao menos" — é: "Não posso mudar o passado, mas posso aprender com ele e melhorar meu presente e meu futuro".

Gastei cerca de 7 minutos diários trabalhando nos 5 Passos durante os primeiros 21 dias e depois alguns segundos para ler

ORGANIZE SUA DESORDEM MENTAL

e usar minha frase final de tomada de atitude: "Lembre-se: nada de 'se ao menos' hoje!" cerca de 7 vezes por dia durante os 42 dias seguintes. Os dias passaram muito rápido, embora eu continuasse a trabalhar em meu hábito do "se ao menos", mantendo-o na parte pré-frontal da minha mente consciente para praticar e dando-lhe energia para viver na mente não consciente e impactar meu comportamento. A cada pequeno passo, eu estava mudando a neuroplasticidade de meu cérebro diretamente para as vibrações quânticas na tubulina dos microtúbulos dos dendritos!

Pequenas mudanças são muito eficazes ao longo do tempo e exercem impacto cumulativo em nosso comportamento. O uso de lembretes diários até chegar ao 63º dia pode parecer incômodo às vezes, mas significa que você está dominando aquele hábito tóxico e desenvolvendo um novo modo de pensar reconceituado e saudável! Durante o processo, você terá pleno conhecimento de seu hábito tóxico no decorrer dos primeiros 21 dias, à medida que ele se torna uma memória de longa duração; depois, será cada vez mais fácil lidar com ele.

Isso é algo que você será capaz de resgatar automaticamente quando necessário. Por exemplo, agora fico atenta quando percebo o sinal de alerta emocional de ansiedade pairando no ar e o sinal de alerta físico de contração no estômago depois que algo acontece. Nos 5 Passos durante o ciclo de 63 dias, observei que esses dois sinais de alerta andaram de mãos dadas com meu problema do "se ao menos", o qual volta a aparecer de vez em quando, o que é completamente normal! No entanto, agora sei o que fazer para combatê-lo; ele não mais me controla. Eu controlo todos os meus "se ao menos", incluindo seus parentes feios "eu deveria ter" e "eu poderia ter".

Gerenciando os relacionamentos humanos

Os seres humanos foram feitos para se relacionar uns com os outros. Não fomos criados para viver sozinhos. Não importa se somos chamados de introvertidos ou extrovertidos, precisamos viver em comunidade. Funcionamos no melhor nível possível em grupos de pessoas nos quais aperfeiçoamos uns aos outros, não competindo uns com os outros. Cito aqui Madre Teresa: "Posso fazer coisas que você não pode, você pode fazer coisas que não posso; juntos podemos fazer coisas grandiosas".[1]

Dicas práticas do Neurociclo para controlar com o gerenciamento mental o hábito de querer agradar aos outros

Este é outro exemplo de como usar a neurociclagem para um hábito tóxico comum: querer agradar aos outros o tempo todo.

1. **Reunir**. Reúna informações sobre as ocasiões em que você se percebeu querer agradar às pessoas, bem como quaisquer emoções e sensações físicas associadas a essas memórias. O que você pensou e sentiu na ocasião? O que pensa e sente agora?

2. **Refletir**. Faça agora as seguintes perguntas a si mesmo:

    Por que eu disse "sim" naquele momento em que queria dizer "não"?

    O que aconteceu quando eu disse "sim"? Como me senti? Foi útil ou prejudicial para mim?

    Quando tenho a maior tendência de agradar aos outros? Em que cenário, situação ou ambiente?

    A quem eu mais tento agradar? Por quê?

---

[1] Park, Hooseo B. **The Eight Answers for Happiness**. Bloomington, IN: Xlibris, 2014.

ORGANIZE SUA DESORDEM MENTAL

E se eu dissesse "não"? Por que estou com medo de dizer "não"?

Estou tentando ocultar uma insegurança?

Estou com medo de ficar sozinho?

3. **Escrever**. Anote o que você pensou e as respostas às perguntas do item 2. São gatilhos? Padrões recorrentes? Você é capaz de aprofundar-se mais nas perguntas e respostas? Como você pode reconceituar isso e reconfigurar o que fazer e dizer de forma que o afaste do hábito de querer agradar aos outros o tempo todo?

4. **Verificar**. Reveja o que você escreveu. São gatilhos? Padrões recorrentes? Você é capaz de aprofundar-se mais nas perguntas e respostas? Como você pode reconceituar isso e reconfigurar o que fazer e dizer de forma que o afaste do hábito de querer agradar aos outros o tempo todo?

5. **Tomar uma atitude**. Em geral, as pessoas tendem a agradar aos outros como estratégia para lidar com a própria solidão ou até com problemas de autoconfiança. Se você achar que falta de autoconfiança é um problema em sua vida, o Passo 5, Tomar uma atitude, pode ser algo tão simples como investir mais tempo usando os 5 Passos a fim de impulsionar sua autoestima, como identidade e fortalecimento do cérebro, ou então algo como elaborar um lembrete para observar intencionalmente quantas vezes durante o dia você diz "sim" ou faz alguma coisa para alguém que não gostaria de fazer.

Dicas práticas do Neurociclo para controlar com o gerenciamento mental o hábito de ruminar pensamentos tóxicos

A ruminação faz você ficar girando continuamente na "roda do *hamster*", sem nenhum progresso. E pode realmente negar seu valor e identidade e fazê-lo sentir-se inútil.

Neurociclagem para eliminar maus hábitos e criar bons hábitos de vida

1. **Reunir.** Observe as informações do passado que você rumina e nas quais se pega pensando repetidas vezes. Que sinais de alerta físicos e mentais você notou? O que você sente agora mental e fisicamente?

2. **Refletir.** Pergunte a si mesmo: Por que me senti daquela maneira? O que motivou esse momento de pensamentos repetidos? Em que eu estava pensando muito? Meus pensamentos se basearam em fatos ou suposições? Como reajo a esses pensamentos repetidos?

3. **Escrever.** Elabore um Metacog se tiver tempo. Se não, visualize-se elaborando um, pois o que você escreve fica gravado geneticamente em seu cérebro.

4. **Verificar.** Você notou alguns gatilhos ou padrões recorrentes? É capaz de aprofundar-se em algumas perguntas e respostas? Que suposições observou?

5. **Tomar uma atitude.** Lembre-se de que, quando você começar a notar que está tendo pensamentos repetidos, deve imediatamente realizar uma atividade física, como correr ou dançar. Ou aprenda a diferença entre pensar repetidas vezes em alguma coisa e pensar profundamente.

Essa é uma pesquisa sem fim mostrando que o envolvimento positivo com uma rede de apoio social, tanto no sentido de dar como de receber, se correlaciona com uma série de resultados desejáveis. Fazer parte de uma comunidade nos ajuda a organizar a desordem mental com mais resiliência cognitiva, redução de dor crônica, redução da pressão sanguínea e melhoria da saúde cardiovascular.[2] Quando nos envolvemos com outras pessoas, os níveis de cortisol abaixam e os neurotransmissores serotonina e dopamina se equilibram no cérebro. Há elevação dos

---

[2] Hutchinson, Glenn. **Mental Health 101:** How to Improve Your Mental Health without Going to Therapy. Glenn Hutchinson, Ph.D. Disponível em: <http://glennhut chinson.net/How-To-Improve-Your-Mental-Health.html>. Acesso em: 21 ago. 2020.

ORGANIZE SUA DESORDEM MENTAL

níveis de todas as ondas cerebrais que promovem cura e redução dos níveis de ansiedade ligados à onda beta alta. Sentimo-nos bem subjetivamente, e isso se transforma em mudanças em nossas células. A mente se transforma em matéria porque o cérebro recebe grandes quantidades de endorfinas que induzem ao prazer, de oxitocina que produz intimidade, e de anandamida, a molécula da felicidade.

Pense na última vez em que você se sentiu realmente triste e um amigo ou familiar seu se sentou a seu lado ou o apoiou de alguma forma. A situação de tristeza na qual você se encontrava não desapareceu, mas aquele gesto ajudou você a sentir-se melhor e com mais capacidade de enfrentar o problema.

Hoje estamos mais conectados uns aos outros, graças às incríveis inovações tecnológicas, no entanto nos sentimos mais desconectados do que nunca em termos sociais. A tecnologia veio para ficar, portanto precisamos focar nossa energia em gerenciá-la a nosso favor — e gerenciar nossa mente para que a tecnologia não nos controle. Lembre-se: não se trata de quantos relacionamentos pessoais você possui; trata-se da qualidade de seus relacionamentos. Estas são algumas sugestões simples e rápidas para melhorar a qualidade de seus relacionamentos e lutar contra a solidão:

1. Matricule-se em uma academia que ofereça aulas em grupo.
2. Apresente-se como voluntário em uma comunidade eclesiástica, centro comunitário ou organização sem fins lucrativos.
3. Consulte um terapeuta ou outro profissional de saúde mental.

Neurociclagem para eliminar maus hábitos e criar bons hábitos de vida

4. Invista nos relacionamentos atuais, deixando claro às pessoas que o rodeiam que você gosta muito delas; demonstre interesse no que elas estão interessadas (mesmo que isso lhe pareça maçante!); escreva-lhes uma carta dizendo quão importantes elas são para você; ligue para elas ou desligue os aparelhos eletrônicos quando perto delas.

5. Associe-se a um clube ou organize um clube.

Admita que a solidão não é algo de que você se envergonha ou deixa de lado porque parece tolice. Antes de tudo, questione de onde essas noções vieram. Elas se mostram em alguma forma de masculinidade tóxica, orgulho ou influência cultural? Em segundo lugar, se você reprimir os sentimentos, por menores que sejam, eles vão piorar. Pode parecer que você está sendo forte por "viver sozinho", mas lhe asseguro que essa atitude é contraproducente e prejudicará sua saúde mental e física.

Também precisamos mudar nossa mentalidade e passar a elogiar e melhorar os outros em vez de competir com eles. Será que você tem uma mentalidade de soma zero e pensa que, para uma pessoa vencer, a outra precisa perder? Essa mentalidade é extremamente tóxica e, além de prejudicar relacionamentos, diminui as possibilidades de cura.

Quando você se sente mais conectado e feliz, é capaz de apoiar, observar e ouvir os outros. Isso ajuda você e os outros também — as pessoas que ajudam os outros têm até 68% a mais de probabilidades de curar-se![3] Além disso, uma pesquisa de Berkeley,

---

[3] POULIN, Michael J. et al. Giving to Others and the Association between Stress and Mortality. **American Journal of Public Health** 103, n. 9, 2013: 1649–55. Disponível em: < https://pubmed.ncbi.nlm.nih.gov/23327269/>.

ORGANIZE SUA DESORDEM MENTAL

Califórnia, mostra que concentrar-se em ajudar os outros no sentido de fazer parte de uma comunidade *versus* concentrar-se em si mesmo aumenta sua alegria e felicidade,[4] ao passo que outro estudo recente descobriu que o apoio social era o maior indicador de felicidade durante períodos de grande estresse.[5]

Como usar o Neurociclo para desenvolver hábitos melhores de relacionamentos

1. **Reunir**. Reúna informações de seus sinais de alerta emocionais, físicos e informativos. Você se sente só? O fato de estar sozinho faz você se sentir mal? Seus piores momentos de saúde mental ocorrem quando você está só ou quando está com outras pessoas, mas elas estão tão desligadas de você ou o desvalorizam tanto que você se sente só? Reúna também informações de quanto você está se aproximando de outras pessoas ou envolvendo-se com elas em sua comunidade.

2. **Refletir**. Reflita em por que você se sente assim. Por que você não está se aproximando dos outros e, se está, de que forma? Está dando certo? Onde estão as lacunas em ser não apenas você, mas em *ser você no mundo*? Quando quer ser feliz, você faz coisas para você mesmo ou para os outros? Quando você se sentiu mais feliz na vida? Quem estava com você nesses momentos? Você evita relacionamentos por sentir que não está à altura deles? Sente necessidade de estar sempre "ligado" quando há pessoas

---

[4] FORD, Brett Q. et al. Culture Shapes whether the Pursuit of Happiness Predicts Higher or Lower Well-Being. **Journal of Experimental Psychology**: General 144, n. 6, 2015: 1053. Disponível em: <https://www.apa.org/pubs/journals/features/xge-0000108.pdf>.

[5] INFURNA, Frank J.; LUTHER, Suniya S. Resilience to Major Life Stressors Is Not as Common as Thought. **Perspectives on Psychological Science** 11, n. 2, 2016: 175–94.

Neurociclagem para eliminar maus hábitos e criar bons hábitos de vida

por perto? Por quê? O fato de querer agradar aos outros o distancia de relacionamentos profundos e significativos?

3. **Escrever**. Anote suas respostas do Passo 2, Refletir. Seja sincero com você mesmo e desarme-se.

4. **Verificar**. Reconceitue, redesenhe e mude sua percepção. Como você pode ouvir os outros com mais atenção? Como pode aproximar-se e fazer parte de sua comunidade? Você pode ajudar alguém financeiramente, com alimento ou cuidando de alguma criança?

   Olhe ao redor e veja como as comunidades funcionam. Pense em várias maneiras de fazer diferença em sua comunidade. Você é capaz de iniciar discussões profundas com pessoas interessantes que realmente o desafiam a ir além de você mesmo? Como você pode transformar o envolvimento na comunidade em um estilo de vida? Que padrões você nota?

5. **Tomar uma atitude**. Escolha uma ou duas respostas que você escreveu no Passo 4, Verificar, e coloque-as em prática hoje. Continue a fazer isso ou algo novo para relacionar-se com os outros da mesma forma significativa todos os dias, mesmo que seja tão simples quanto enviar uma mensagem de texto a alguém dizendo que está pensando nele! Em 63 dias, isso passará a ser um hábito que poderá melhorar seu bem-estar, sua paz e sua felicidade. De fato, em minha prática clínica sempre incluí um aspecto de ajudar alguém como parte de qualquer tratamento; esse é o princípio do "toma lá dá cá".

   Estas são algumas sugestões para você pôr em prática no Passo 5, Tomar uma atitude, em comunidade: quando se sentir sobrecarregado de trabalho, for desafiado emocionalmente ou estiver atravessando uma situação difícil, pare por um momento e tente ajudar outra pessoa, mesmo que seja só para ouvi-la, abraçá-la ou encorajá-la. Envie um *e-mail* ou uma mensagem de texto dizendo que está pensando nela ou convide alguém para almoçar ou jantar com você em vez de fazer uma refeição sozinho. Quando estiver em um espaço apertado com uma pessoa estranha, como no elevador, sorria e diga "oi" em vez de olhar para o chão ou para o celular. Meu marido, Mac, faz isso sempre, e fico espantada ao ver que, quando chegamos ao nosso andar, ele já conhece a vida toda do vizinho e ganhou um amigo!

Hábitos de sono melhores

Todos nós sabemos que o sono é muito importante. No entanto, as pesquisas também sugerem que há um preço alto em considerá-lo patológico. Significa que preocupar-se com o sono e identificar-se como alguém que dorme mal pode ser pior que não dormir.

Há um número interminável de pesquisas tratando do impacto da privação do sono e informando que o sono possui uma infinidade de funções. Pessoalmente, quando alguém me diz: "Você precisa dormir senão vai estar muito cansada para trabalhar amanhã" ou "É melhor dormir cedo para não prejudicar seu cérebro", não vou dormir só porque começo a entrar em pânico sobre não dormir! E nem sempre é útil alguém da área médica ou de bem-estar dizer: "Durma, senão...". É como derramar combustível no fogo de nosso pânico, o que torna tudo pior.

Passei várias vezes por essa situação. Experimentava tudo o que conhecia quando não conseguia dormir: contar carneirinhos, fazer respiração de relaxamento, tomar um banho quente 90 minutos antes de deitar, desligar o celular 2 horas antes de deitar, fazer exercícios à noite e de manhã, tirar o aparelho de TV do quarto, evitar trabalhar antes de dormir, ler um livro na cama, ingerir suplementos de melatonina, tomar chá de camomila... Tentei até me convencer de que estava dormindo, mas continuei acordada tentando não me preocupar por estar acordada!

Por ser cientista, eu poderia escrever um livro inteiro a respeito da privação do sono — o que provavelmente pioraria o problema de quem dorme mal. Não vou fazer isso. Quero ajudar você a pensar no sono de modo diferente. Às vezes, dormir mal é inevitável, mas não é necessariamente uma catástrofe. Temos capacidade de lidar com noites mal dormidas de vez em quando, e algumas pessoas precisam dormir menos por questões de genética.[6] Também é melhor focar os muitos ciclos de sono que você teve em uma semana comparados com as horas de sono em uma noite.

A boa notícia é que cada versão dos 5 Passos para gerenciar a mente na Parte 2 é um tipo de preparação para dormir; portanto, se você praticar algum deles, estará preparando sua mente, seu cérebro e seu corpo para dormir melhor.

Usando o Neurociclo para preparar o sono desde a manhã

1. **Reunir**. A preparação para dormir começa de manhã, por mais absurdo que possa parecer. O modo como sua mente é controlada a partir do momento em que você

---

[6] CELL PRESS. Gene Linked to Needing Less Sleep Identified. **Science Daily**, 28 ago. 2019. Disponível em: <https://www.sciencedaily.com/releases/2019/08/190828111247.htm>. WEINTRAUB, Karen. Why Do Some People Need Less Sleep? It's in Their DNA. **Scientific American**, 16 out. 2019. Disponível em: <https://www.scientificamerican.com/article/why-do-some-people-need-less-sleep-its-in-their-dna/>.

ORGANIZE SUA DESORDEM MENTAL

acorda causa impacto na bioquímica, no ritmo circadiano e na energia do cérebro. Uma mente descontrolada e desordenada é um cérebro descontrolado e desordenado que resultará em um sono desordenado. Reúna informações sobre como anda seu pensamento. O que se passa em sua mente? Você está ansioso? Como se sente fisicamente? Ainda se sente cansado? Acordou em pânico? O que você sonhou? Faça isso assim que acordar, antes de consultar o celular. Considero útil seguir essa orientação como parte de minha meditação matinal.

2. **Refletir**. Reflita em que você está focando no momento em que acordou. Está focado nos problemas e aspectos negativos do dia ou em pequenas partes de seus sonhos, imagens na TV e pensamentos com os quais você não lidou e que aparecem de forma confusa e caótica em sua mente? O que está ocupando sua atenção? Você se sente ansioso? Está entusiasmado com o dia? Do que tem medo?

3. **Escrever**. Se você não detectar os pensamentos com suas emoções, informações e sensações físicas incorporadas e entrelaçadas, esse estado de despertar confuso poderá tornar o dia confuso, e durante o dia inteiro você vai sentir que está recuperando o atraso. Portanto, *pense*; diga seus pensamentos em voz alta ou escreva-os no diário ao lado de sua cama.

4. **Verificar**. Para verificar seus pensamentos, inspire o ar e conte até 3, depois expire o ar e conte até 3, dizendo o oposto do que detectou. Por exemplo: "Sou capaz apenas de tentar fazer o melhor que posso, e tudo bem se eu não terminar" em vez de "Tenho coisas demais para fazer hoje!".

Neurociclagem para eliminar maus hábitos e criar bons hábitos de vida

5. **Tomar uma atitude**. Escolha uma mentalidade para emoldurar seu dia. Para saber mais sobre mentalidades, consulte meu livro *Pense, aprenda e tenha sucesso*. Veja a seguir mais lembretes úteis para ajudá-lo nesse passo:

1. Escreva 5 coisas das quais você se orgulha. Comece o dia elogiando a si mesmo!

2. Escreva 5 coisas pelas quais você é grato.

3. Não pergunte a si mesmo o que você quer ou tem de *fazer* hoje, mas pergunte quem você quer *ser* hoje e como quer se sentir.

4. Faça uma anotação para lembrar-se de que, seja o que for que acontecer hoje, este será um ótimo dia.

5. Faça estas três perguntas a si mesmo: *O que estou deixando de lado? Pelo que sou grato? Em que estou focado?*

Usando o Neurociclo para preparar o sono durante o dia

Se você passa o dia inteiro estressado e não tem tempo de organizar seu pensamento e reiniciar o cérebro, isso pode afetar seu sono à noite. Quando vai dormir, você entra no modo "limpar a casa" — tudo será limpo, o que o ajuda a preparar-se para o dia seguinte. Se houver muita desordem mental no cérebro, essa função de limpeza será prejudicada, o que pode afetar o modo como você dorme (incluindo pesadelos) e como se sente no dia seguinte.

Muitos de nós tendemos a entrar em pânico à noite quando nos esforçamos para dormir, porque nosso cérebro está exausto de pensamentos caóticos ao longo do dia. Por isso é

ORGANIZE SUA DESORDEM MENTAL

tão importante reservar momentos para pensar durante o dia quando nos desligamos dos fatores externos e nos ligamos aos internos, deixando a mente divagar. Esses momentos proporcionam descanso ao cérebro e permitem que ele reinicie e fique curado, o que aumenta a clareza de seus pensamentos e organiza as redes de seu cérebro ao equilibrar a atividade alfa e beta. Isso aumenta o fluxo sanguíneo para o cérebro, o que o faz funcionar melhor, e ajuda você a lidar com os desafios e o estresse.

O oposto acontecerá se você não reservar com regularidade alguns momentos para pensar. Não dar descanso à mente pode reduzir o fluxo sanguíneo em até 80% na parte frontal do cérebro, afetando dramaticamente a fluência cognitiva e os pensamentos associativos exigidos na escola ou no trabalho. Cumulativamente, isso pode produzir pensamentos não processados e pesadelos constantes, afetando a qualidade geral do sono e seu desempenho.

Esses momentos reservados para pensar podem variar de 10 segundos a 1 hora inteira. Recomendo que você realize essa atividade fora de casa, se possível. A vitamina D proveniente do sol e do ar fresco melhoram muito o humor e a saúde física. Você pode também simplesmente fechar os olhos e deixar a mente divagar. Sonhe acordado, ouça uma música, dê um passeio e até faça alguns rabiscos. Você se surpreenderá ao notar quais pensamentos e sentimentos surgirão da mente não consciente durante esses momentos. Anote-os e planeje lidar com eles usando os 5 Passos. Às vezes, eu paro, olho pela janela por alguns segundos e vejo que isso é muito útil e revigorante. Pesquisas mostram que os momentos reservados para pensar aumentam realmente nossa inteligência e eficiência, portanto nos ajudam a organizar a desordem mental em preparação para o sono.

Neurociclagem para eliminar maus hábitos e criar bons hábitos de vida

Usando o neurociclo para preparar o sono à noite

1. **Reunir**. Reúna informações de seu espaço mental antes de dormir. Ele está confuso? Em ordem? Mais ou menos organizado? Como você está se sentindo mental e fisicamente? Que momentos durante o dia foram importantes para você? No geral, como foi a qualidade de seu dia? O que você aprendeu hoje? Houve alguma coisa durante o dia que o deixou especialmente feliz, triste ou ansioso?

2. **Refletir**. Reflita nas informações e emoções desses pensamentos quando estiver pronto para dormir. Lembre-se: você controla seus pensamentos; você controla sua neuroplasticidade. O que você gostaria de ter em mente antes de dormir? Os pensamentos que você leva para a cama afetam os processos de regeneração e preparação que ocorrem à noite.

   Não é importante resolver tudo antes de ir para a cama, mas é importante reconhecer o que lhe está causando irritação e planejar como resolver o problema — não deixe os pensamentos pairando no ar nem os reprima. Isso causa dissonância cognitiva, que pode produzir sonhos perturbadores e fazê-lo sentir-se mal no dia seguinte. O segredo é deixar tudo do lado de fora e planejar como resolver isso.

   É muito importante entender que pensamentos não controlados criam energia caótica e tóxica no cérebro, o que pode mantê-lo acordado à noite, prejudicando seu cérebro e causando problemas de saúde mental. Pensamentos caóticos e tóxicos criam desordem mental e precisam ser aceitos, reconhecidos, isolados e compartimentalizados a fim de que sejam processados e reconceituados de

ORGANIZE SUA DESORDEM MENTAL

maneira saudável. Nunca devem ser desprezados ou reprimidos, como tenho dito ao longo deste livro.

Você pode fazer isso de modo proativo estabelecendo uma rotina regular de desintoxicação da mente. Um período de 7 a 15 minutos por dia para desintoxicar a mente poderá melhorar seu sono — você organiza sua desordem mental e alinha sua mente antes de dormir, o que ajuda o cérebro e o corpo a se regenerarem à noite. Se problemas graves o mantêm acordado à noite, você pode realizar o plano de desintoxicação de 21 dias (veja o Capítulo 10) e usar meu aplicativo SWITCH para ajudá-lo.

3. **Escrever**. Escrever é uma excelente preparação para dormir. É como varrer a desordem da mente: você sabe que a sujeira voltará, mas por enquanto pode ficar feliz por ver o chão limpo. Escrever ajuda a colocar o cérebro no papel, transferindo-o para a mente consciente onde você começa a entendê-lo.

Escreva as reflexões feitas no Passo 2, Refletir, e, à medida que as escreve, visualize um pequeno aspirador de pó limpando seu cérebro e permitindo que os neuroquímicos necessários fluam como devem fluir na preparação para o sono. Então, em sono profundo, a mente não consciente pode consolidar os pensamentos e integrá-los, e, quando você acordar, será encaminhado para a direção certa. "Dormir pensando" é realmente muito científico.

4. **Verificar**. Verifique o que você anotou e escreva uma frase simples e curta como: "Sei que este problema é enorme, mas sei também que vou encontrar uma solução. Não preciso encontrá-la agora, e a preocupação só vai servir para piorar as coisas". Depois, leia o que escreveu. Você vê algum padrão recorrente que surgiu

algumas vezes durante o dia? De que modo esse padrão afetou seu trabalho ou relacionamentos? Você separou alguns momentos para pensar? Foram suficientes? Se você teve uma discussão com alguém ou um momento estressante, quais foram os gatilhos?

5. **Tomar uma atitude**. Aqui você pode escrever uma lista do que *fez* durante o dia *versus* o que *não fez*. É uma excelente forma de acalmar o sistema nervoso para ajudá-lo a dormir. Por exemplo: "Aproveitei meu tempo o mais que pude", "Escolhi descansar e não fazer nada, o que foi ótimo para meu cérebro", "Fiz alguns exercícios físicos, e amanhã vou acrescentar 5 minutos à série", "Alimentei-me bem hoje com comida verdadeira e de excelente qualidade" ou "Passei um tempo com minha família".

Se você perceber que não consegue dormir, não entre em pânico. Ao contrário, anime-se e aceite o fato de estar acordado. Diga a si mesmo: *Este vai ser um tempo ótimo e tranquilo, porque não vou ser perturbado por mensagens de texto, e-mails ou pessoas me pedindo alguma coisa. Vou terminar aquela pesquisa, ler aquele livro, ver aquele programa no canal de minha preferência, arrumar aquele armário ou trabalhar ininterruptamente em um projeto!*

Esse entusiasmo reduz os níveis de cortisol, equilibra o eixo HPA (o "eixo do estresse") e faz o estresse trabalhar a seu favor, não contra você, ativando sua resiliência e mudando os genes de uma maneira positiva. Portanto, quando não conseguir dormir, crie uma mentalidade de expectativa positiva de que esse é um tempo especial para você usar com sabedoria. Isso vai ajudá-lo a controlar o pânico e melhorar seu bem-estar.

No entanto, uma mentalidade de expectativa negativa, na qual você imagina que tudo pode dar errado se não dormir, vai prejudicar seu cérebro e fazê-lo sentir-se pior — e não vale a pena!

Outra ótima sugestão para o Passo 5, Tomar uma atitude, é não permitir que a adrenalina continue a trabalhar. Se você for para a cama à noite, dormir e acordar com uma "descarga" de adrenalina, não continue deitado pensando nessa energia potencialmente prejudicial. Ao contrário, sente-se na cama imediatamente, abra os olhos, suspire fundo (conte até 4, segure contando até 7 e expire contando até 8 vezes) e comece a mudar sua energia para a direção certa. Use a energia da adrenalina; ela redefiniu seu cérebro e corpo para você estar alerta, não sonolento. Lutar contra ela envia ao cérebro mensagens conflitantes e piora sua tentativa de dormir.

Reconceitue a situação em algo positivo e faça algo construtivo, porque, se você tentar dormir, não vai adiantar. Escreva o que lhe vier à mente — extravase tudo. Se for um punhado de preocupações, planeje trabalhar nelas enquanto faz a desintoxicação diária. Se for uma lista de coisas para fazer, escreva-as e decida quando vai executá-las, quanto tempo vai demorar e quem vai ajudá-lo. Ore ou medite nelas, se desejar. Diga a si mesmo que você lidará com essas coisas amanhã. Escolha ficar entusiasmado, na expectativa de que as soluções chegarão e, não importa quais sejam, você estará em paz! Isso gera um fluxo de energia saudável e terapêutica por todo o cérebro e ajuda você a dormir.

Hábitos melhores de alimentação

Quando se trata de dieta, não existe uma forma única de comer. Cada ser humano é único. Em toda a minha pesquisa, encontrei apenas uma regra abrangente para comer: *faça questão de ingerir comida de verdade*. Quando entendemos os princípios fundamentais da alimentação, o relacionamento completamente emaranhado entre o pensamento e a comida, e entre a comida e o mundo ao nosso redor, podemos mudar nossas escolhas. Entendo que, assim como o exercício físico, há conselhos incrivelmente confusos por aí sobre o que comer e o que não comer. Ter uma regra abrangente torna muito mais fácil mudar nossa dieta e adotar hábitos de nutrição da melhor maneira possível.

O que quero dizer com "comida de verdade"? O que podemos comer? Infelizmente, é aí que nosso sistema atual de comida industrializada nos prega uma peça. Apesar da aparente diversidade de alimentos nos supermercados, restaurantes e lares, muitos produtos à venda hoje nada mais são do que produtos industrializados "semelhantes a alimentos".[7] Eles contêm substâncias desconhecidas que aumentam a vida útil e o sabor, e quase sempre são derivados de apenas três produtos altamente processados: milho, soja e trigo. A comida de verdade, por outro lado, é fresca e nutritiva, predominantemente local, sazonal, proveniente de animais alimentados no pasto, o mais distante possível dos centros urbanos, livre de produtos químicos sintéticos, além de ser integral ou minimamente processada e ecologicamente diversa. Quando nos preocupamos com o modo como o alimento é produzido e nos preocupamos com "nós comemos

---

[7] POLLAN, Michael. **In Defense of Food:** An Eater's Manifesto. New York: Penguin, 2008, p. 1–27. [**Em defesa da comida:** um manifesto. Rio de Janeiro: Intrínseca, 2008.]

o que os animais comem", consumimos alimentos que são mais nutritivos para nós.[8]

Assim como tudo na vida, só podemos mudar nossos hábitos alimentares quando compreendemos completamente o que precisa ser mudado. A mente impulsiona o bom funcionamento do sistema digestivo. Se você se alimentar com a mente confusa, confundirá seu estômago e o trato gastrointestinal! Alimentar-se sem organizar a desordem mental significa que a mente causará impacto no sistema digestivo, e vice-versa. Digo sempre a meus pacientes que, se eles pensarem de modo correto, comerão de modo correto, e, se comerem de modo correto, pensarão de modo correto. Há muitas pesquisas por aí sobre a relação entre estresse psicológico e estresse metabólico, por isso é importante trabalhar nessas duas ideias ao mesmo tempo, não individualmente, porque elas costumam ser interdependentes.[9] (Para mais informações sobre alimentação e como tornar a comida de verdade acessível a todo mundo, por favor, consulte meu livro *Pense e coma de forma inteligente*,[10] no qual analiso profundamente o fato de *ingerir comida verdadeira intencionalmente*.)

Ao usar os 5 Passos a seguir, seja misericordioso com você mesmo, porque a mudança de escolha na alimentação é difícil; contudo, tão logo você entender como as coisas funcionam, tudo ficará muito mais fácil.

---

[8] POLLAN, Michael. **The Omnivore's Dilemma:** A Natural History of Four Meals. New York: Penguin, 2006, p. 84. [**O dilema do onívoro:** uma história natural de quatro refeições. Rio de Janeiro: Intrínseca, 2006.]

[9] EPEL, Elissa S. Psychological and Metabolic Stress: A Recipe for Accelerated Cellular Aging? **Hormones** 8, n. 1, 2009: 7–22. Brain-to-Gut Connections Traced. University of Pittsburgh, **ScienceDaily**, 18 maio 2020. Disponível em: <www.sciencedaily.com/releases/2020/05/200518154939.htm>.

[10] Brasília: Editora Chara, 2019. [N. do T.]

Neurociclagem para eliminar maus hábitos e criar bons hábitos de vida

Usando o Neurociclo para ter hábitos melhores de alimentação com o gerenciamento mental

1. **Reunir**. Reúna informações sobre o que você está comendo hoje e o que costuma comer durante a semana. Como você se sente mental e fisicamente quando come ou quando compra alimentos?

2. **Refletir**. Reflita nos itens de alimentação específicos, refeições e ingredientes na geladeira, na despensa e na lista de compras. *Você está ingerindo comida de verdade?* Costuma comer quando está estressado, com raiva ou aborrecido? Como se sente nessas ocasiões? Deseja ingerir comida de verdade? Quais são seus motivos para escolher a comida que você escolhe? Como você pode introduzir paulatinamente mais alimentos de verdade a seu estilo de vida?

   Você poderá também fazer a si mesmo perguntas como estas:

   Qual é minha relação com a comida? É saudável?

   Como me sinto depois de comer?

   Por que sinto necessidade de contar calorias?

   Por que certos alimentos ou refeições me motivam?

   Dou atenção normal ou exagerada ao alimento e ao ato de comer?

3. **Escrever**. Anote suas atuais escolhas de alimentos, bem como as respostas às perguntas do Passo 2, Refletir. Pode ser útil manter um diário sobre alimentação no qual você anotará não somente o que comeu, quando e como, mas também o modo como se sentiu mental e fisicamente antes e depois de comer.

4. **Verificar**. Você notou alguns padrões recorrentes? Temas comuns ou gatilhos? É capaz de avançar mais

ORGANIZE SUA DESORDEM MENTAL

a respeito de determinadas perguntas e respostas do Passo 2, Refletir? Faça perguntas a si mesmo sobre o que anotou. *O que costumo comer e por quê? Onde compro minha comida? Costumo comer quando estou estressado, com raiva ou aborrecido? Qual é meu "humor para comer"? Eu sempre "ludibrio"? O que entendo por "ludibriar"? Que alimentos devo evitar? Que alimentos costumo comer demais? Como cozinho minha comida? O que estou ensinando a meus filhos sobre alimentação?*

5. **Tomar uma atitude**. Tome uma atitude hoje, mas comece aos poucos: Como você pode mudar uma refeição hoje, transformando-a em "comida de verdade"? Ou talvez você possa dar uma olhada na despensa ou geladeira e jogar fora alguns "produtos parecidos com alimentos". Pense em várias maneiras de começar a fazer pequenas mudanças no modo como você pensa e no modo como se alimenta.

Continue a repetir os Passos 1 a 5 à medida que desenvolve e incrementa seu plano de alimentação no decorrer dos próximos 63 dias. Antes de perceber, você estará no caminho certo para ingerir comida de verdade e sentir-se melhor! Escreva esses cinco passos básicos como lembrete onde possa vê-los com frequência. Lembre-se: *você controla* suas escolhas de comida.

Melhores hábitos de exercícios e movimentação

O exercício físico pode melhorar todas as áreas da função cognitiva, incluindo pensamento, aprendizado e memória, especialmente com o passar do tempo. A maior parte das informações que ouvimos para explicar por que os exercícios físicos nos tornam felizes é simples demais — não se trata apenas de uma descarga de endorfina. Movimentação de qualquer tipo influencia toda a nossa bioquímica e energia cerebral, proporcionando esperança, energia e ajuda para aliviar a preocupação, e até colabora na formação de vínculos. Os movimentos reduzem a inflamação no cérebro, o que, com o tempo, pode proteger-nos de depressão, ansiedade e solidão. Durante o exercício, os músculos lançam na corrente sanguínea hormônios que os cientistas chamam de "elementos químicos da esperança"![11]

Nas crianças, os exercícios físicos são incrivelmente importantes para o desenvolvimento da memória. E, quanto mais envelhecemos, mais necessitamos nos movimentar diariamente, mesmo que sejam movimentos de curta duração ou que exijam pouca força, como subir escadas em vez de usar o elevador. De fato, a capacidade geral de pensar e entender melhora com exercícios físicos, seja qual for nossa idade. A atividade física aumenta o fluxo sanguíneo para o córtex anterior cingulado (bem no meio do cérebro), que é ativado quando alternamos os pensamentos de maneira flexível.

Tornamo-nos mais capazes de formar memórias quando nos movimentamos e também melhoramos a comunicação entre essas memórias, facilitando o entendimento profundo e significativo. Além desses benefícios, certos hormônios que aumentam durante o exercício ajudam a melhorar a memória e o pensamento. Esses hormônios são fatores de crescimento e se organizam em várias categorias: fator neurotrófico derivado do cérebro (BDNF), fator de crescimento vascular endotelial (VEGF) e fator de crescimento

---

[11] RATEY. John J. **Spark:** The Revolutionary New Science of Exercise and the Brain. New York: Little, Brown, 2008. McGONIGAL, Kelly. **The Joy of Movement:** How Exercise Helps Us Find Happiness, Hope, Connection, and Courage. New York: Penguin, 2019.

insulínico 1 (IGF-1).[12] Na verdade, as pessoas que se exercitam quase sempre apresentam melhora no desempenho da memória e mostram aumento no fluxo sanguíneo do cérebro para o hipocampo, a principal região do cérebro que lida com a conversão da memória de curta duração em memória de longa duração e é particularmente afetada pelo mal de Alzheimer.[13] Em resumo, o cérebro adora exercícios físicos!

A atividade física também muda o DNA para melhor. O padrão epigenético dos genes que afetam o acúmulo de gordura no corpo muda de fato com o exercício físico — quanto mais nos movimentamos, mais nosso corpo descobre o significado de usar e acumular gordura. Os grupos metilênicos nos genes podem ser influenciados de várias maneiras com exercício físico, dieta e estilo de vida em um processo conhecido como *metilação do DNA*. Os pesquisadores descobriram que, quando nos exercitamos, ocorrem mudanças epigenéticas em 7 mil dos 20 mil a 25 mil genes, com mudanças positivas em genes ligados ao diabetes tipo 2 e à obesidade![14]

Outros estudos mostram que, quando nos exercitamos, nosso corpo experimenta ativação genética quase imediatamente, o que aumenta a produção de proteínas que eliminam a gordura.[15]

[12] As siglas derivam do inglês brain-derived neurotrophic fator (BDNF), vascular endotelial growth fator (VEGF) e insulin-like growth fator (IGF-1). A esse respeito, veja WRANN, Christiane D. et al. Exercise Induces Hippocampal BDNF through a PGC-1α/FNDC5 Pathway. **Cell Metabolism** 18, n. 5, nov. 2013: 649–59. Disponível em: <https://doi.org/10.1016/j.cmet.2013.09.008>.

[13] ERICKSON, Kirk I. et al. Exercise Training Increases Size of Hippocampus and Improves Memory. **Proceedings of the National Academy of Sciences** 108, n. 7, 2011.

[14] RONN, Tina et al. A Six Months Exercise Intervention Influences the Genome-Wide DNA Methylation Pattern in Human Adipose Tissue. **PLoS Genetics** 9, n. 6, 2013. Disponível em: <https://doi.org/10.1371/journal.pgen.1003572>.

[15] RUSSOMANO, Thais. Gravity: Learning about Life on Earth by Going into Space — An Interview with Joan Vernikos. **Aviation in Focus-Journal of Aeronautical Sciences** 4, n. 2, 2013: 509. COTMAN, Carl W.; NICOLE, Berchtold C. Exercise: A Behavioral

Neurociclagem para eliminar maus hábitos e criar bons hábitos de vida

Portanto, pensar bem, comer bem e fazer exercícios físicos são necessários para manter saudáveis o peso corporal e o estilo de vida. Apesar da transitoriedade dos modismos do exercício físico, o importante é lembrar de se movimentar o mais que puder! Descubra o que funciona bem para seu tipo de corpo e mantenha uma rotina que se adapte à sua agenda e habilidades.

Os muitos benefícios da movimentação do corpo não se limitam à saúde física. Uma pesquisa mostrou que as pessoas fisicamente ativas são mais felizes, têm uma vida mais significativa, cultivam relacionamentos melhores, sentem emoções mais positivas, lidam melhor com a ansiedade e a depressão e têm mais esperança — tudo isso aumenta a longevidade.[16] Todas as vezes que movimentamos o corpo, oferecemos a nós mesmos uma dose de felicidade e saúde e investimos em nossa saúde mental. O exercício físico é uma das melhores maneiras de melhorar o humor; ele libera os antidepressivos e ansiolíticos naturais do corpo (sem efeitos colaterais) e dá uma enorme sensação de paz e satisfação.

Os 5 Passos são excelentes para apoiar uma rotina de exercícios, principalmente se você busca o hábito diário de se exercitar. Há muitas maneiras divertidas e alegres de começar a incluir exercícios físicos em sua vida. Todos os movimentos são bons movimentos!

Usando o Neurociclo para fazer exercícios saudáveis com o gerenciamento mental

1. **Reunir**. Reúna informações sobre os exercícios e movimentos que você *está* ou *não* fazendo. Como você se sente mental e fisicamente antes e depois da movimentação?

Intervention to Enhance Brain Health and Plasticity. **Trends in Neurosciences** 25, n. 6, 2002: 295–301.

[16] McGonigal. **The Joy of Movement**.

ORGANIZE SUA DESORDEM MENTAL

Quando você faz seus melhores e piores exercícios? Quais são seus sentimentos e atitudes em relação à movimentação e aos exercícios físicos?

2. **Refletir**. Faça a si mesmo perguntas como estas:

Por que evito me exercitar?

Uso o exercício físico como distração ou como forma de querer controlar minha vida?

Por que me sinto assim antes e depois de me exercitar?

O que eu poderia fazer para transformar o exercício físico em um hábito mais sustentável em minha vida?

Que informações a respeito de movimentação e exercícios físicos eu poderia usar como motivadores?

Use suas respostas para fazer uma lista de frases benéficas para o exercício físico. Pense naquele movimento que você ama e veja como pode encaixá-lo em seu dia. Que atividade simples você poderia fazer neste exato momento?

Um lembrete: exercício é simplesmente movimento. Não se prenda à ideia de que você precisa correr em uma esteira rolante durante uma hora para conseguir boa pontuação de "exercícios". Apenas dê uma caminhada ou limpe a casa. São ótimas formas de exercício! Gosto pessoalmente de dar longas caminhadas e ouvir *podcasts* reveladores e interessantes, que ajudam a fortalecer não apenas o cérebro, mas também o corpo.

3. **Escrever**. Anote tudo isso em um diário de exercícios físicos. Registre os tipos de exercícios e os horários, de forma que você possa começar a descobrir o que funciona melhor em seu caso. Faça questão de anotar informações como estas para ajudá-lo a estabelecer um plano de ação administrável e divertido, que produzirá crescimento e

Neurociclagem para eliminar maus hábitos e criar bons hábitos de vida

mudança sustentáveis. Seguir simplesmente pela vida sem a intenção de observar pensamentos, sentimentos, ações e reações não ajudará quando você tentar eliminar ou adquirir um hábito.

4. **Verificar**. Se você segue uma rotina de exercícios físicos, verifique quais deles você pode acrescentar; se não segue, verifique com qual deles pode começar. Quais são suas motivações para fazer exercícios? Há espaço para melhorar essa prática? Como se sente ao fazer exercícios físicos? Como você pode manter o ânimo? Que padrões recorrentes você observa?

   Verifique seus pensamentos enquanto se exercita, porque os pensamentos tóxicos podem reduzir os efeitos antidepressivos e ansiolíticos do movimento; assim, entregue-se ao exercício com boa atitude e veja seu humor melhorar.

5. **Tomar uma atitude**. Agora, movimente-se! Tome uma atitude hoje — não deixe para amanhã, para a próxima semana ou para o próximo mês. Só funcionará se você começar do ponto em que está. E recompense seu esforço com o modo como se sentirá depois (sem comida prejudicial!).

   Algumas ideias do Passo 5, Tomar uma atitude:

1. Inicie o exercício com este tipo de pensamento: *Isto é bom para mim e ajudará a me acalmar e a me sentir melhor mental e fisicamente. É mais uma ferramenta que estou usando para organizar minha desordem mental.*

2. Planeje quando e como será sua rotina de exercícios hoje. Será uma caminhada de 10 a 15 minutos? Talvez acompanhar o vídeo de um exercício no

YouTube? Cinco corridas no parque ou na calçada? Alguns movimentos de zumba e depois um passeio com o cão?

3. Tente estabelecer uma rotina de exercícios nos próximos 21 dias para saber do que você gosta e do que não gosta.

4. Faça uma caminhada todos os dias nos próximos 21 dias.

5. Durante o dia, programe intervalos curtos de 2 a 5 minutos para se exercitar. Adoro fazer alguns exercícios abdominais e, às vezes, chego a subir e descer correndo a escada de minha casa!

Completei os 5 Passos. No começo, foi muito difícil, mas no final achei incrível reconceituar os pensamentos tóxicos. O medo... não vai mais me prender. Muito obrigada; este é o começo de uma mudança de estilo de vida que durará para sempre. Quero fazer o próximo ciclo com uma amiga. Muito obrigada.

TRACEY

CAPÍTULO 14

Neurociclagem como rotina diária do gerenciamento mental para organizar a desordem mental

Conseguimos paz de espírito não por desprezar os problemas, mas por resolvê-los.
RAYMOND HULL

Quadro geral

- Quando acordamos de manhã, nossa primeira prioridade deveria ser a de colocar nossa mente no espaço mental correto para o dia, não a de acompanhar as redes sociais ou a de saber quais são as notícias do dia. O modo como passamos os primeiros minutos do dia é incrivelmente importante, porque pode definir como será o resto do dia.

- A prática de fortalecer o cérebro é uma ótima forma de trazer calma, principalmente se você acabou de ter uma discussão acalorada ou se encontra em uma situação tóxica. Ela estabiliza a energia e as substâncias químicas do cérebro, que parece ter sido colocado em um liquidificador quando enfrentamos discussões e situações tóxicas.

- O modo como você usa a mente para gerenciar a mente é também incrivelmente importante. É o alicerce da

> felicidade e da vida saudável porque nos ajuda a fazer escolhas que proporcionam uma vida feliz e saudável.

Então? Tudo isso parece ótimo, mas... como todas essas dicas e técnicas funcionam na vida real? Como o gerenciamento mental pode funcionar em *sua* vida?

Neste último capítulo, mostrarei a você como é a minha rotina diária de "organizar a desordem mental" e como transformei essa rotina em um estilo de vida com o gerenciamento mental. Elaborei minha rotina diária para otimizar a mente, o meu corpo e a função do cérebro e ajudar a simplificar todos os maravilhosos benefícios que mencionei neste livro. Espero que meus exemplos ajudem você a descobrir e desenvolver uma rotina diária de gerenciamento mental que funcione da melhor forma em seu caso. Se desejar, adapte as informações deste capítulo e dos anteriores a seu estilo de vida.

Este processo contém oito partes:

1. Preparar o cérebro para o dia (30 segundos a 2 minutos).
2. Fortalecer o cérebro usando o Neurociclo (15 a 60 minutos — ou mais, se eu tiver tempo, porque, quanto mais exercícios de pensamento profundo eu fizer, melhor).
3. Desintoxicar traumas e hábitos usando o Neurociclo (7 a 15 minutos). Alterno a desintoxicação do trauma e a desintoxicação do hábito a cada 63 dias e sigo o Passo 5, Tomar uma atitude, 7 vezes durante o dia (1 a 3 minutos). Uso a função lembrete de meu aplicativo para fazer isso.
4. Reservar momentos para pensar (5 segundos a 2 minutos a cada hora, quando estou cansada, mais 10 minutos logo de manhã ou ao meio-dia, ao pôr do sol se possível).

Neurociclagem como rotina diária do gerenciamento mental...

5. Tomar uma atitude, realizando os passos 7 vezes ao longo do dia, em intervalos de 1 a 3 minutos cada.

6. Ingerir comida de verdade intencionalmente, inclusive de três a cinco exercícios de jejum por semana.

7. Movimentar o corpo (60 a 80 minutos de exercícios por dia girando o corpo e 60 a 90 minutos de exercício térmico em uma sauna infravermelha).

8. Usar a neurociclagem o dia todo (no período da manhã, da tarde e da noite) para minha rotina de sono.

1. Preparar o cérebro para o dia

Assim que acordo, começo a preparar a mente para o dia, o que leva em torno de 30 segundos a 2 minutos. Meu objetivo é dar à minha bioquímica e à minha energia cerebral uma chance de se acomodarem de modo que eu possa tirar o melhor proveito do cérebro durante o dia.

Quando acordamos de manhã, nossa primeira prioridade deveria ser a de colocar a mente no espaço mental correto para o dia, não a de acompanhar as redes sociais ou a de saber quais são as notícias do dia. O modo como passamos os primeiros minutos do dia é incrivelmente importante, uma vez que pode definir como será o resto do dia. Por quê? Quando acordamos, nossa mente gira com energia e nossa atenção está dispersa e desequilibrada. Nesse estado, é muito fácil direcionar o foco para nossos problemas, para os aspectos negativos do dia à frente, para os problemas não resolvidos de ontem, para detalhes de nossos sonhos ou para o que está acontecendo no mundo — todas as coisas fluem de modo caótico em nossa mente. Quando abrimos os olhos de manhã, nossa mente começa a reorganizar tudo isso, deixando tudo preparado para o dia. Essa reorganização nos coloca em estado muito vulnerável e

ORGANIZE SUA DESORDEM MENTAL

podemos "cair na toca do coelho" se não controlarmos intencionalmente o pensamento, confundindo o ritmo das ondas alfa e beta
necessário para nos manter ativos, o que, por sua vez, nos deixa
deprimidos, ansiosos e frustrados.

Portanto, autorregule seu pensamento no início de cada
dia. Veja como eu procedo:

1. Capturo todos os pensamentos assim que acordo de
   manhã, usando a Regra dos 30-90 Segundos.
2. Preparo a mente para seguir a direção que desejo.
   Concentro-me em meu modo de pensar (para mais
   informações, consulte meu livro *Pense, aprenda e tenha
   sucesso*) e no que desejo focar durante o dia. Estes são
   alguns lembretes que considero úteis em minha vida,
   em minha pesquisa e em minha prática clínica:
   • Estou determinada a autorregular meus pensa-
     mentos, sentimentos e escolhas durante o dia
     inteiro, o que ajudará a melhorar minha inteli-
     gência, evitar o declínio cognitivo e reconectar os
     níveis de energia do cérebro.
   • Não permitirei que nenhum pensamento percorra
     minha mente hoje de modo caótico. Serei muito
     analítica acerca de capturar meus pensamentos.
   • Vou observar as palavras que digo e reconhecer que
     elas refletem minha mente em ação.
   • Sou eu quem crio minhas emoções, portanto posso
     controlá-las. Não sou responsável pela causa da
     emoção, mas sou responsável por expressão da emoção.
   • Vou parar de me zangar com a pessoa que me
     ofendeu e esforçar-me para perdoá-la, porque o

Neurociclagem como rotina diária do gerenciamento mental...

rancor e a amargura podem prejudicar minha saúde cerebral e mental.

- Vou lembrar que a felicidade não é o objetivo final, mas parte do ciclo da vida. Em geral, a felicidade chega quando aceito as coisas difíceis, assustadoras e complicadas que a vida coloca em meu caminho. Sinto uma paz que vem do fundo de minha mente. Felicidade é escolha.

- Vou sempre lembrar que tudo o que vale a pena exige tempo.

- Vou sempre tentar estar aberta às múltiplas possibilidades em qualquer situação. Mesmo quando as coisas não saírem como eu quero, tudo estará bem. Tentativas múltiplas levam a fracassos múltiplos, que levam a sucessos múltiplos.

- Escolherei viver em estado de gratidão em vez de focar apenas o que dá errado em minha vida.

- Fui criada para melhorar, não para competir. Quando sentir a necessidade de competir com alguém ou me comparar com outras pessoas, vou me lembrar de que precisamos uns dos outros, e precisamos celebrar nossas diferenças.

- Farei esforço para encontrar e ajudar alguém hoje, porque sei que isso me ajudará também. Apoiar os outros, principalmente quando estou atravessando uma fase difícil, pode ajudar a organizar meu espaço mental.

- Hoje farei o estresse trabalhar a meu favor, não contra mim. Sei que essa reação ao estresse me ajudará a focar e a pensar com clareza e flexibilidade.

- Vou observar minhas expectativas. As expectativas influenciam minha neurofisiologia na direção positiva ou negativa.
- Sei que tenho a capacidade de escolher, o que mudará minha estrutura cerebral até o nível genético. Hoje farei escolhas que garantam que essa mudança siga na direção certa, porque estou no controle desse processo.

Tente começar o dia com esses tipos de mentalidade durante três semanas consecutivas. Isso ajudará você a começar bem o dia, a entrar em sintonia com a mente subconsciente e fazer a ponte alfa funcionar, a qual se conectará às atividades theta e delta na mente não consciente. Isso, por sua vez, ajudará você a detectar seus sinais de alerta emocionais e físicos (como ansiedade, depressão, palpitação e mudanças de humor) muito mais rápido e a gerenciá-los por meio da mente. Conforme observamos em nossos ensaios clínicos, esse tipo de mudança de gerenciamento mental ajudará você a se sentir mais em paz durante o dia, proporcionando-lhe uma sensação de contentamento e autonomia.

2. Fortalecer o cérebro usando o Neurociclo

Como mencionei anteriormente, o fortalecimento do cérebro é um ótimo exercício para ampliar a resiliência, impulsionar a inteligência, organizar a desordem mental e estabilizar as emoções. Isso pode ser muito espiritual e enriquecedor, e se adapta a uma ampla variedade de situações, de noticiários a estudo espiritual, do conhecimento necessário para o progresso de sua educação até qualquer coisa em que você esteja interessado.

Neurociclagem como rotina diária do gerenciamento mental...

Planeje fortalecer o cérebro de 15 a 60 minutos, no mínimo, espalhados durante o dia.

O uso dos 5 Passos para fortalecer o cérebro é uma ótima maneira de melhorar a saúde cerebral e mental. Faço isso todos os dias por no mínimo 1 hora, e 2 vezes por dia se possível. Na verdade, uso cada oportunidade que surge para fortalecer o cérebro — é realmente uma boa maneira de fazer uma limpeza mental e livrar-me do acúmulo de lixos tóxicos que afetam meu sono e bem-estar mental.

A prática de fortalecer o cérebro é uma ótima forma de trazer calma, principalmente se você acabou de ter uma discussão acalorada ou se encontra em uma situação tóxica. Ela estabiliza novamente a energia e as substâncias químicas do cérebro, que parece ter sido colocado em um liquidificador quando enfrentamos discussões e situações tóxicas.

Normalmente, fortaleço o cérebro quando faço pesquisas, mas também quando me preparo para entrevistas em *podcasts*, leio novos livros, assisto a vídeos educativos ou ouço o noticiário. O processo exige pensamento deliberado e intencional, o que nos faz entrar no modo de aprendizado tão importante para nossa saúde mental e cerebral. Assemelha-se a uma carga de energia — a sensação posterior é muito boa. Se eu me sinto abatida, realizo uma rápida sessão de fortalecimento do cérebro para manter as ondas theta e gama rolando a amplitudes maiores e a serotonina e a anandamida (hormônios da felicidade) fluindo, o que me faz sentir muito mais feliz e em paz.

A prática de fortalecer o cérebro é também uma ótima forma de ter conversas mais interessantes com as pessoas, principalmente com aquelas que têm opiniões diferentes das nossas, porque nos desafia a sair de nossa zona de conforto e aumenta a largura da banda mental e a resiliência.

3. Desintoxicar traumas e hábitos usando o Neurociclo

Faço minhas desintoxicações diárias usando o Neurociclo quando estou me aprontando de manhã (tomando banho, penteando o cabelo e aplicando maquiagem). Essa rotina funciona para mim porque gosto de desintoxicar antes de enfrentar o dia.

A desintoxicação por meio dos 5 Passos, que leva de 7 a 15 minutos por dia, é um estilo de vida. Tenho sempre algo para "consertar" em minha mente. Nunca chegaremos ao estado mental perfeito. Não deveríamos jamais ser complacentes ou descansar após uma vitória, porque a vida gira em torno de crescimento. Devemos sempre nos esforçar para melhorar nossa mente, e a desintoxicação exerce um papel importante nisso porque os pensamentos tóxicos são como vírus — penetram em tudo e tomam conta de nosso espaço mental. Você pode também usar meu aplicativo para ajudá-lo nesta tarefa.

4. Reservar momentos para pensar

Reservo momentos para pensar ao longo do dia, durante cerca de 5 segundos a 2 minutos por hora, quando estou cansada, ou de 10 minutos por volta do meio-dia, ao sol se possível. Não passo um dia sequer sem essa prática porque não fico bem sem ela. Quando damos descanso ao cérebro permitindo que a mente divague e sonhe acordada, reconectamos o cérebro e nos proporcionamos a vantagem de que necessitamos, o que nos ajuda a entrar em contato com aquela parte de nós mais profunda, não consciente e quase espiritual.

É muito fácil reservar momentos para pensar, mas no mundo agitado de hoje precisamos treinar essa prática. Basta fechar os olhos, recostar-se na cadeira (ou deitar-se) e relaxar. Alguns segundos são suficientes, mas aquela exposição de 10 a 15 minutos ao sol é melhor ainda. Se preferir, você também pode acrescentar uma rotina de meditação nesses momentos ou separar alguns minutos 3 ou 4 vezes durante o dia para se divertir e rir.

5. Tomar uma atitude

Os passos de tomada de atitude, quando realizados 7 vezes ao longo do dia, de 1 a 3 minutos cada, são rápidos e fáceis e fazem parte da aplicação do Neurociclo. São tão simples quanto ler uma frase do passo de tomada de atitude que você deixou como lembrete. Nessa ação, tudo aquilo que você reconceituou transforma-se em um novo pensamento na mente consciente e lhe dá uma boa dose de energia todos os dias, o que ajuda a manter a mudança e torná-la mais forte.

Lembre-se: sem essas doses diárias, seu novo pensamento saudável não se transformará em hábito e não mudará seu comportamento. Esse processo leva 63 dias no mínimo.

6. Ingerir comida de verdade intencionalmente

Como mencionei no capítulo anterior, minha única regra quando se trata de alimentação é ingerir comida de verdade intencionalmente. Significa não apenas estar consciente do que comemos, mas também como comemos e por que comemos. O modo como nos alimentamos afeta nosso pensamento e, acima de tudo, o modo como pensamos afeta o modo como comemos. Nosso organismo, inclusive o sistema digestivo, é influenciado pela mente. Por exemplo, a mente influencia o modo como os neuropeptídeos são liberados no pâncreas para a assimilação e a digestão do alimento; portanto, se você se encontra em um estado mental tóxico e desorganizado, isso pode afetar a biodisponibilidade dos nutrientes e o funcionamento geral do sistema digestivo, o que pode afetar também o modo como você se sente mental e fisicamente.

Não importa o que comemos, desde que nos esforcemos para comer de forma criteriosa, com uma dieta composta por alimentos naturais, integrais e saudáveis. Há por aí uma enorme quantidade de ótimos livros, receitas e planos de refeição que tratam de alimentos naturais e integrais, portanto procure um de sua conveniência.

7. Movimentar o corpo

Todos nós conhecemos os benefícios extraordinários do exercício físico. Passo em torno de 45 a 60 minutos por dia malhando e de 60 a 90 minutos em minha sauna de raios infravermelhos (ou "exercício térmico", como é conhecida). A sauna é seguida de uma ducha fria.

Evidentemente, assim como ocorre com a comida, não há uma única forma de exercício físico, e todos nós temos necessidades e capacidades peculiares. O mais importante é que você tenha máxima concentração quando se trata de exercício físico. Da mesma forma que a comida, o exercício físico feito com intencionalidade produz muitos benefícios. Na verdade, é muito difícil encontrar uma rotina de exercícios e segui-la sem um sério esforço mental.

Gosto também de incluir movimento no meu dia tanto quanto possível. Costumo subir correndo a escada de nossa casa e malhar um pouco nos intervalos de trabalho, principalmente quando sinto a confusão mental se aproximando; por exemplo, uma caminhada rápida, alguns exercícios abdominais

Neurociclagem como rotina diária do gerenciamento mental...

e polichinelos. Quando se trata de exercício físico, *todos os movimentos são bons movimentos!*

8. Usar a neurociclagem o dia todo para beneficiar minha rotina de sono

A preparação para o sono começa de manhã quando você abre os olhos e continua durante o dia inteiro. Na verdade, todas as rotinas do sono com o uso do Neurociclo, que mencionei no capítulo anterior, fazem-me dormir melhor porque ajudam a gerenciar melhor a minha mente.

Quando não consigo dormir, não me preocupo. Uso o tempo para fazer o que não consegui durante o dia ou ler um livro e relaxo mentalmente. Preocupar-se por não conseguir dormir é uma das piores coisas que você pode fazer. Seu corpo vai aguentar, e você atravessará o dia. Estamos sempre reclamando porque não temos tempo suficiente durante o dia, portanto aproveite o tempo em que não consegue dormir como horas a mais que poderão ser usadas para você fazer o que deseja.

○ ○ ○ ○ ○

Conforme vimos neste livro, o gerenciamento mental em relação aos pensamentos é o segredo para organizar a desordem mental. Esta é a mensagem principal e o objetivo de todo o meu trabalho e pesquisa. Hoje estou mais apaixonada pelo poder da mente do que quando comecei!

O modo como você usa sua mente para gerenciar sua mente é incrivelmente importante. É o fundamento de uma vida feliz e saudável porque ajuda você a fazer escolhas que levam a uma vida feliz e saudável. Isso não significa que você não terá problemas nem sentirá dor, desconforto, ansiedade ou tristeza.

ORGANIZE SUA DESORDEM MENTAL

Significa que você pode sentir e experimentar tudo o que a vida tem a oferecer e tudo o que a vida colocar em seu caminho. Significa que você tem o poder de resistir a acontecimentos dolorosos, estressores diários e pessoas tóxicas, porque agora tem a capacidade de organizar sua desordem mental. O gerenciamento mental é, em minha opinião, uma das ferramentas mais importantes — senão a mais importante — de nossa caixa de ferramentas mental, porque nos ajuda a ter uma vida mais longa, mais saudável e mais feliz.

Portanto, vá em frente e use o Neurociclo!

> *Obrigada! Meu entusiasmo é muito grande! Estou no 19º dia do primeiro ciclo, e este foi o melhor investimento que fiz em mim mesma. Estou começando a eliminar um hábito de medo e ansiedade que me perseguiu a vida inteira. Mal consigo esperar para ver as mudanças que virão.*
>
> JANE

APÊNDICE A

A Teoria do Processamento Geodésico da Informação

Faz mais de trinta anos que pesquiso a conexão entre mente e cérebro e a ciência do pensamento e criei o que chamo de Teoria do Processamento Geodésico da Informação.[1] Essa teoria baseia-se na neurofisiologia do processo de aprendizado e demonstrou melhorar o desempenho acadêmico em uma medida conservadora de 35 a 75%.

A Teoria do Processamento Geodésico da Informação descreve, em essência, a ciência do pensamento, afirmando que há três níveis: 1) o nível metacognitivo não consciente, 2) o nível cognitivo consciente e 3) o nível de resultado simbólico. O nível metacognitivo não consciente, no qual ocorrem de 90 a 99% da ação em sua mente, realiza 400 bilhões de ações por segundo, durante 24 horas por dia, e impulsiona o nível cognitivo consciente. O nível cognitivo consciente, no qual ocorrem até 10% da ação da mente, realiza 2 mil ações por segundo e, quando estamos acordados, impulsiona o nível de resultado simbólico. Finalmente, o nível de resultado simbólico incorpora os cinco sentidos com os quais você recebe informações do mundo exterior e pelos quais você se expressa, por meio da fala ou da escrita,

---

[1] Veja encarte colorido disponível em: <https://editorahabito.com.br/organizesuadesordem mental>.

por exemplo. Os pensamentos circulam através dos três níveis a partir do metacognitivo consciente até o cognitivo consciente e até de resultado simbólico, e vice-versa. À medida que os pensamentos circulam através dos três níveis, eles mudam — e mudam os pensamentos ligados a eles em uma inter-relação dinâmica.

A Teoria do Processamento Geodésico da Informação é explicada de modo mais completo no artigo revisado por meus pares, "The Development of a Model for Geodesic Learning" (Universidade de Pretoria, 1997). Para mais informações, consulte o Capítulo 22 de meu livro *Pense, aprenda e tenha sucesso*.

APÊNDICE B

O Metacog

O Metacog é uma forma de escrever que se assemelha muito à estrutura em forma de árvore e, portanto, ao pensamento. Ele faz realmente que os dois hemisférios do cérebro trabalhem juntos, e portanto a mente não consciente, levando o detalhe para o quadro geral, e o quadro geral para o detalhe. Usar um Metacog é uma ótima maneira de tirar as informações emocionais, informativas e físicas da mente não consciente. A seguir, há instruções resumidas para você criar um Metacog; sugiro que olhe para a imagem a seguir enquanto as lê, o que tornará a tarefa mais fácil.

- Seja criativo e espontâneo — não precisa ser uma obra de arte, e o Metacog de cada pessoa seguirá os mesmos princípios básicos, mas parecerá diferente.
- Comece escrevendo o nome do pensamento no qual você está trabalhando no centro da página de seu diário ou de uma folha de papel em branco.
- Coloque o primeiro subtítulo em um galho que se irradia da bolha central. Comece então a escrever as memórias associadas a esse subtítulo do pensamento.
- Tente colocar cada palavra em sua própria linha e tente escrever apenas 30% da frase — não escreva frases inteiras. Isso o ajudará a chegar à raiz do problema com mais rapidez. Por exemplo, em vez de escrever:

ORGANIZE SUA DESORDEM MENTAL

"Estou triste porque tive uma discussão com X", escreva: "Triste? = discussão com X".

- Onde for possível, escreva uma palavra por linha/galho — veja os exemplos a seguir. Você constrói literalmente uma frase nas linhas ramificadas, uma palavra por linha. Se não fizer sentido, desenhe uma bolha e escreva nela o maior número de palavras de que você necessita.
- As informações que se irradiam dos subtítulos progridem do geral para o mais específico. Isso significa que você "desenvolve" galhos de fora saindo do subtítulo.
- Escreva na linha, não perto da linha, nem embaixo da linha, nem em uma bolha perto da linha.

A forma dos galhos que você está desenvolvendo em seu Metacog combina, de certo sentido, com os galhos que está desenvolvendo no cérebro sobre os dendritos. A árvore dendrítica em seu cérebro é refletida como um Metacog ramificado no papel. Sem você estar consciente disso, sua rede neural dita a forma dos galhos em seu Metacog. É por isso que gosto de dizer que o Metacog é seu "cérebro no papel". É como se, enquanto você desenha, seu cérebro já tenha criado o mesmo padrão como uma memória.

Use cores, imagens, flechas — qualquer coisa —, principalmente no Passo 4, Verificar, para ajudá-lo a reconceituar.

Lembre-se: você constrói um Metacog, o que significa que está construindo uma memória nos dendritos.

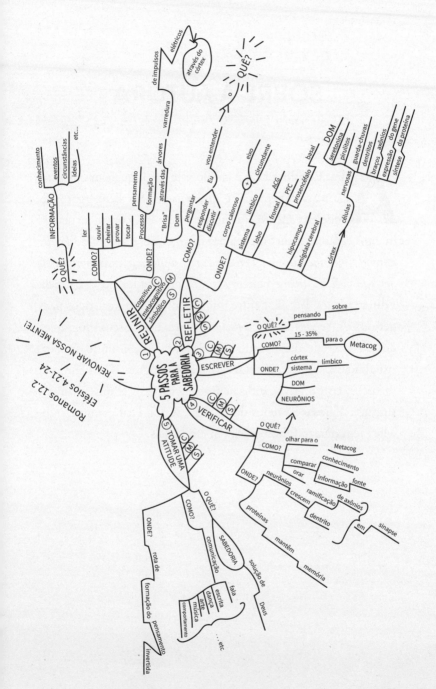

SOBRE A AUTORA

A dra. Caroline Leaf é patologista de linguagem e neurocientista cuja paixão é ajudar as pessoas a enxergarem o poder da mente em mudar o cérebro, controlar pensamentos caóticos e encontrar a paz mental. Ela é autora de *Pense, aprenda e tenha sucesso*, *Pense e coma de forma inteligente*, *Seu perfeito você* e *Ative seu cérebro* [todos publicados no Brasil pela Editora Chara, Brasília] entre muitos outros livros e artigos para periódicos. Seus vídeos, seu *podcast* de alto nível e seus programas de televisão alcançam milhões de pessoas no mundo inteiro. Atualmente, ela faz palestras em vários congressos acadêmicos, médicos, corporativos e de neurociência, bem como em instituições religiosas ao redor do mundo. A dra. Leaf e seu marido, Mac, têm quatro filhos e residem em Dallas.